DISRUPCIÓN

MÁS ALLÁ DE LA INNOVACIÓN

Disrupción
Más allá de la innovación

Primera edición: noviembre, 2018

D. R. © 2018, Mario Borghino

D. R. © 2018, derechos de edición mundiales en lengua castellana:
Penguin Random House Grupo Editorial, S. A. de C. V.
Blvd. Miguel de Cervantes Saavedra núm. 301, 1er piso,
colonia Granada, delegación Miguel Hidalgo, C. P. 11520,
Ciudad de México

www.megustaleer.mx

ISBN: 978-607-317-245-5

Impreso en México – *Printed in Mexico*

El papel utilizado para la impresión de este libro ha sido fabricado a partir de madera procedente
de bosques y plantaciones gestionadas con los más altos estándares ambientales, garantizando
una explotación de los recursòs sostenible con el medio ambiente y beneficiosa para las personas.

Penguin
Random House
Grupo Editorial

MARIO BORGHINO

DISRUPCIÓN

MÁS ALLÁ DE LA INNOVACIÓN

Grijalbo

¿En qué mundo estamos?

ERA DE LA DISRUPCIÓN

Era de la innovación

Era de la información

Era industrial

Era agrícola

Cazadores /
Recolectores

TECNOLOGÍA DIGITAL

■ ÍNDICE

▌GÉNESIS

La disrupción rompe con lo establecido

Este libro tiene el propósito de sensibilizar a empresarios, a jóvenes emprendedores y a todo aquel interesado en los negocios sobre los enormes beneficios que pueden tener al descubrir nuevas oportunidades de crecimiento a través de la disrupción, dado que el modelo tradicional de innovación ya dejó de ser el único camino de éxito.

Si planeas fundar un negocio o abrir uno nuevo; o si tu negocio es pequeño, mediano o grande y llevas años luchando en un mercado saturado de productos similares al tuyo, entonces

> en este libro encontrarás la solución que te permitirá alcanzar el crecimiento que siempre has anhelado, tal como lo han encontrado los nuevos disruptores que han revolucionado el mundo de los negocios.

Según el diccionario, «disrupción» es «una alteración de la norma, actividad o proceso». Es decir, no responde a una lenta evolución, sino a un cambio repentino de las reglas del juego.

El profesor Clayton Christensen, en 1997, en su libro *The Innovator's Dilemma,* acuñó este concepto. Lo utilizó para explicar el éxito que han tenido las empresas de tecnología. En su reflexión explicaba por qué empresas pequeñas, integradas por jóvenes poco experimentados, eran capaces de tener un éxito inesperado. Observó que éstos utilizaban la tecnología digital como detonador para desestabilizar la cadena de valor de las grandes corporaciones.

El éxito de la disrupción se explica por el enorme nivel de satisfacción que estos emprendedores producen en el consumidor que hoy vive inmerso en la era digital. Decía Christensen que, si un producto es capaz de satisfacer las emociones del consumidor y les resuelve un problema, entonces la disrupción comenzará a trabajar. Una disrupción es distinta a las tradicionales innovaciones en productos y servicios que hoy existen; por ello, no es tan fácil identificarla. Éstas toman por sorpresa al mercado, ya que en sus etapas de gestación no se observan como un fuerte competidor hasta que se fortalecen, y entonces se aceptan masivamente.

La disrupción se ha transformado en un lenguaje coloquial en los negocios. Te pregunto: ¿estás interesado en crear un cambio en tu negocio?, ¿quieres incursionar en él, pero no sabes cómo?, ¿quieres saber cuáles son sus secretos?, ¿quieres reinventar tu negocio y sorprender al mercado? Entonces, este libro es para ti. Aquí aprenderás cómo se construye la disrupción.

Partamos del principio de que cualquier persona puede tener ideas disruptivas. En este libro te describiré cientos de ellas, ya sea que las uses para construir tu propio negocio o para construir nuevas ideas en el negocio que iniciaste hace muchos años. Espero que, con su lectura, clarifiques tu mente para triunfar en esta revolución tecnológica con un consumidor que se encuentra a la distancia de un click digital en cualquier parte del mundo.

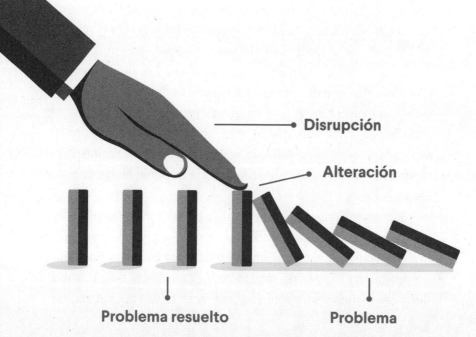

Disrupción

Alteración

Problema resuelto   Problema

LA REVOLUCIÓN DIGITAL

Tu empresa crecerá el día
que hagas cosas únicas.

▌ APRENDE A LEER EL ENTORNO

Origen

Como consultor, llevo 12 años estudiando el tema de innovación en las organizaciones y las estrategias de los líderes disruptores, en más de nueve países. He encontrado que la mayoría lucha con la influencia del modelo tradicional del negocio que gestaron. Hoy se encuentran ante un mercado maduro, informado, tecnificado y saturado de productos, que muchos no saben cómo enfrentar; sin embargo, aquellos que han logrado salir adelante aprendieron que la solución no es sólo mejorar innovando, sino transformando su negocio.

Otros sufren porque no soportan el embate de nuevos competidores que han llegado a ganar mercado y su desgaste en las utilidades les ha reducido su capacidad de reinversión.

> El estancamiento de muchas empresas tiene que ver más con una lectura incorrecta de las nuevas tendencias que por el efecto del entorno económico que se vive.

En el año 2005, inicié mi estudio del crecimiento de empresas disruptoras, con el propósito de descubrir por qué empresas jóvenes, sin capital, sin experiencia, sin marca crecían exponencialmente. Mi pregunta era ¿por qué?, ¿qué estaba sucediendo?, ¿qué estaba cambiando? Ya que no era un tema local, sino un fenómeno globalizado. La tecnología, principal disruptor del mundo empresarial, estaba cambiando la forma de hacer dinero con el negocio.

> La tecnología, más que el capital y la maquinaria, se ha transformado en la fuente de riqueza en esta era digital.

Cuando inicié la investigación, observaba en mis asesorías, sin importar el país que visitara, que mis clientes se quejaban del surgimiento de nuevas empresas que hacían lo mismo que ellos y de que nuevos productos satisfacían una misma necesidad. Los nuevos competidores estaban inundando el mercado de productos: Nike salía al mercado con más de 700 tipos de pares de tenis; Seiko ofrecía más de 3 mil tipos de relojes. En supermercados había más de 40 mil productos para elegir. La industria automotriz producía más de mil tipos de carros distintos. El color que pidas, al precio que necesites y en las condiciones que puedas, con sólo hacer un click.

Hoy el mundo se pobló de nuevos empresarios haciendo lo mismo que tú, vendiendo lo mismo que tú y atendiendo a los mismos clientes. Estos nuevos empresarios y emprendedores, muchos de la generación millennial, se han caracterizado por tener un total dominio de la tecnología y habilidad para integrarla en sus nuevos productos o en los procesos comerciales de la empresa. Con ello crearon modelos de negocios envidiables, con crecimientos que ninguna empresa tradicional ha logrado. Los nuevos emprendedores como Steve Jobs, que comenzó en un garaje, salieron a conquistar nichos de mercado que los empresarios de la era industrial dejaron al descubierto. Empresas como la televisión o los periódicos hoy luchan para defender un modelo tradicional donde el internet está devorando su mercado sin piedad. Hoy ya no sólo compites contra empresas trasnacionales, sino con el nuevo joven emprendedor que vive en la acera de enfrente. La amenaza no sólo viene de otras fronteras, sino de los nuevos emprendedores: miles de jóvenes universitarios, creando modelos de negocios que los viejos empresarios ni se imaginan. Ni Sears, Liverpool o El Palacio de Hierro en México; ni Nordstrom en Estados Unidos; Harrods en Londres, o El Corte Inglés en España se pudieron imaginar un modelo disruptor y revolucionario como Zara o Amazon. Los disruptores que surgen son el nuevo peligro para los líderes del mercado tradicional, a los que les tomó generaciones llegar a donde hoy están.

La agresividad competitiva es avasalladora; el mercado se reinventa con empresas que nacen en una pequeña oficina y que utilizan la robótica y la tecnología digital para competir en un mundo saturado de productos que requieren bajos costos y un alto valor para el consumidor. Quien no comprenda cómo integrar la tecnología en sus productos y en su gestión diaria del negocio se tendrá que conformar con las migajas del mercado.

Como te decía, en 2005 los empresarios sentían los primeros efectos de la revolución tecnológica con precios bajos. Ellos contrarrestaron con lo único que sabían hacer: promociones y descuentos, con el propósito de recuperar el mercado perdido. Recuperaban el volumen de unidades pero sus utilidades estaban desplomándose.

Crisis de 2008

En la crisis económica de 2008, los empresarios que comprendieron correctamente las nuevas reglas del juego para competir en un mercado tecnificado hoy crecen exponencialmente, y el resto se debilita. Estos empresarios disruptores, que mencionaré en las próximas páginas, son los que comprendieron la nueva dinámica de hacer dinero. Encontraron el secreto de integrarse a la era digital y reinventaron su negocio para tener costos más bajos y más valor para un mercado saturado de productos similares. Para ello tuvieron que transformarse en verdaderos disruptores y no sólo en innovadores, mejorando lo que han hecho siempre.

A partir de 2008, ese modelo de sólo competir con los precios para mantener el volumen ya no tiene la misma respuesta, ni los nuevos costos te lo permiten. Hoy todos tienen precio, pero la mayoría no sabe cómo vender distinto para crear valor ante el cliente o reinventarse para cambiar su estructura de costos. El aprendizaje de usar el veneno del precio como el único recurso para conquistar el mercado se les está diluyendo entre sus manos. La guerra frontal de precios está aniquilando a muchos en un mercado que se ha inundado de productos similares.

Por otro lado, el consumidor con los años aprendió, y dejó de ser un manso cordero dependiente del proveedor para convertirse en un verdadero tirano en el momento de la compra. El nuevo mercado saturado se ha convertido en el paraíso para los consumidores y en una pesadilla para el empresario tradicional.

La disrupción y el crecimiento acelerado

Las nuevas empresas disruptoras tienen un crecimiento envidiable, comparado con el de cualquier empresa tradicional. La mayoría tiene un crecimiento de 100% en promedio cada año. El crecimiento orgánico y progresivo de las empresas tradicionales las está dejando rezagadas ante este tipo de competidores tan inesperados. Amazon inició sus operaciones el 5 de julio de 1994, y hoy, Jeff Bezos, su fundador, es el empresario más rico del mundo.

La innovación tecnológica nos invadió, y trajo consigo nuevas empresas que enamoraron al consumidor de todo el planeta. Hoy, a los clientes no les importa abandonar un producto que usaron por años. La lealtad migró a los museos históricos; el viejo cliente leal ya está en el jardín de los recuerdos.

Entramos a la cuarta revolución industrial. Estamos en los albores de la robotización de la industria y de la digitalización de las transacciones, de productos y de servicios. Está comprobado que, cuando se rompen los patrones del mercado, los empresarios necesitan aprender una nueva forma de pensar cómo hacer más dinero.

> Los negocios del siglo xx no fueron diseñados para que los ejecutivos fueran creativos y disruptores. Por el contrario, lo que aprendieron fue a ser eficientes, productivos e impedir errores, evitando cambios radicales para que se cumpliera estrictamente con el presupuesto.

La mayoría de las empresas se han aferrado al modelo de eficiencia por encima de la innovación y no están capacitadas para competir en un mercado digital.

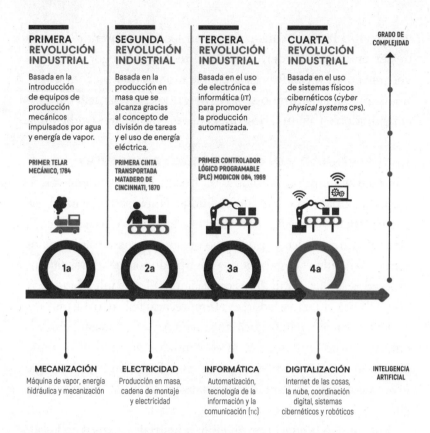

PRIMERA REVOLUCIÓN INDUSTRIAL	SEGUNDA REVOLUCIÓN INDUSTRIAL	TERCERA REVOLUCIÓN INDUSTRIAL	CUARTA REVOLUCIÓN INDUSTRIAL	GRADO DE COMPLEJIDAD
Basada en la introducción de equipos de producción mecánicos impulsados por agua y energía de vapor.	Basada en la producción en masa que se alcanza gracias al concepto de división de tareas y el uso de energía eléctrica.	Basada en el uso de electrónica e informática (IT) para promover la producción automatizada.	Basada en el uso de sistemas físicos cibernéticos (*cyber physical systems* CPS).	
PRIMER TELAR MECÁNICO, 1784	PRIMERA CINTA TRANSPORTADA MATADERO DE CINCINNATI, 1870	PRIMER CONTROLADOR LÓGICO PROGRAMABLE (PLC) MODICON 084, 1969		

1a	2a	3a	4a	
MECANIZACIÓN	**ELECTRICIDAD**	**INFORMÁTICA**	**DIGITALIZACIÓN**	**INTELIGENCIA ARTIFICIAL**
Máquina de vapor, energía hidráulica y mecanización	Producción en masa, cadena de montaje y electricidad	Automatización, tecnología de la información y la comunicación (TIC)	Internet de las cosas, la nube, coordinación digital, sistemas cibernéticos y robóticos	

MODELO DE CONTROL VS. INNOVACIÓN DISRUPTIVA

> Cuanto más disruptivo seas, más dinero harás.

Venimos del mundo de la eficiencia

La mayoría de las empresas aprendieron a utilizar tecnología de calidad total que aplicaron en sus procesos; avanzaron en la eficiencia, en calidad y tenían costos controlados, con modelos de cero defectos, Six Sigma, Lean Organization y otros. Pero hoy muchos se quedaron en el control de esos procesos para mantener a raya la eficiencia y los costos. No estoy diciendo que debemos prescindir de ellos, pero fue tal su éxito que las empresas se quedaron estancadas, creyendo que ésa era la solución para competir a bajo costo y calidad en la era digital. Se equivocaron. Se focalizaron en la eficiencia y no en la innovación disruptiva para romper las reglas del juego del mercado.

Hoy debemos pasar de ser eficientes a ser transformadores. Para que esto suceda, los líderes deberán dejar de pensar en forma lineal para integrar un pensamiento discontinuo.

Para crear el futuro es necesario que los directivos visualicen nuevos escenarios y puedan leer tendencias. Lo que significa tener una nueva forma de predictibilidad estratégica, y estar siempre alerta a los cambios que se avecinan, para poder anticipar sorpresas tecnológicas y, con ello, mantener su ventaja competitiva.

Pensar en las amenazas es una actitud inteligente para los innovadores que buscan una disrupción.

> En este mundo cambiante y transitorio en el que vivimos debes estar alerta, ya que surgen nuevos y revolucionarios competidores que pueden quedarse con tus clientes.

El nuevo mundo comercial sale en busca de disrupciones

En el mundo de los negocios, hoy unos persiguen tradiciones, y otros, disrupciones. Debes decidir en qué tipo de empresario te quieres convertir. Si eres un joven emprendedor también debes hacerte esa pregunta: ¿deseas continuar con el crecimiento orgánico o dar el gran salto?

Para ser un disruptor debes enfocarte en la búsqueda de un mundo de negocios no descubierto y que aún la mayoría no domina. Pero a ti te corresponde ser quien revele ese mercado escondido detrás de la tradición de los negocios, que por años creó hábitos de consumo que reaccionan a las costumbres tradicionales del mercado.

El consumidor hoy no sabe que no sabe. Desconoce que podría obtener algo mejor para resolver sus problemas, pero tú, como empresario y emprendedor, debes asumir conscientemente ese rol y tomarlo por sorpresa. Tu motor de búsqueda debe ser algo distinto, único, diferenciado si quieres triunfar en un mundo saturado de millones de productos y competidores, que no descansan en devorar mercado. Éstos viven construyendo disrupciones en nichos que nunca han sido descubiertos por empresas tradicionales.

El empresario que no reaccione perderá las oportunidades ilimitadas que surgen al pensar distinto y no sólo combatir productos contra productos.

> Espero que este libro logre cambiar tu mente y enfocarte en la disrupción de tu negocio para crecer exponencialmente a mayor velocidad.

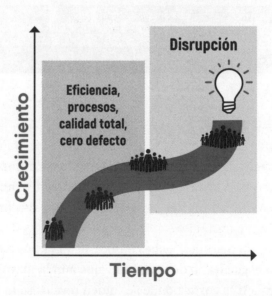

▊ EL ALGORITMO DE LA DISRUPCIÓN

Basado en el estudio que he realizado de empresas disruptivas, descubro que debes considerar varios elementos si deseas ser un disruptor exitoso. Muchos ejecutivos y emprendedores creen erróneamente que la disrupción es un descubrimiento que surge espontáneamente y se implanta de inmediato.

La disrupción es un proceso de evolución, producto de la combinación de varios descubrimientos. La integración e interconexión de estos elementos serán los insumos que al combinarlos formarán un algoritmo que te permitirá descubrir tu disrupción.

Yo descubrí siete elementos que te compartiré en cada uno de los capítulos para que al final tú los combines en forma algorítmica y descubras tu disrupción como producto de la lectura de este libro.

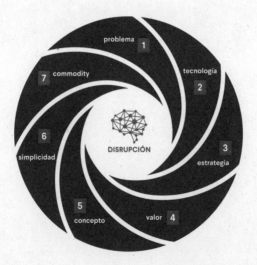

Algoritmo: es la combinación de estos siete elementos que, cuando los interrelacionas, generan nuevas ideas disruptoras.

El libro está dividido en dos partes: del capítulo I al VIII se explicará «qué» es la disrupción, y del capítulo IX al XIII encontrarás las herramientas para saber «cómo» se construye una.

Primera parte

¿Qué es una disrupción?

CAPÍTULO I
CONSTRUYE
TU MENTE DISRUPTORA

Hasta ahora, los filósofos se han limitado a interpretar el mundo, pero de lo que se trata es de transformarlo.
Karl Marx

LA LIMITACIÓN DE TUS NUEVAS IDEAS SON TUS VIEJAS IDEAS

La forma normal de hacer las cosas no es siempre la mejor forma.

Henry Ford

Cuidamos más el éxito del pasado que la innovación disruptiva

Para la mayoría de los empresarios, la necesidad de seguridad es la que neutraliza su capacidad de innovación, ya que ésta condiciona la ambición y protege del riesgo hacia lo desconocido. La mayoría de las personas que fundaron una empresa hace 20 años o más no están dispuestas a correr el riesgo de perder lo que tanto les costó construir.

Viven dentro de esa burbuja, no ven la oportunidad, ya que la seguridad les distorsiona la visión de una nueva perspectiva. Está en nuestra naturaleza el sentido de protección y sobrevivencia, pero también hemos comprobado que aquellos que rompen con lo establecido producen una ruptura y triunfan más que aquellos que pretenden seguridad protegiendo su éxito.

PIENSA COMO DISRUPTOR

Cuestiona tus creencias

Con el tiempo he confirmado que cuestionando las viejas creencias podemos ingresar a un nuevo mundo de posibilidades. Para lograrlo, necesitas cuestionar repetidamente tus creencias, de lo contrario ellas te regresarán al *statu quo*, al modelo anterior que has utilizado exitosamente.

Los grandes innovadores siempre han utilizado esta premisa para lograr sus invenciones. Steve Jobs, con sus ideas, nos dejó un mundo distinto. David Copperfield, sin duda el mejor mago del mundo, cambió para siempre la magia. El joven Guy Laliberté —que se ganaba la vida de tragafuegos y equilibrista urbano en Toronto y ahora es multimillonario empresario—, creó el Cirque du Soleil, una disrupción que cambió el circo para siempre. No olvidemos al maestro de inglés Jack Ma, hoy el empresario más rico de China. En 2012 fundó la empresa Alibaba, una comercializadora online con valor de 11 mil millones de dólares. Es una empresa que vale más que Facebook, Amazon y Walmart. Y quién no recuerda al famoso Hugh Hefner, fundador de la revista *Playboy* en los años cincuenta; fue un verdadero disruptor, que influyó notablemente en la manera de abordar el sexo en el mundo. Ninguna revista hasta hoy ha podido quitarle su liderazgo, pues su modelo aspiracional de vida, con sus clubs nocturnos y sus conejitas, fue único en el mundo.

Estos emprendedores, y muchos más a los que haré referencia a lo largo del libro, nos confirman la fuerza y el valor económico que adquiere un mercado cuando se tiene una nueva idea disruptiva, producto de un cambio radical.

Los empresarios disruptores han sido muy exitosos, aplicando esta forma de pensar en su liderazgo, en sus empresas, en sus productos, y han demostrado al mundo que hay otras formas de hacer negocio. Provocaron una ruptura del modelo tradicional de negocio y de los productos.

Descubre las oportunidades en los obstáculos

Los nuevos innovadores comprenden que la disrupción es un rompimiento de paradigmas tradicionales.

Los disruptores son aquellos que pueden ver en los obstáculos enormes oportunidades para el consumidor. Ven un espacio de crecimiento al comprender cuánto dinero están dejando de ganar por permanecer como están.

Como dijo Steve Jobs: «Debes perseguir tus sueños o terminarás trabajando para ayudar a alguien alcanzar los suyos». Como también decía Albert Einstein: «El mundo que creamos fue el proceso de nuestra forma de pensar. Para cambiarlo necesitamos modificar cómo pensamos». Cada día que pasa nos damos cuenta de que el mercado, con tantas invenciones, se está volviendo más estrecho y será más complejo aún con aquellas ideas que se avecinan con nuevas tecnologías.

Debes grabar en tu mente que una idea verdaderamente disruptiva es aquella en la que habrás cambiado un mercado con un modelo de negocio que antes no existía. La prueba más evidente la tenemos con Starbucks, que atiende un mercado que antes no tomaba café, con un modelo de negocio que no existía hasta entonces. Significa que una disrupción alterará el mercado para siempre y el cambio será de tal magnitud que nunca más regresaremos al modelo anterior. Cuánta verdad tenían las palabras de Oliver Wendell Holmes cuando dijo: «Cuando la mente se abre a una nueva idea, nunca más regresa a su estado anterior». Por ejemplo, así sucedió con el ferrocarril, pues antes de su invención un caballo era lo más veloz que existía en el mundo. Pasamos del caballo, que corre a 48 km en promedio, al ferrocarril, a 140 km. Ésa sí fue una gran disrupción. Fue una nueva forma de viajar y un nuevo modelo de negocio.

Cuando se crea una disrupción, aumenta significativamente la cantidad de dinero que fluye en ese sector, ya que atiende una necesidad antes desconocida y crea una atracción insustituible en los consumidores y en los no consumidores. Tal es el caso de la tablet, el iPad de Apple, que salió al mercado en abril de 2010, y cuando se lanzó a la venta los jóvenes hicieron largas filas en las tiendas para ser los primeros en adquirirlas. Vendieron un millón de unidades en 28 días.

Cuando una innovación es disruptiva crea un enorme valor en la mente del consumidor y éste se vuelca incondicionalmente hacia ese nuevo producto, prefiriéndolo por encima de cualquier otro producto o servicio tradicional del mercado. Las tiendas Ikea, por ejemplo, con oficinas en Älmhult, Suecia, crearon muebles de autoconstrucción a bajo precio. Una idea ingeniosa que ha generado ventas por 35 mil 500 millones de dólares y 155 mil empleos. Su fundador Ingvar Kamprad era hijo de campesinos de un pueblito de Suecia. Un genio creador, que mereció su éxito al vender muebles de autoensamble.

Los líderes han sido educados para ser institucionales, no innovadores

La falta de líderes disruptores es consecuencia de que las empresas no fueran diseñadas para ser innovadoras, sino para ser eficientes.

Si este tipo de empresas, que por años han sobrevivido, continúan así, estarán en el camino de la extinción.

Se considera que en los próximos 10 años, 40% de las empresas del Fortune 500 dejarán de existir. Debes preguntarte entonces: ¿dónde quiero que esté mi empresa en los próximos 10 años? El rango de vida de una empresa ha pasado de 65 años en 1920 a 15 años en 2017, por ello no podemos dormirnos en los laureles, continuar viviendo de los éxitos pasados y quedarnos en la zona de confort. El ferrocarril del cambio tecnológico te pasará por encima, ni lo dudes.

El ejemplo del cambio en las organizaciones se ha visto en los jóvenes innovadores de Silicon Valley, quienes no están orientados a construir sólo empresas eficientes, sino que diseñan sus negocios y venden ideas que tienen el potencial en un nuevo mercado de enormes dimensiones, que ni ellos saben cómo cuantificar.

No hay duda de que Federal Express (FedEx) fue una disrupción que cambió el mundo para siempre. Fue producto de una visión, que identificó el problema que tenía el correo tradicional del mundo, no de una ciudad o de un país en particular. Nunca pensaron los directivos del correo tradicional, que siempre fue manejado por el gobierno en todos los países, que se podría entregar un sobre en 24 horas, desde Nueva York hasta el aeropuerto de Heathrow, en Inglaterra, a las 10 de la mañana. Algo inusitado, nunca visto, que tomó por sorpresa a los clientes. Por ello, la mayoría de las empresas que son administradas por la burocracia de instituciones gubernamentales se transforman luego en grandes y jugosos negocios privados. Teléfonos de México fue otro ejemplo de ello.

▌ DESARROLLA MENTE DE DISRUPTOR

A veces no es cuestión de tener nuevas ideas, sino de dejar de tener ideas viejas.
Edwin Land (Polaroid)

Asume riesgos

Para ser un disruptor tienes que ser osado y asumir riesgos. Ningún empresario, cuando decide tomar un nuevo rumbo, tiene información suficiente como para saber cuán certera es esta decisión, sólo asumen el riesgo. La disrupción no tiene parámetros de comparación histórica porque no existía. Por ello muchos no se arriesgan. La razón es que para innovar se necesita asumir riesgos en terrenos nunca transitados, involucrarse en lo desconocido, en aquello de lo que aún no se tiene dominio. Significa que lo que no sabes encierra la oportunidad, pero también te enfrenta a la incertidumbre.

Para ser un innovador disruptivo debes tener madera de líder y avanzar haciéndote amigo del riesgo, ir de la mano de los temores que conlleva, así como de las noches de insomnio que esto provoca. A finales de la Edad Media, los Médici reunieron en Florencia a expertos de toda Europa y con ello alcanzaron el avance más grande en el arte y la ciencia en aquella época. La innovación disruptiva se logra cuando se crea una cultura colaborativa en las diferentes áreas de la empresa. A este modelo colaborativo se le suele llamar Efecto Médici. La historia del mundo nos ha confirmado que la complementariedad de habilidades comprometidas por un mismo objetivo construye resultados revolucionarios.

Domina el mundo digital

> Hoy tenemos más información de la que podemos absorber. Es tal la velocidad con que nacen empresas que no hay tiempo para mantenernos al día.

Amazon, por ejemplo, que ha sido un dominador de tecnología para construir sus negocios, abrió, en 2017 en Chicago, Amazon Go, el primer supermercado totalmente digital; se trata de bajar una aplicación, pasar tu teléfono celular por el lector de la entrada de la tienda y al tomar un producto éste se carga automáticamente a tu cuenta. Con ello evitas las líneas, las cajeras y la revisión de la salida. Es la tecnología al servicio de las nuevas ideas. Así debes revolucionar tu negocio también.

Walmart está experimentando hoy el embate de Amazon Go y se está apresurando en igualarlo. Ha decidido adquirir empresas ya establecidas como Jet.com, minorista en línea, por 3 mil millones de dólares. Pronto adquirirá Bonobos, una marca de línea para hombres. Con este esfuerzo muy pronto sabremos si pudo igualar la batalla con Amazon.

Walmart tiene otro gran contrincante que atender. La enorme tienda en línea de China, Alibaba. Tendrá Walmart que tomarla en cuenta, ya que Alibaba es un intermediario virtual que gana una comisión por venta, a diferencia de Walmart que tiene bodegas y almacenes con una enorme y costosa infraestructura logística. Amazon tiene el mismo modelo que Alibaba: utilizan los almacenes del proveedor con costos de operación mucho más bajos.

En este mundo el peligro es ser un experto con mucha experiencia en un modelo que funcionó, pero que poco a poco se va debilitando, porque la velocidad con que surgen los cambios no te permite ver las nuevas oportunidades, menos aun cuando la visualizas con una retrospectiva histórica.

Espero que muy pronto se diseñe un almacén de información de decisiones tomadas por otros empresarios y emprendedores en el mundo, que nos permita tomar mejores decisiones e innovar con mayor facilidad. Hoy sólo usamos el recurso de nuestras experiencias pasadas en la empresa. Debemos utilizar la experiencia del mundo puestas en un software —tal como en el derecho lo hace la jurisprudencia— para compensar ese vacío de información que tenemos. Entonces, se tendría el apoyo de la tecnología digital en una app y se dispondría de las experiencias de otros miles de ejecutivos del planeta, lo que contribuiría a resolver los problemas de tu negocio.

Steve Jobs solía decir: «El consumidor no sabe por qué los quiere [los productos] pero le gustan. La gente no sabe lo que necesita hasta que se lo demuestras.» Era un disruptor que veía el mundo diferente, como nunca nadie lo había hecho antes.

Los automóviles ahora son ingeniería digital con ruedas, antes eran ingeniería automotriz. Lo que la gente comprará en el futuro será una computadora con ruedas que les dé movilidad y no sólo nuevos carros. Éstos no serán ya símbolos de estatus y libertad, sino que estarán diseñados para que la tecnología te haga la vida más fácil y te resuelva los problemas de movilidad. La diferencia entre un carro y otro muy pronto será la tecnología. En el futuro el servicio digital será clave, más que lo mecánico. La tecnología digital cambió el auto por dentro, será entonces la era de la digitalización automotriz. Por ello empresas como Google y Uber están interesadas en ello, sin ser armadoras de carros.

Las agencias de viajes están siendo desbancadas por las reservaciones en línea. Empresas como Best Day o Price Travel han crecido mucho, teniendo hoy el 44% de las ventas de viajes gracias al nuevo mundo digital. Como también ha tenido un crecimiento meteórico la empresa Verizon, que vende en línea todo tipo de dispositivos telefónicos y de audio.

Deberás ser rápido en crear ya que «las oportunidades también tienen fecha límite, no te duermas». El negocio de las grandes armadoras y aquellos que venden aceites para motores tienen los días contados; tendrán que transformarse en empresas que diseñen computadoras para transportar gente o no sobrevivirán a esta nueva generación.

Encuentra oportunidades en la incertidumbre

Venimos de mercados cautivos y de pocas empresas que atendían a muchos consumidores; de una economía más predecible en precios, costos y disponibilidad de materia prima, con ciclos de cambios más lentos.

Hasta finales del siglo xx todo era más perceptible; hoy estamos en un mundo veloz que te enfrenta a lo desconocido.

Los directores de las empresas deberán transformarse a sí mismos para transitar en lo que nunca han probado y encontrar nuevas oportunidades en la incertidumbre del mercado, de lo contrario mejorarán lentamente, y dirán: «hemos innovado muchísimo en los últimos 10 años, somos distintos», pero a pesar de ello no habrán creado una disrupción. Y así, dejarán el espacio de crecimiento para los nuevos jugadores en el mercado.

La revista *Forbes* dijo que sólo 13% de los millonarios nacieron con el dinero que hicieron sus ancestros. Significa que la mayoría de los millonarios de hoy han creado su propia fortuna al revolucionar sus negocios y mercados.

El problema más agudo que enfrentan los empresarios es la velocidad con que los modelos de negocios nacen; los toma por sorpresa y se desmoronan empresas que por años fueron líderes en el mercado, como Kodak, *Enciclopedia Británica*, PanAm,

Blockbuster, librerías Borders, registradoras Remington, Tiendas Gigante, Danesa, Taesa, Reino Aventura, Videocentro, Chambourcy, Mexicana de Aviación, Tomboy, El Concord, Enron, Olivetti, Sony Ericsson, Lehman Brothers, etcétera. Llegó la hora de pensar en forma disruptiva para contrarrestar esta enorme invasión de nuevos negocios que venden lo mismo que tú, pero de una forma distinta.

Recuerda por un momento qué impacto causó Skype cuando Janus Friis y Niklas Zennström nos dijeron que podíamos hablar por teléfono gratis a cualquier parte del mundo. Su disrupción nos tomó por sorpresa, y ésta surgió porque aplicaron una tecnología del dominio público, P2P, lo que les permitió ofrecer a muy bajo costo un servicio de voz —en un mercado no regulado— que sólo ellos usaron para esta aplicación y triunfaron. Una enorme idea para estos dos jóvenes asalariados de una compañía telefónica de Estonia, hoy millonarios, y bien merecido.

Otro ejemplo son los creadores de Zipcar, que es una empresa que renta carros particulares por día, por hora o por semana. Ya no es necesario hacer papeleo; lo único que necesitas es ser miembro, tener una aplicación en tu teléfono y recoger el carro en la calle, en algún punto cercano a ti. La compañía fue adquirida por Avis por 500 millones de dólares. Nada mal por una idea que resolvió el problema de acceder a un carro, sin tener que ir a una agencia a rentarlo.

Si deseas entrar en el mundo de la disrupción deberás preguntarte: ¿cómo inventar, diseñar eficaces modelos de negocios, desafiar los modelos viejos y transformarlos en grandes ideas que tomen por sorpresa al mercado?

Rompe los viejos moldes

Los modelos disruptores de negocios son aquellos que fueron creados poniendo por delante el valor que recibirá el cliente y lo lograron cambiando el modelo del negocio, los productos o ambos a la vez.

He llegado a la conclusión de que la innovación ya no es algo a lo que debemos aspirar, sino que debe ser una forma de pensar natural, cotidiana, de los empresarios. La disrupción es en esencia un paso más allá de la innovación como la conocemos. La innovación es el motor de una disrupción; para ello es necesario una cultura que la sustente. Debemos comprender que estamos inmersos en el proceso sistemático de romper con viejos moldes para entrar en la creación de un valor disruptivo.

El detonador ha sido el enorme avance tecnológico y el internet que ha transformado al mundo en una pequeña aldea. Esto nos indica que no es optativo para el empresario integrarse en este proceso de cambio. Éste ya está inmerso en nuestra sociedad; el secreto es cambiar tu mente e integrarte lo antes posible y comprender cómo tus productos y servicios se fusionan y logran una disrupción para dar al consumidor algo que nunca antes había experimentado.

No puedes cambiar ese entorno en el que vives, pero debes cambiar tu negocio o crear otro concepto vendiendo los mismos productos en forma distinta. Como dicen los navegantes: «No puedo cambiar el viento, pero si la posición de las velas».

Así lo hicieron empresas zapateras como Price Shoes, Cklass y Andrea, que pasaron de un modelo de venta de zapatos en tiendas a verdaderos emporios de negocios de ventas por catálogo, con millones de vendedores. Mientras el zapatero de la esquina continúa sobreviviendo en su local, estos disruptores no paran de crecer, sin necesidad de abrir una sola tienda.

También Netflix creó un negocio para competir en el giro donde había un líder absoluto, Blockbuster, la cadena de tiendas de rentas de videos, cuyo modelo había llegado a su límite. Netflix decide entonces abrir un sitio de películas y series por internet y ahora puedes ver tus películas a la hora y las veces que tú quieras, por una módica cuota mensual. Esta empresa ahora cuenta con más de 20 millones de clientes alrededor del mundo, que acceden desde su computadora, teléfono, tablet o televisión en el momento que deseen. Blockbuster, con el viejo modelo, nunca se podría haber imaginado la innovación disruptiva de migrar a una plataforma de internet. No hay duda de que el valor que tiene Netflix ni se puede comparar con el que daba Blockbuster a sus clientes. Blockbuster tuvo la oportunidad de comprar Netflix en el año 2000 cuando era una pequeña *startup*; sin embargo, no lo hizo y en 2013 tuvo que cerrar sus tiendas. Netflix en aquellos días valía 50 millones de dólares; hoy tiene un valor de 8 mil 500 millones de dólares. Ahora también es productora de sus propias series y películas, para diferenciarse de los demás. Nuevamente el éxito es un tema de valor ante los ojos del cliente.

El internet está cambiando el mundo de los negocios y me preocupa que muchos empresarios no se sumen de lleno a esta corriente. Por eso este libro pretende estimular la creación de nuevos visionarios e innovadores para que tengan una mentalidad disruptiva. Ya no necesitamos innovadores progresivos que mejoren lo que ya existe, sino crear lo que hoy no existe y así lograr construir un mundo mejor para más gente.

PREGÚNTATE
Para cambiar tu mentalidad debes empezar por preguntarte:
- ¿Qué puedo hacer para continuar siendo exitoso y haciendo crecer mi negocio o crear uno nuevo?
- ¿Qué estoy perdiendo por permanecer en este modelo tradicional centrado en el producto, que heredamos de la generación anterior?
- ¿Cuánto tiempo más soportará mi empresa el modelo de negocio tradicional, vendiendo productos que fueron exitosos?
- ¿Cuál es el próximo paso que me pondrá en el camino del éxito nuevamente?

CAPÍTULO II
FOMENTA TU CREATIVIDAD DISRUPTIVA

Carácter e imaginación son dos cualidades que nunca debes arriesgarte a perder.

CÓMO ESTIMULAR TU CREATIVIDAD

Estudios realizados en Harvard —evaluando y entrevistando, por más de 10 años, a miles de ejecutivos— llegaron a la conclusión de que existen dos habilidades que distinguen a los ejecutivos innovadores de aquellos que no lo son:

1. **La capacidad de asociación.** La habilidad de conectar distintas ideas, de hacerse preguntas para encontrar patrones o tendencias en aquello que no lo tiene. Cuanto más agudas y extrañas sean estas reflexiones para encontrar sentido a las cosas que son problemas recurrentes, mayor será la posibilidad de encontrar una disrupción que los resuelva. Estas preguntas no se resuelven rápidamente; algunas nos pueden llevar años para encontrar las nuevas ideas. A Steve Jobs le llevó cinco años diseñar su iPod. Esta capacidad de asociación de elementos —que en muchos casos no tienen relación entre sí y que están afectando tu mercado, a tus consumidores, o el volumen de tus ventas— tendrán que ser sintetizados en una nueva visión.

2. **La capacidad de síntesis.** Es otra habilidad fundamental que debes tener para crear una nueva regla del juego en el mercado. De lo contrario, te puedes quedar sólo con múltiples ideas sin diseñar soluciones. La creatividad no es un pensamiento lineal, sino uno divergente que asocia situaciones y las sintetiza para pasar a un nivel distinto y encontrar una solución que sorprenderá al consumidor.

Recuerda: estimular tu capacidad de asociación y síntesis son piezas clave de donde emerge una innovación.

La creatividad surge cuando tomas consciencia de un problema que nadie ha resuelto y te propones darle una solución.

Por ejemplo, en 1970, Bernard Sadow inventó las maletas con ruedas. Hace más de 40 años las maletas se cargaban, no se rodaban; sin embargo, él resolvió un problema del que nadie se había ocupado o ni siquiera se había pensado en ello. Para crear algo así no puedes pensar en forma convencional; tienes que tener una forma distinta de resolver problemas. No puedes tener un pensamiento sólo lineal, sino divergente, que te permita ver la realidad desde varios ángulos distintos de la lógica convencional.

Seguramente así fueron creadas las barras de cereal Kellogg's. Fue un gran acierto que pudieras llevar el cereal en tu bolsillo y así resolver una limitación que el mismo cereal tenía. Tradicionalmente, podías comerlo sólo en las mañanas en tu casa, no caminando hacia tu trabajo.

Cuando tu mente se acostumbra a cuestionar no sólo ves cosas diferentes, sino que percibes en forma distinta la realidad. Esa percepción crea una nueva visión de lo que quieres resolver. Esta forma de pensar te separa del resto de aquellos ejecutivos que sólo son creativos y mejoran, pero no revolucionan el mercado, no cambian las reglas del juego. La creatividad es, en su esencia, combinar cosas ordinarias para crear una extraordinaria. Por ejemplo, para Uber implicó combinar un servicio de coches privados con una red digital; Lego creó Lego Mindstorms, que fusionó sus bloques con un chip de computadora y surgió así un nuevo producto para jóvenes; o como el futuro auto Apple y Google, que marcará una nueva era para el mundo automotriz, donde la conectividad y la electricidad crearán nuevas reglas cibernéticas para el automóvil como lo conocemos hoy.

Cuando percibes en forma distinta, tienes una perspectiva que nadie tiene y puedes construir una nueva aplicación de un producto que se utiliza regularmente para otras cosas y la integras al tuyo. Steve Jobs integró a sus computadoras un cable con un regulador que los japoneses habían incorporado hacía muchos años en sus cocinas, donde hervían el arroz y con el cual prevenían las consecuencias de las sobrecargas.

También puedes crear algo nuevo forzando los límites de aplicación de tus productos o servicios. Por ejemplo, Steve Jobs se propuso que su computadora debería arrancar en cinco segundos y no en 17, como lo venía haciendo. Sus diseñadores le dijeron que era imposible y él les preguntó: «¿Si tu vida estuviera en juego sería bueno que arrancara en menos tiempo?». La pregunta era pertinente porque, en aquellos tiempos, muchos médicos cirujanos usaban la Mac en los quirófanos y la velocidad era fundamental para salvar vidas. Finalmente, lograron siete segundos de arranque.

Seguramente Jeff Bezos, el creador de Amazon, en sus inicios, debió haberse preguntado muchas veces: «¿Cómo elimino esa enorme infraestructura, usando las bodegas de mis proveedores y no las mías para bajar mis costos y atender eficientemente al consumidor, vendiendo directamente de las bodegas de mis proveedores?», cuando pensó que los libros se podían vender en línea y no tener que cargar con los costos de los almacenes tradicionales y la enorme infraestructura que implica vender un simple libro a un cliente.

▍ANTICÍPATE AL FUTURO

¿Cuál sería el impacto para tu empresa si tuvieras la capacidad de anticipar el futuro como lo hacen los grandes disruptores? Cuando hago esta pregunta muchos me responden: «¿A qué hora puedo pensar así, Mario?, con la enorme cantidad de problemas que tengo que enfrentar diario con la operación, el mercado, la economía y los nuevos competidores. El tiempo no me da, no dispongo más que para enfrentar lo cotidiano, absorbente y complejo de la realidad que vivimos».

> El secreto es que si aprendes a anticiparte a los posibles cambios podrás tomar por sorpresa al mercado, y no ser tú el sorprendido.

Así lo hicieron en el pasado el inventor de la máquina Xerox, o el de las cámaras fotográficas Kodak. Ellos lograron una disrupción en su momento, que luego fue superada por los nuevos disruptores del mundo, que incorporaron a este tipo de productos nueva tecnología y los relegaron del mercado en forma despiadada.

Pero, lamentablemente, estos cambios son imperceptibles a sus ojos; son invisibles porque los patrones de comportamiento están delimitados por la costumbre y sólo innovan en la medida en que todo lo nuevo que se diseñe encaje dentro del modelo de éxito que han tenido por muchos años.

Sanborns Café es un caso de congelamiento de un modelo tradicional que no les permite ver la oportunidad que están perdiendo por no subirse a la nueva tendencia en ese segmento, creada por negocios como Starbucks. No alcanzan a ver las tendencias del joven consumidor de café. Ellos tienen absolutamente todo lo que un empresario anhela: marca, años, infraestructura y dinero, pero se resisten a cambiar porque la tendencia les es invisible. Continúan con el modelo de tradición como su diferenciador en un mundo donde los jóvenes no le dan relevancia, por lo menos en el segmento del café. Si continúan con el paradigma tradicional sólo tendrán posibilidades de modernizar las instalaciones.

Empresas de ese tamaño deberían subirse a la nueva tendencia en lugar de quedarse en la venta de tradiciones, que no son atractivas para la nueva generación. Su modelo tiene la urgencia que el entorno le está exigiendo.

No hay duda de que tanto Xerox como Kodak o Polaroid continuaron igual, creando dentro de la caja de éxito que tuvieron por años, que delimitaba su forma de ver lo que hacían. Nunca vieron la tecnología digital integrada a sus productos. No concebían el éxito si no encajaba en sus antiguos patrones que los vieron nacer y triunfar.

Los disruptores son iniciadores de una forma distinta de hacer algo o de construir un diseño de negocio distinto. Se transforman en pioneros de la innovación global, como Mark Zuckerberg, de Facebook; Larry Page, de Google; Larry Sanger, de Wikipedia; Steve

Jobs de Apple; Elon Musk, de Tesla Motors; Frederick Smith, de Federal Express, o Jeff Bezos, de Amazon. En muchos casos estos disruptores han resuelto algo que no tenía solución. Una innovación disruptiva invalida los éxitos anteriores que se mantienen inmóviles y con el propósito de mejorar poco a poco, día con día.

Observa cómo la empresa Viva Aerobus ingeniosamente se integra al negocio de la aviación, y no se queda sólo en el negocio del transporte de autobuses, como hasta entonces había sido. Zara también es un ejemplo claro de invalidación de las viejas creencias de que la ropa sólo se fabrica por temporada. Desde nuestros abuelos sabemos que la ropa que no se vendía en la temporada tendría que ser rematada posteriormente. Así lo hacen tiendas como Aldo Conti, Robert's, Polo, Burberry o Calvin Klein. Pero Zara, con sus más de 7 mil tiendas, puede fabricar lo que quiera, ya que tiene espacio donde vender una gabardina si llueve en Hong Kong y una camisa si hace calor en España. También tienen una estrategia de lanzamiento semanal de nuevos productos. Su velocidad en la confección les permitió eliminar el concepto de temporada en todo el mundo. Una idea verdaderamente extraordinaria y disruptora. Hoy su Grupo Inditex integra Zara, Pull&Bear, Massimo Dutti, Bershka, Stradivarius, Oysho, Zara Home y Uterqüe, una enorme corporación que vale 25 mil millones de dólares.

PIENSA MÁS ALLÁ DE LA INNOVACIÓN

La innovación es lo que distingue al líder de los seguidores.
Steve Jobs

La creatividad es un tema clave en los negocios, ya que te permite transitar por el mundo de las posibilidades y avanzar hacia la disrupción.

> La creatividad es una virtud humana que algunos desconocen cómo extraer intencionalmente. Es un recurso del que todos disponemos que se detona cuando tu mente tiene un objetivo que te llena de pasión, energía y ambición.

Se necesita una palanca que cada mañana estimule tu voluntad por construir algo nuevo para tu negocio y transforme las reglas del juego de tu mercado. Es esa cualidad que todos llevamos y que algunos empresarios aplican brillantemente porque estimulan su imaginación a través de su deseo por transformar el mundo, el mercado o sus productos.

Se sabe que Steve Jobs siempre se caracterizó por ser una persona apasionada por lo que hacía. Vivía en un mundo de libertad que muchos empresarios aún no han experimentado. Mark Zuckerberg es otro empresario que ha dicho en innumerables ocasiones que desea cambiar el mundo, como también lo expresó Elon Musk —cofundador de PayPal, Tesla Motors, SpaceX, Hyperloop, SolarCity, The Boring Company y OpenAI— y hoy lo están cumpliendo.

Por el contrario, la mayoría de los empresarios son apasionados por controlar o mejorar, no por crear. La innovación surge de la capacidad de ver lo que los demás no son capaces de descubrir; es ver lo que está integrado en la tendencia del mercado, en las necesidades de los consumidores, en las nuevas tecnologías; sin embargo, la mayoría de los empresarios no pueden identificar esa oportunidad, pues están concentrados en ver los componentes en forma aislada y no logran integrarlas en una unidad de pensamiento y descubrir la tendencia. Ven la tecnología, por un lado; al consumidor, por otro; la economía, por otro; y a la nueva generación, por otro. Y ése es el error.

Las oportunidades surgen cuando se crea un cambio en el mercado, cuando existen hábitos viejos en los consumidores que pueden estar cambiando. Paradójicamente, éstos se transforman en el recurso central para construir un nuevo producto que cambiará los hábitos y abrirá espacios que antes no existían.

Hay muchos empresarios capaces de leer la tendencia, pero no todos ven la enorme oportunidad que encierra. Es la primera vez que la mente de los empresarios disruptores puede estar un paso más allá de la tecnología y desarrollar una nueva para que se ajuste a la disrupción y cambiar la realidad del mercado. Eso fue lo que sucedió con la primera computadora Mac que lanzó Steve Jobs: no había tecnología para manipular la estructura de la computadora diseñada, y ellos la crearon. Elon Musk expuso recientemente su plan para llevar a 100 personas a Marte en un cohete impulsado por metano. Es una brillante idea, pero tiene muchos desafíos, dice Charles Whetsel, director de exploración de Marte de la NASA. La selección de oxígeno líquido y metano como combustibles es una excelente idea porque la atmósfera de Marte los tiene y resultan recursos inmejorables. En suma, es un proyecto de este gran innovador, pero aún necesita resolver lo que nunca se ha hecho. De eso se trata la innovación disruptiva: crear lo que no existe y construirlo. De lo contrario, deja de ser una disrupción para ser una mejora transitoria.

Se ha comprobado que la innovación en la mente de un empresario surge cuando se tiene un propósito definido, cuando quieres darle un nuevo sentido a las cosas y cambiar lo que hay en este mundo; es decir, cuando deseas crear algo que sea relevante. Como Apple, por ejemplo; tenía la idea de democratizar la computadora y que todos tuviéramos acceso a ella. Google quería democratizar la información para todos; eBay se creó para democratizar el comercio en el mundo, y YouTube se creó para intercomunicar al mundo a través de videos.

Eso significa que si quieres ser un disruptor necesitas querer cambiar el mercado, cambiar los hábitos del consumidor y conquistar a los clientes que no son tus consumidores; te quieres comer el mundo y transformarlo.

La pasión y la visión inspiran a la creación de nuevos productos o de un nuevo diseño del negocio para hacer las cosas distintas.

Los empresarios tendrán que aprender a contemplar el futuro a pesar de la demanda de atención que nos exige un presente tan complejo.

■ APRENDE A CREAR VALOR

> Cuando una innovación tiene un enorme valor, nadie la cuestiona, ni dice que es caro; sólo ahorran para comprarlo.
> Sienten internamente la necesidad de poseerlo porque les resuelve algo de enorme beneficio.

Richard Branson, dueño de la aerolínea Virgin Atlantic y de cientos de empresas más, se dio cuenta de que más de la mitad de sus pasajeros de clase premier tomaban taxi para ir al aeropuerto; entonces se dijo: «¿por qué no poner un taxi Virgin para dar otro servicio a mis clientes de clase premier? De manera que lo llevemos al aeropuerto y en el trayecto el pasajero pueda confirmar su vuelo y obtener su pase de abordar o hacer cambio de vuelos y llegar directo a la terminal de clase premier ya con el pase de abordar en mano y sus maletas documentadas». Lo sorprendente fue que esto le ha permitido cobrar más en la tarifa de un taxi y cobrar más por el boleto de clase premier, pues agrega un gran valor. Esta idea surgió porque Branson habló con los pasajeros y diseñó una solución operativa. Sólo una mente disruptiva como la de Richard Branson busca cómo solucionar los problemas recurrentes de sus clientes. La mayoría de los directores de empresas llamarían a su equipo de directores para que vieran cómo resolverlo. Muchos otros le darían una explicación de por qué no sería una buena idea.

Richard Branson es el ejemplo de un joven emprendedor, que fundó su primera empresa en 1968, cuando era estudiante: *The Student Magazine*, que era una revista con los últimos éxitos musicales. En 1970 fundó Virgin Music, una empresa de venta de música. Él mismo traía los videos en la cajuela de su carro que manejaba desde el norte de África. Con esa actitud emprendedora construyó un imperio de 5 mil 200 millones de dólares. Richard Branson es sin duda un disruptor en toda la extensión de la palabra.

Podemos complementar diciendo que una disrupción no necesariamente tiene que ser crear algo que no existe; puede ser algo cotidiano, pero que al transformarlo aumente el valor ante los ojos del cliente.

PREGÚNTATE

¿Cómo piensan las personas creativas?

¿Cómo se transforma una persona en un creador de disrupciones?

¿Podré forzar los límites de mis productos, servicios, entregas, en el manejo de mis inventarios?

¿Qué otros productos en el mundo tienen la capacidad que yo busco en los míos?

¿Quién es el experto en el mundo en lo que quiero mejorar?

¿Qué idea puede invalidar el modelo competitivo que hoy tengo en el mercado, que me permita vender mis productos y servicios de una forma distinta, que tome por sorpresa el mercado y aumente mi margen de utilidad?

¿Qué cambio podría hacer que adicionara valor a mi producto a los ojos de mis clientes?

CAPÍTULO III
EMPRESAS EN TRANSICIÓN

Si no canibalizas tu mercado
alguien lo hará por ti.

∎ HACIA UNA NUEVA ERA

Incorpora la innovación abierta

Ante esta avalancha de ideas disruptoras que hoy nos invaden, antiguas empresas están siendo desplazadas del mercado. Sólo pensemos: ¿quién dominaba el segmento de las enciclopedias en el mundo? La respuesta es *Enciclopedia Británica*, empresa que por muchas generaciones dominó ese segmento, pero que al llegar Wikipedia no pudo frenar el impacto que ésta tuvo en quienes buscaban información de manera rápida; por ello, en 2012 dejó de imprimirse y desapareció de la faz de la tierra. Una empresa de abolengo que surgió en 1771 en Edimburgo, Escocia. Pregúntate: ¿qué obra tenía más información que la monumental *Enciclopedia Británica*? Nadie en el mundo era tan experto como los investigadores que hacían esa obra, pero el diseño del negocio requería de un cambio profundo que nunca se llevó a cabo, y si lo llegaron a pensar, no lo hicieron. Por eso, hoy son historia.

De ahí que uno de los consejos, de muchos que te daré en este libro, es que incorpores la *innovación abierta* dentro de tu empresa, en todas las áreas y en los productos o servicios de tu negocio.

> La disrupción no es sólo un tema de cambio comercial, sino uno de cultura organizacional. Debes pensar en forma disruptiva en finanzas, producción, logística, integralmente, no sólo lo que está frente al cliente.

El mundo se está moviendo tan rápido que debes cambiar tu mente y buscar también fuera de tu empresa a los genios creadores. Lo que se llama innovación abierta se desarrolla invitando a personas que no trabajan en tu empresa para que contribuyan con nuevas ideas; involucra a estudiantes, creativos, investigadores o inventores.

En 2013 la empresa General Electric, que fabrica turbinas para aviones, invitó a la comunidad de ingenieros jóvenes de muchos países, para inventar un soporte más liviano y seguro para sus turbinas. Entregaron muchos premios a estudiantes e ingenieros de todo el mundo por las propuestas recibidas. El ganador en este tipo de soporte de turbina fue un estudiante de Indonesia, quien redujo 84% el peso de esa pieza. Ésa fue una gran evidencia de que es posible conseguir ideas revolucionarias a bajo costo, fuera de tu negocio.

Recuerdo que mi entrañable amigo, el ingeniero Héctor Grisi, de Grisi Hermanos, también solía invitar a jóvenes universitarios de las carreras de mercadotecnia y diseño para competir en el diseño de alguna nueva campaña comercial o de algún producto nuevo. El mejor proyecto seleccionado se implementaba y ello le imprimía nuevas ideas a la organización año tras año. La innovación abierta se está transformando en el modelo de creación para grandes corporaciones. Asociarse con académicos, universidades o expertos que sean especialistas en temas puntuales puede ayudar a diseñar nuevos productos con ideas distintas y de una manera más sencilla: innovar para salir fuera de la caja. La innovación abierta se ha transformado en un método muy frecuente para reinventar los productos.

Tradicionalmente, las empresas tenían su área de investigación con mucha gente y cuidaban meticulosamente que nadie se enterara de sus hallazgos. Con el tiempo se han dado cuenta de que la mayoría de las personas inteligentes no trabajan en su empresa. Hay nuevos diseminados por el mundo y hay que salir en su búsqueda. Antes, las buenas ideas venían de algún inventor o de áreas de investigación, como es el caso de Dupont o Philips, empresas que tienen más de 2 mil investigadores y científicos diseñando nuevos productos. Hoy, el internet, que es un sistema abierto, ha permitido que estas empresas busquen en el mundo a los grandes creadores con la capacidad de reinventar. Procter & Gamble ha reducido sustancialmente su área de investigación y desarrollo porque ha encontrado en la innovación abierta una mejor solución para diseñar nuevos productos.

Hoy, el mundo es tu laboratorio de investigación y debes usarlo. Puedes comprar patentes o adquirir empresas jóvenes. Facebook ha adquirido más de 20 empresas en los últimos años que han desarrollado ideas que ellos no tenían.

Te invito a que incorpores la innovación abierta en tu empresa. Recurre a estudiantes, universidades del país o del mundo para innovar tu negocio o crear alianzas con otras empresas o adquirir patentes, o buscar la cocreación, acercándote a tus consumidores o adquiriendo una *startup*. La innovación está en todos lados; tú no tienes que ser el genio creador, pero puedes ser un desarrollador de genios o un infatigable buscador de ellos en el mundo.

Las disrupciones surgen de quienes no están involucrados en el negocio

Hazte amigo de empresarios disruptores de otros negocios, de otros giros; esa mentalidad se contagia. La innovación surge por asociación de ideas y nunca se sabe de dónde vendrá, por lo que eso debe formar parte de la revolución de tus ideas como empresario.

Muchas ideas surgen de personas que no están en tu negocio como sucedió con los italianos especialistas en el café: perdieron la oportunidad de crear un negocio tipo Starbucks, a pesar de que ellos son los expertos y quienes idearon la máquina de café exprés. Esta máquina fue inventada por Francesco Illy, dueño de Illy Caffè, y no por Howard Schultz de Starbucks. Como tampoco Hewlett Packard creó el negocio de Dell Computer —aunque ellos eran los líderes del mercado de las computadoras personales—, sino el joven Michael Dell, estudiante universitario, mientras estudiaba y reparaba las computadoras de sus amigos.

Otra evidencia de que las ideas vienen de quienes no están involucrados en el negocio fue que en 2012 un joven adolescente de 16 años, Jack Andraka, inventó una nueva forma de detectar el cáncer de páncreas. El descubrimiento le valió el premio Gordon E. Moore en la Feria de Ciencia e Ingeniería (Intel International Science and Engineering Fair) y el Premio Smithsoniano al Ingenio Americano.

Si te preguntas: ¿cómo puede ser que este diagnóstico no haya sido inventado por un doctor de Harvard o un científico de los laboratorios alemanes o suizos, quienes son eminencias que han estudiado por años esa enfermedad?, la respuesta es que las grandes ideas disruptivas generalmente vienen de personajes que están fuera del negocio. Nuestra mente está demasiado saturada con información de modelos que hemos probado por años. Este joven hoy salvará millones de vidas porque el cáncer de páncreas es conocido como una enfermedad silenciosa y mortal. La razón por la cual no lo crearon los grandes científicos del mundo es porque ellos descubren dentro de un marco de investigación que ya tienen probado; no se salen de los límites de lo conocido.

Elon Musk, a quien ya hemos mencionado, es otro ejemplo de creador de innovaciones en áreas en la que otros están especializados, como su automóvil eléctrico Tesla o su cohete espacial Star X, que es más un carguero espacial para transportar víveres y equipo a la base espacial.

> Debes desarrollar signos de curiosidad sin límites; debes aprender a descubrir el futuro que hoy no existe, a convencerte de que la vida de los consumidores puede ser mejor con tus revolucionarios productos o diseño de negocio, y ése debe ser tu objetivo como disruptor.

¿POR QUÉ LAS GRANDES EMPRESAS SON MÁS LENTAS PARA CREAR?

Las disrupciones de hoy serán tus utilidades de mañana.

Los hábitos del consumidor actual hacen invisible sus nuevas necesidades. Los empresarios tradicionales satisfacen costumbres cotidianas, no pueden identificar lo no evidente.

Trabajan para accionistas

Pregunto: ¿por qué las grandes empresas son menos innovadoras si tienen absolutamente todo para serlo: dinero, marca, productos, consumidores cautivos, años en el mercado? Debemos partir de la premisa de que las grandes empresas deben llenar las expectativas de los inversionistas y esto les desvía el enfoque a sus ejecutivos. Pero aquellas que no innoven o revolucionen el mercado tienen los días contados en la cima.

Tal es el caso de Sony, que no sabe hoy cómo salir del duro golpe que le han asestado Samsung y Apple. Su director, Kazuo Hirai, ha dicho que aún no tiene una estrategia para la recuperación y renacimiento de Sony. La empresa lleva varios años sin saber cómo superar las pérdidas de sus operaciones después de haber sido el líder mundial en el segmento de la música y la fotografía, posición que ya perdió.

Se necesitan líderes innovadores, con la actitud de Steve Jobs, a quien se le recuerda como un duro supervisor de las ideas y un implacable controlador del seguimiento de éstas, un líder extremadamente duro y centrado en los detalles.

> Pero es necesario empujar; las innovaciones no se pueden dejar al libre interés personal y creatividad de algún ejecutivo de publicidad, ventas y mercadotecnia, o a alguna área de producción o diseño de la empresa.

Las grandes compañías que no introduzcan innovaciones de manera recurrente corren el riesgo de desaparecer o estancarse. Ésa es la dura realidad en esta era digital.

Son conservadoras y asumen riesgos muy calculados

Por lo general las empresas grandes han demostrado ser malas innovando porque son más lentas para decidir. Estos enormes conglomerados son por lo general más conservadores que los de nueva generación. No harán nada que no haya sido probado antes o que pueda arriesgar las ganancias futuras. Deben cuidar el valor de las acciones o los accionistas los castigarán duramente en sus bonos.

Los intentos de una innovación requieren de una mentalidad distinta a las de las enormes empresas. Requieren ser más agiles y centradas en resolver de manera revolucionaria los problemas recurrentes en los consumidores o clientes. Tal es el caso de Nick Woodman, de 37 años, quien inventó la cámara GoPro, diseñada para llevarla en el casco mientras haces deporte extremo.

Desde su invención en 2004, las ventas de este joven se han duplicado año con año. En 2012 vendió 2.3 millones de cámaras, superando las ventas de Sony. Woodman es hoy un joven multimillonario con una fortuna valorada en mil 300 millones de dólares. Inventó esa cámara en su casa, hizo su prototipo, cosiendo personalmente el neopreno en la máquina de coser de su mamá y perforando placas de plástico. En sus inicios, era diseñador, ingeniero de producto, investigador, vendedor y empacador de cámaras, todo a la vez. Hoy dirige su empresa de tecnología mundial. Acumuló una fortuna que fue el fruto de una idea disruptora que enloqueció al consumidor. Si lo vemos objetivamente, creo que no está nada mal para un joven fanático del surf que inició en las playas de California y no surgió de una gran corporación japonesa.

En las grandes empresas no surgen los jóvenes disruptores. La razón es que los jóvenes tienden a volverse institucionales, masificarse y cumplir metódicamente con políticas; no rebelarse ni ir en contra de ellas como lo hacen los disruptores.

No cambian, prefieren mejorar

Nuevamente, ¿por qué Sony, empresa que domina el mercado de las cámaras fotográficas, no pudo crear una cámara para ese nicho de mercado? La respuesta es porque están concentrados en cumplir con el presupuesto del trimestre y crecer sus ventas, y no pueden ver las oportunidades que pasan por enfrente. ¿Por qué Sony no vio el segmento de la música como una gran oportunidad de mejorar los dispositivos que tenía, ya que ellos eran los líderes del mercado en ese segmento?

Sin embargo, salió el iPod, una idea disruptora, y se quedó con ese mercado, del que Sony era el dueño. No hay duda de que Sony tendrá que dejar de vivir de lo que tiene, ya que ha perdido varios negocios por vivir de las mieles del pasado. Eso le sucede a la mayoría de las empresas que no se renuevan y que se quedan en su zona de confort. Pregúntate ahora mismo si tu empresa tiene una cultura como la de Sony.

A los ejecutivos de Sony les es más fácil comprar nuevas compañías que crear una idea disruptora que duplique sus ventas. La razón es que están distraídos operando negocios exitosos. No están familiarizados con el consumidor de la calle, no ven la necesidad de la gente de a pie. El corporativo no los deja ver; están en pisos muy altos para ver el mundo real.

Un ejemplo de cambio fue la idea de Jorge Vergara, dueño de Omnilife, quien en 1989 lanzó un té líquido para bajar de peso y una vitamina líquida para venderla a través del modelo de negocio de redes, mientras el resto de los competidores que tienen muchos años en el mercado sólo lo vendían en polvo o en pastillas. Cuando Omnilife presentó el producto en líquido, tomó el mercado por sorpresa, triunfó, se hizo millonario y lo demás es historia.

Observa cómo las pastillas Advil, de Pfizer, contra el dolor, han tenido un gran avance en un mercado controlado por la ancestral aspirina de Bayer. Nada es eterno; alguien encontrará una mejora en el terreno en el que tú eres un líder.

Antes tomaba décadas para que una idea destronara a las enormes empresas establecidas. Pero hoy cualquier negocio puede ser debilitado de la noche a la mañana por algún producto que agregue un valor significativo, y si es más económico, mejor. Eso mismo hizo Steve Jobs cuando en un garaje diseñó la primera computadora portátil para competir contra el monstruo de aquellos días: IBM. «No hay nada que frene una idea a la que le ha llegado su momento», decía el escritor Víctor Hugo. ¿Cuál es la tuya?

Mejoran lo que algún día crearon

Importa la forma de pensar de Silicon Valley a tu empresa.

En mi experiencia como consultor, siempre les pregunto a los ejecutivos: ¿qué los hizo crecer?, ¿qué los llevó a este lugar el día de hoy? Sorprendentemente, la mayoría me contestan que surgió de una idea que se les ocurrió. Los ejecutivos tradicionales fueron verdaderos disruptores en su época, que con su genialidad crearon algo que no existía y muchos triunfaron hasta hoy.

- A Bimbo se le ocurrió comercializar de manera masiva el pan de caja que no existía en México en aquellos días.

- Omnilife lanzó por primera vez un jugo para bajar de peso.
- A La Costeña se le ocurrió enlatar chiles que antes se vendían en temporada, en mostradores, y no todo el año.
- Cinépolis se transformó en un negocio de entretenimiento y no en salas de cine.
- Autofin diseñó un negocio financiero de una distribuidora de autos tradicional.
- Transportes UNO iniciaron con autobuses de pasajeros de lujo y asientos como de avión, lo que nunca antes se había visto en el país.
- Oxxo creó una cadena de tiendas de conveniencia que jamás se le había ocurrido a nadie.
- Viva Aerobus, una compañía de autobuses de transporte de pasajeros, crea una compañía aérea de bajo costo para transportar pasajeros a tramos largos, más rápido y más económico.
- A Alsea se le ocurre crear una cadena de negocios de comida rápida, comprando franquicias máster regionalmente para países de Latinoamérica y operándolos ellos directamente.
- Kidzania idea la exitosa ciudad interactiva para niños de entre 1 y 14 años.
- El Club de Futbol Pachuca inicia con la Universidad del Futbol, que a nadie se le había ocurrido antes.
- Elektra decide vender electrodomésticos a crédito para el sector popular, cuando nadie lo había hecho hasta ese momento.
- Corporación interamericana de Entretenimiento (CIE) incursiona en la Industria del entretenimiento y festivales en vivo, que no existía en el país.

Y muchas otras compañías por el estilo, que seguramente conoces en el país o en el mundo. Es decir, todos construyeron un imperio sólo de una idea que los transformó en pioneros y triunfaron.

La segunda pregunta que les hago es: ¿en qué invierten la mayor parte de su tiempo, ahora que tienen un imperio? La sorpresa fue que la mayoría rara vez me responde que está innovando su negocio. Me responden que usan la mayor parte del tiempo para administrar su negocio y que la innovación la delegaron a un área dentro de la empresa, que es la que lo maneja. Sin lugar a dudas, son ejecutivos muy inteligentes para lograr resultados y para hacer crecer el negocio año con año. Pero no están centrados en crear una cultura interna de innovación. Por ello, la nueva generación tiene una ventaja enorme para triunfar. La mayoría de los empresarios de alto nivel no conoce a su consumidor.

Recuerdo perfectamente la famosa reunión que tuvieron en los setenta los altos ejecutivos de IBM con Bill Gates para negociar la aplicación del nuevo sistema operativo que había diseñado, que se llamó PC IBM DOS y que lo catapultó en el mundo de los negocios. La reunión se realizó en las afueras de Las Vegas en un *trailer park*. Ahí llegaron los ejecutivos de IBM, en medio del desierto, con lujosos autos y sus choferes, a entrevistarse con un joven que vestía tenis, shorts y camiseta. Todos sabemos cómo terminó la historia de ambos. Bill Gates luego usó ese sistema en sus computadoras Microsoft MS DOS que todos en el mundo usamos hoy.

En los años setenta, yo trabajé mucho como consultor en IBM e impartía muchos cursos y seminarios a esa empresa. En sus juntas, en aquellos días, ellos discutían que el negocio en el mundo sería el software, no los equipos, y reforzaban diciendo que ése era el negocio en el que debíamos ingresar.

La pregunta era ¿por qué no fueron los pioneros en ese mercado si eran tan inteligentes como para visualizar que ése era el negocio del futuro y se lo dejaron todo a Bill Gates con su Windows? La respuesta que yo escuchaba era que el dinero lo hacían vendiendo equipos, que se fabricaban muchos en Guadalajara. Decían: «Vendiendo "latas" es como hacemos el dinero, el software no vale hoy. Algún día cambiaremos». ¿No te suena esto al mismo error que cometió Kodak, que tenía que cambiar de una empresa química a una digital y no cambió porque sus millones venían de sus películas fotográficas? También destruyó a Polaroid, la cámara que te daba la foto instantánea; toda una revolución que murió al instante por no entrar en el mundo digital.

PREGÚNTATE
¿Qué hizo crecer tu negocio?
¿Qué llevó a tu negocio a este lugar, el día de hoy?
¿En qué inviertes la mayor parte de tu tiempo ahora que tienes un negocio exitoso?
¿Percibes que el mercado va con una tendencia distinta a la que hoy tiene tu negocio?
¿No quieres cambiar porque hoy tu dinero proviene de lo que haces?

Piénsalo.

CAPÍTULO IV

EL CAMBIO DE LAS EMPRESAS TRADICIONALES

Los mismos elementos
que te llevaron a triunfar
te llevarán hoy a fracasar.

▌ LAS GRANDES CORPORACIONES PUEDEN SER DISRUPTORAS

La era de la disrupción nació para construir una sociedad comercial e industrial que aún muchos empresarios no llegan a comprender, ya que continúan dirigiendo con el espejo retrovisor y no con la perspectiva tecnológica para crear disrupciones que lo inserten en la nueva era.

Cambiar de adentro hacia afuera no es aconsejable

Por lo pronto diría que si las grandes empresas aspiran a incursionar en el mundo de la disrupción y a transformar su mercado deben dejar de pensar cómo mejora internamente la organización. Es decir, cambiar el negocio de adentro hacia afuera es una perspectiva no muy aconsejable en el mundo disruptivo, ya que estamos en una economía de mercado donde el consumidor es el que está tomando el control.

Por ejemplo, duplicar la planta, incorporar un sistema automatizado de información, facturación, información operativa del negocio o lanzar nuevos productos cada año son temas menores, comparados con una disrupción que cambiará profundamente el producto y la forma de atender el mercado. Es muy sabido que cuando una compañía quiere hacer cambios internos todo el sistema se estresa; los empleados no saben qué sucederá, no saben si su puesto continuará, desconocen las nuevas prioridades.

El autor Steven Johnson, autor del libro *De dónde vienen las nuevas ideas*, dice: «Si vemos de dónde vienen las buenas ideas, éstas no vienen por premiar o crear incentivos internos para la gente. Vienen cuando creas un entorno que estimule a la organización a funcionar de esa manera». Es un principio cultural y no sólo de mensajes aislados de los líderes de la empresa.

Crea un negocio disruptor paralelo

Las cosas parecen más confusas cuando nos aferramos al pasado.

Si incorporas una disrupción en una empresa tradicional, ésta será rechazada en primera instancia, por su cultura, por su genética y el modelo de negocio con el que fue forjado desde que se inició.

No es fácil incrustar una idea revolucionaria dentro de una organización tradicional. El sistema interno te atacará. Las organizaciones fueron creadas para controlar los riesgos y sostener lo que lograron en tantos años. No les gustan las reestructuras.

Las empresas tradicionales evalúan las nuevas oportunidades con base en las habilidades que han desarrollado en sus años de crecimiento. Se regulan más por el pasado que por el futuro. Si deseas que tu empresa sea disruptora debes hacer pensar a toda la organización cómo pueden cambiar a sus consumidores y captar los que aún no lo son a través de una nueva idea. Eso es muy difícil de lograr de la noche a la mañana en personas a las que se les paga para que sean eficientes.

Algunas empresas han decidido comprar o asociarse con empresas disruptoras en lugar de crearlas, porque se ven muy lejos y es muy amenazante para la cultura tradicional interna. Para una empresa establecida incursionar en la disrupción es muy radical, destructivo y casi imposible de implementar. Algunos crean grupos internos de diseño; otros, mejor aún, lo han hecho construyendo una unidad de diseño fuera de su empresa.

Te aconsejo construir una empresa paralela que trabaje enfocada en la nueva innovación disruptiva. Porque las empresas disruptoras no aceptan ejecutivos, organigramas, planeaciones estratégicas a cuatro o cinco años, o descripciones de puestos ni súper ejecutivos. Estas empresas disruptoras trabajan por objetivos interdependientes. Para una empresa tradicional es fácil decir no a una nueva idea. Le es muy difícil decir que sí a algo nuevo que es una amenaza para su estabilidad.

Veamos algunos puntos que fortalecen la creación de la empresa paralela *vs.* la organización tradicional:

1. **Cultura.** La estructura, la forma de pensar, los hábitos de trabajo son difíciles de cambiar. Los negocios paralelos son menos riesgosos porque no tienen que destruir la cultura existente en la empresa tradicional. Por el contrario, construyen una nueva cultura sin historia.

2. **Presupuestos.** En una organización paralela se comprende que la innovación es un proceso de ensayo y error y no todo el tiempo se tiene éxito. En una organización tradicional eso sería una pérdida de tiempo y dinero. Dirían: «mejor enfoquémonos en lo que sabemos hacer y no en lo que nada comprendemos». Una organización tradicional tiene que controlar sus presupuestos y sus gastos.

3. **Recursos.** Es una inversión para crear algo mejor que no toque nuestra infraestructura, ni la gente. En una organización tradicional tocar recursos debilita a la empresa.

4. **Proyectos.** Al tener presupuestos separados, el dinero fluye en forma distinta. En una organización establecida es muy difícil conseguir que se adjudique un presupuesto para un proyecto innovador que no sabemos en qué terminará, ni cuándo se llevará a cabo, ni cuánto dinero se necesitará antes del éxito.

5. **Riesgo.** En las empresas tradicionales alguien cambia algo cuando vio que funciona en otro; juegan a la segura. Pero en empresas paralelas el riesgo es la regla del juego. El ensayo y error es el instrumento para construir algo distinto y único que tome por sorpresa al consumidor.

6. **Alineamiento.** Otro estímulo para abrir un negocio paralelo es que es muy complejo intentar imponer una nueva idea en una estructura que hoy funciona alineada a su estrategia corporativa. Cualquier idea desestabiliza la burocracia interna de la empresa y el proceso es más lento que si lo hicieras en una empresa paralela que anhela tener nuevas ideas y llevarlas a cabo de inmediato.

7. **Paradigmas.** Las empresas tradicionales tienen hábitos que no desean cambiar. Parece increíble, pero aun si eso pudiera poner en peligro la empresa se resistirían a cambiar sus hábitos de trabajo. Las empresas paralelas, por el contrario, cambian sus paradigmas todo el tiempo y diario, si es necesario.

Empresas tradicionales	Empresas disruptoras
Orientadas al producto	Orientadas al valor
Productos ideados por ingenieros	Productos ideados por diseñadores.
Venta de productos	Venta de valor al cliente
Precio más alto posible para crear utilidad	Precio más bajo para crear volumen
Nuevos productos extensión de otros	Nuevos productos únicos
Segmento de clientes	Mercado global
Vendedores visitando	Marketing digital
Compiten por promociones y descuentos	Compiten por valor e incentivos
Productos tangibles	Digitalización de los productos
Mano de obra	Robotización

Imaginemos por un instante que Nike, Zara, Gap, Walmart, Liverpool o El Palacio de Hierro quisieran integrarse en el mundo digital por completo. Son empresas con enormes inversiones de capital, con tanta infraestructura, bodegas, inventarios y personal que se les haría imposible articular dicha decisión. Tendrían que crear una empresa paralela diseñada para el mercado digital.

Para Amazon es más fácil hacer cambios que para Barnes & Noble o Walmart.

Para empresas existentes, las disrupciones son procesos lentos y tortuosos que no se pueden hacer de la noche a la mañana. No pueden decir: «ahora retiro mi infraestructura del mercado e ingreso en el mundo digital». No es fácil competir con aquellas que, desde su gestación, nacieron para responder al modelo digital y construyeron alrededor de esa idea sus nuevas empresas como, por ejemplo, Alibaba, Facebook, Google o Netflix.

Por ello, las empresas paralelas son un camino para transitar por el cambio sin destruir su infraestructura actual y no correr el riesgo de perder una gran parte de su mercado. La empresa Zara, que ha decidido finalmente incursionar en las ventas online, vende actualmente un promedio de 60 millones de euros anualmente. Nada comparado con sus 20 mil 900 millones de euros de la empresa. La venta online representa sólo 3% de sus ventas. Muchas grandes tiendas departamentales, como Zara, le apuestan a la madurez del mercado para aumentar sus ventas online; esperan que el cliente pierda el temor a comprar en línea para crecer.

Como antes mencioné, Walmart ha luchado contra su modelo tradicional para competir contra Amazon y Alibaba. Formaron grupos internos para constituir una empresa distinta y atender el mercado en línea; lo intentaron en tres ocasiones y han fracasado. La experiencia nos indica que la empresa paralela debe estar lo más lejos posible de tu empresa tradicional; no debe estar integrada a tu infraestructura actual.

El caso más exitoso que conozco es Nespresso, que se separó de su corporativo y ha crecido exitosamente. Hoy es una empresa que factura 5 billones de dólares. Un caso interesante fue el de Fujifilm, quienes se dieron cuenta de que el negocio del film y de las fotos en papel iba en decadencia. Utilizaron sus habilidades químicas e incursionaron en el mundo de los cosméticos, y encontraron una nueva vida en la creación de la empresa Astalift. Microsoft pasó de ser una empresa de software a una empresa de venta de un paquete de Office, a través de un pago anual.

> Las empresas grandes pueden lograr disrupciones si se lo proponen y luchar contra su cultura y sus genes internos que en algún momento de la historia los hicieron triunfar.

Cambia. No seas el blanco de otro competidor

El secreto no consiste en cambiar lo que hay, sino en crear lo que no hay.

Los empresarios satisfacen necesidades comunes, que sólo mejoran y el consumidor no exige nada nuevo porque lo desconoce.

Debes descubrir que no sabes que hay una disrupción invisible que te corresponde descubrir y crecer como nunca lo has hecho hasta hoy.

El lenguaje de la disrupción se escucha en lugares como Silicon Valley más que en las empresas que todos conocemos. Algunas de las empresas jóvenes que hoy son disruptoras, sin duda, en el futuro serán el blanco de los nuevos disruptores que vienen detrás. Por ello es importante comprender la dinámica de la disrupción.

> Si tienes una empresa exitosa en el mercado que has construido en los últimos 20 años, seguramente tus competidores directos comenzarán a utilizar el lenguaje de disrupción al referirse a ti y buscarán cómo ganar tu mercado.

Por ejemplo, vemos empresas disruptoras del pasado como Blackberry *vs.* iPhone. Blackberry casi cierra sus puertas y hoy se dedica al nicho de los teléfonos encriptados para que la información esté protegida. Es un teléfono que usan frecuentemente empresarios y presidentes de algunos países, como la canciller de Alemania Angela Merkel, Obama y, seguramente, Donald Trump.

Una empresa sorprendente es Gillette, adquirida por Procter & Gamble en 2005, que por años ha llevado la delantera en su sector, y aún la mantiene, sin tener un competidor de su tamaño que se le acerque. Esto le permite vender sus productos al precio más alto que le acepta el mercado. Sin embargo, ya están surgiendo empresas competidoras, como D.R. Harris, que venden en línea productos de afeitar de calidad. No dudo que en el futuro algún emprendedor podrá conquistar ese mercado, que hoy tiene un precio muy elevado para el mercado masivo. No hay duda de que Gillette ha sido una empresa que siempre ha innovado, como la máquina de afeitar de tres hojas, Mach3, pero no ha habido hasta la fecha una disrupción en ese tipo de segmento. Seguramente, algún emprendedor lo encontrará, si no lo hacen Gillette o Philips, con sus rasuradoras eléctricas.

Para muchas empresas establecidas integrar una disrupción en su negocio es como remodelar por completo un avión en pleno vuelo.

LOS DISRUPTORES JAMÁS SE QUEDAN EN SU ZONA DE CONFORT

Todo modelo de negocio está amenazado
de ser obsoleto dentro de un año.
Bill Gates

Te preguntarás: ¿por qué muchos empresarios cuando crean sus empresas luego no pueden alejarse del día con día y dejar de operar?, ¿por qué se repite este patrón una y otra vez en la mayoría de las empresas del mundo?, ¿por qué dejan de crear y se obsesionan por administrar su imperio?, ¿por qué se quedan en su zona de confort en lugar de continuar siendo disruptivos e innovadores?

Frecuentemente los empresarios, cuando crecen, se alejan del mercado para acercarse a las finanzas y dejan de innovar para controlar el negocio. Lo cierto es que parte de la respuesta la tienen universidades famosas como Harvard, Stanford, Chicago y renombrados consultores internacionales, quienes han estudiado de cerca las empresas por más de 100 años y que han identificado un patrón de comportamiento que se repite una y otra vez. Algunos me preguntan: «¿Eso se puede revertir, mi obsesión por no desprenderme?, ¿cómo salimos de esa espiral absorbente de continuar operando?».

Vuelve a ser innovador

Algunos logran salir de operar sus negocios como el caso del empresario Ricardo Salinas, fundador y presidente de Grupo Salinas, quien anunció en 2015 que daría un paso a un lado, y dejaría de operar sus empresas. Puedo asegurar, sin temor a equivocarme, que le hubiera gustado hacerlo ya hace varios años, y seguramente hubiera sido más provechoso para sus negocios, para centrarse en su genialidad, que es la creación financiera de negocios y en inversiones de capital.

Carlos Slim también se retiró de la operación hace más de siete años y fue una acertada decisión. Él decía: «No quiero morir operando el negocio y que herede acciones devaluadas por mi ausencia». Bill Gates también hace años renunció a la dirección general y se dedicó a diseñar nuevos productos, que es su talento. Muchos empresarios que se alejan de sus negocios me confiesan que ahora hacen más negocios estando fuera; tienen más tiempo para ver las oportunidades que la operación no les permitía.

PREGÚNTATE
- ¿Estoy queriendo cambiar mi empresa de adentro hacia afuera?
- ¿Por qué no puedo dejar de operar?
- ¿Por qué dejé de crear?
- ¿Cómo regreso a ser el innovador que fui?

▌ALGORITMO PROBLEMAS

Lee los capítulos V, VI

Aprenderás que, al resolver un problema, atraes al consumidor. Le haces la vida más fácil, cómoda y simple. Los problemas son oportunidades ocultas, pues el cliente desconoce que tiene ese problema, pero tú, como conocedor de tus consumidores y del mercado, los sorprendes y les entregas un producto que les será muy atractivo.

Si resuelves un problema con tecnología, puedes crear una innovación que destruirá la cadena de valor de tus competidores. Te dará posibilidades para transformarte en un líder de mercado, tal como lo hizo Wikipedia con *Enciclopedia Británica*; o las fotografías de los teléfonos destruyeron Kodak.

CAPÍTULO V
RESUELVE PROBLEMAS DEL MERCADO

Debo estar dispuesto a renunciar a lo que sé, para transformarme en lo que quiero llegar a ser.

▌LA DISRUPCIÓN SE ALIMENTA DE PROBLEMAS NO RESUELTOS

Debo estar dispuesto a renunciar a lo que sé,
para transformarme en lo que quiero llegar a ser.

Tú eres un innovador, el problema
es que te des cuenta.

Los problemas son oportunidades ocultas

La materia prima para descubrir una gran idea es identificando los problemas del consumidor, no alejarse de ellos y menos aún hacer pequeñas mejoras de lo que ofrecemos hoy. Las disrupciones alteran lo que siempre hemos usado por costumbre. Por ejemplo, cuando llegaron los celulares, dejaron congelado el teléfono fijo; y cuando le pusieron mensajes dejaron obsoleto el bíper; y cuando llegó el WhatsApp, superó el modelo de comunicación. En la política también se aplica; no sólo se trata de hablar, sino dar propuestas para que la gente lo vea lógico y si la gente lo ve como una salida, se fidelizan y seguramente votan por él, como fue el caso Donald Trump y el del francés Emmanuel Macron.

La disrupción está oculta en todos lados, en lo más sencillo, en lo cotidiano. Lo importante es que resuelva problemas, para ello debe articular una propuesta atractiva de solución. YouTube nació de la necesidad que tenemos los seres humanos de relacionarnos unos con otros. Aunque en su origen era un servicio de citas para conocer personas, poco a poco fue madurando. Luego subieron un video y vieron que era más atractivo un video que buscar una cita en texto. Fue así que le dieron forma al problema del mercado y comenzaron a encontrarle solución.

Los problemas de los consumidores no son estáticos, se están redefiniendo todo el tiempo. YouTube se creó para resolver un cúmulo de problemas; ahora que ya están resueltos entraremos en otras disrupciones que nos llevarán a una nueva dimensión de comunicación con el uso de la tecnología que va madurando.

El mundo de los negocios y del dinero funciona con base en problemas. El principio que cobija una disrupción es: «Preséntame un problema y te llenaré el bolsillo de dinero». Todo lo que usamos en la vida ha sido producto de una solución que alguien le dio a un problema que teníamos. Incluso, en la mayoría de los casos, el usuario no lo veía como tal. Lo increíble de una disrupción es que, si el consumidor no tiene consciencia del problema, entonces la innovación disruptora que presentes al mercado será más impactante, elevará la motivación de compra y las probabilidades de éxito serán mayores.

La razón por la cual la solución de un problema es tan impactante para un consumidor es porque para la mente humana evita un problema y vivir con mayor seguridad y más comodidad es fundamental para nuestra mente que busca la sobrevivencia. Por eso los consumidores se fidelizan tan rápido con un nuevo producto que resuelve algo muy impactante para la mente humana como lo han sido los celulares o las tablets. Los empresarios que deseen encontrar una disrupción deben preguntarse: ¿qué problema tengo que resolver?, ¿qué problema es tan incómodo para el consumidor que debo solucionar?, ¿qué solución haría vivir mejor a mis clientes?, ¿qué problema me impide reducir mis costos?, ¿qué problema viven mis consumidores que si se los resuelvo enloquecerían?

La solución a los problemas hará mover a los consumidores. No puedes hacerlo a la inversa; es decir, generar un problema para dar una solución, ni tampoco imaginarte que eso es un problema.

Tienes que estar seguro y haber validado con mucha sensibilidad los problemas cotidianos del consumidor, porque si fallas sin haberte cuestionado y validado una y otra vez la dificultad, sufrimiento o limitación que causa el problema en tus clientes, es muy probable que tu oferta ni los conmueva.

Recuerda que este mundo de los negocios está muy lejos de ser perfecto y bien diseñado. La mayoría de las empresas son sólo extensiones de viejos modelos de producir, administrar, vender, distribuir y manipular el dinero de los proveedores. Muchas tienen aún sistemas que nacieron en la Revolución Industrial y sorprendentemente continúan haciendo dinero.

Todos los problemas son oportunidades disfrazadas. En el fondo, un problema es un prospecto de oportunidad para crear una disrupción. Los problemas son negocios que están esperando que un innovador como tú descubra un valor que el consumidor pagaría lo que fuera para tenerlo. Lo curioso es que el cliente no sabe cómo traducirlo en un producto; tiene consciencia de aquello de lo que se queja, pero jamás lo traduce en la necesidad de un producto o servicio específico. El cliente sólo se queja o lo acepta tal cual es, así es la realidad que vive desde que tiene uso de razón. Él no tiene información de la tecnología existente para imaginarse un nuevo producto que le haga la vida fácil; es imposible para un consumidor pensar de esa manera; no puede anticiparse y crear algo que no existe en lo cotidiano. Eso le toca a un innovador como tú: encontrar una frustración invisible que resuelva el problema del cliente. Recuerda: ningún consumidor le dijo a Domino's, a FedEx, a Oxxo, a Farmacias del Ahorro que necesitaban esos servicios.

Como dijo Henry Ford: «Si le hubiese preguntado a la gente qué querían, me habrían dicho: Un caballo más rápido». «La mayoría de la gente no sabe lo que necesita hasta que se lo enseñas», decía Steve Jobs. Con esa premisa lanzó al mercado el iPhone y el iPad, sin preguntarle a nadie si lo necesitaba, pero el consumidor le vio un enorme valor y terminaron comprándolos como si toda su vida los hubiesen necesitado. Solía decir: «¿Cómo le voy a preguntar a la gente cómo debe ser una computadora basada en gráficos, si no conocen el sistema operativo?».

Empresas que resolvieron problemas que el consumidor no se había planteado y financiado

- Netflix resolvió los cargos por entregas tarde, pagos atrasados o desplazarse para rentar o entregar una película; y perder tiempo buscando una buena película. Blockbuster abusaba del consumidor.
- Uber resolvió los cargos por pasaje a criterio del taxista; el mal servicio; la ineficiencia del manejo; la inseguridad y riesgo, y el pobre mantenimiento de los taxis. Los taxistas siempre han abusado de los usuarios.
- El iPod de Apple resolvió la compra de álbumes de música completos que no querías; tener que sentarte en un lugar específico para escuchar música; tener que almacenar los discos con música que no te interesaba. No podías escuchar la música en el lugar que a ti se te antojara.
- Airbnb resolvió el que no tengas que supeditarte a las condiciones de un hotel; pagar por servicios que no necesitabas, que no te interesaban o no usabas; no tener la disponibilidad en el lugar o el día que tu necesitaras; la arbitrariedad de precios elevados en fechas de alta demanda.
- Amazon resolvió el tener que desplazarte para comprar un libro; no poder leer un libro donde tu quisieras, bajando aplicaciones; no tener orientación sobre libros o temas que te interesan; comprar libros a precios elevados; no recibir consejos de temas de tu interés; tener que recorrer toda la librería e invertir mucho tiempo para buscar y seleccionar un libro; no recibir tu libro donde tú quisieras.

- Domino's Pizza resolvió el tener que esperar más de media hora en un restaurante para que te hicieran tu pizza; no poder comerla cómodamente sin salir de tu casa, mientras ves televisión o convives con tu familia; desplazarte de tu casa para ir por una pizza; tener un precio fijo y no el que se le ocurra al del restaurante.

- Starbucks implementó que se pudiera tener un lugar en el que te traten como si fueras de la casa; que puedas armar tu propio café como a ti te guste; que te llamen por tu nombre; que te dé estatus tomar el café en ese lugar; poder quedarte todo el tiempo que quieras; que te premien por consumir con ellos con una tarjeta; estar en un ambiente donde todos van por la misma razón y son de tu estilo de vida.

Si lo observas detenidamente un disruptor no resuelve sólo un problema del consumidor, sino múltiples problemas. Sus objetivos son dar una solución integral cada día más eficiente. El consumidor ni siquiera tenía consciencia de estos problemas; los aceptaba como algo normal del servicio o del producto; ésa es la magia. Por ello los disruptores mejoran todo el tiempo. Jamás dejan de evolucionar su modelo original.

Te invito a que reflexiones acerca de las empresas disruptoras que conoces en el mercado y los problemas que resolvieron. Luego, haz que tu equipo de trabajo o tus ejecutivos piensen cómo resolver los problemas que tienen tus clientes o consumidores y cómo pueden hacer su vida mejor y relacionarse mejor con tu empresa. También reflexiona y evalúa si tus productos resuelven algún problema de tus clientes; piensa qué puedes eliminar o qué puede ser complejo o difícil para tus clientes; cómo hacer más fácil su compra, su pago o el tener el servicio, etcétera. Piensa qué tecnología deberías integrar para que eso suceda.

Busca oportunidades para crecer en negocios o productos maduros

La experiencia me ha demostrado que existe una relación directa entre los años que tiene un producto tradicional o un modelo de negocio convencional y el impacto que tiene en el consumidor diseñar una disrupción en ese negocio o producto antiguo.

Por lo general, cuando un empresario diseña una disrupción en un producto o servicio que tiene muchos años consolidado en el mercado, la novedad los toma por sorpresa y causa una enorme atracción en el cliente, lo que le permite al disruptor acumular mucho dinero.

Así nos los ha demostrado el sorprendente crecimiento de los disruptores modernos que todos conocemos, que han logrado incrementos de 100% cada año. La razón es que

> la disrupción siempre nos lleva a operar con costos bajos, beneficios altos y muy buenas utilidades en un mercado masivo; pero también se caracteriza por ser muy atractivo para el consumidor, por el valor que recibe.

Uber es el caso perfecto. Cambió la forma de atender el mercado de un servicio que lleva más de 100 años de existencia. A través de un software con un algoritmo que monitorea a miles de propietarios independientes a un costo muy bajo. Rompió totalmente con el viejo paradigma de administración burocrática de los taxis. Uber es un negocio de una gran utilidad, ya que un ingenioso joven de 35 años, Travis Kalanick, diseñó un algoritmo operado con muy poca infraestructura, y construyó un negocio muy rentable (el valor actual de la empresa es de 70 mil millones de dólares. Vale más que Bancomer y, muy pronto, más que GM).

El valor que proporciona este servicio es tan alto ante los ojos de los usuarios, que ellos lo prefieren, sin pensar, por encima de los viejos taxis tradicionales. Este servicio cambió hasta el lenguaje; los usuarios no dicen «voy a tomar un taxi», sino «voy a tomar un Uber». Su eslogan dice: «Es la forma más sencilla de viajar, con sólo presionar un botón». Toda disrupción que haga sencilla la vida del consumidor, a bajo costo, siempre tendrá una ventaja competitiva muy atractiva. Pero lo más significativo es la reinvención de un servicio muy antiguo.

Por ello te invito descubrir una oportunidad, identificando un vacío en el mercado, observando productos antiguos o servicios que lleven posicionados muchos años, que estén administrados en forma tradicional y que atiendan sólo un segmento del mercado en lugar de atender el mercado global en forma distinta y con gran valor para el usuario. No importa si ya existe ese producto o servicio. Para crear una disrupción eso no es determinante (ya había taxis, así como computadoras, teléfonos y correo).

> Identifica sobre lo que se quejan repetidamente los usuarios e imagina la solución; diséñalo y ganarás mucho dinero en cuanto notes que miles de clientes lo ven atractivo y de gran valor.

La descripción suena fácil, pero la complejidad está en comprender todas las variables; es decir, lo que debes considerar en el diseño de una disrupción para que no sea sólo una invención más. También deberás luchar contra la resistencia natural de tu forma de pensar para encontrar la nueva oportunidad oculta, que pertenece a un mundo desconocido para tu mente, tu mercado y tu empresa.

Tienes el caso de la empresa Toms Shoes, que es una empresa con sede en Santa Mónica, California, fundada por el joven Blake Mycoskie, quien construyó la idea de *one for one*. Es un modelo de negocio que dona un par de zapatos por cada uno que venden.

La historia de esta original y disruptora empresa comienza en 2006, cuando Blake tenía 30 años. Fue a Argentina a pasear y a aprender a jugar polo. En su viaje, pasó por el norte del país y vio a jóvenes en situación de pobreza extrema. Conoció algunos trabajadores sociales que estaban repartiendo zapatos y fue ahí donde comenzó a pensar cómo dar a los niños un calzado de manera sustentable. Así fue que Mycoskie decidió fundar Toms Shoes, una empresa que vende un producto muy antiguo y popular que siempre ha existido en Argentina, Uruguay y España: alpargatas. Las alpargatas las usan las personas del campo y de escasos recursos por ser económicas y cómodas. La idea de Blake Mycoskie fue haberle dado un sentido estético enfocándose en el diseño, creando múltiples modelos y haberse posicionado en la clase media y alta de la sociedad. Cada par se vende en promedio a 70 dólares, con un costo de fabricación de tres dólares.

Independientemente de que la empresa se ha enfocado en un nuevo modelo de ayuda a los más necesitados, pues dona un par por cada uno que vende, su meteórico éxito se debió a que identificó un producto muy antiguo —diríamos ancestral, y muy probado y posicionado— y lo transformó en una empresa que produce para el mercado global de nivel socioeconómico alto. Si lo observas detenidamente es un producto tradicional que fue aceptado por más de 100 años, pero nunca fue posicionado para venderse en forma masiva a todo el mundo, sino para la clase popular del Cono Sur. Ahí estuvieron congeladas en el anonimato esas alpargatas; hasta que Blake Mycoskie le dio un enfoque distinto a un producto viejo y creó una disrupción, ya que tomó por sorpresa al mercado del mundo y la gente lo aceptó, principalmente los jóvenes. La empresa fue vendida por 300 millones de dólares, aunque en la actualidad vale 650 millones de dólares y Mycoskie aún mantiene el control de 50% del negocio. Éste es un ejemplo más de tantos productos consolidados que existen en el mundo, que son productos locales, pero que podrían ser lanzados como una disrupción al consumidor global, quien está al alcance de un click en internet. En México tenemos el ejemplo del tequila, el mezcal, el agua de coco, pero hay muchos más.

Los modelos tradicionales de negocio que observas en el mercado te llevan inconscientemente sólo a mejorar lo que por años han hecho bien, pero ahí no está el secreto del dinero. La mente que revolucionará el mercado no está en la estrategia de mejora; por el contrario, está en el cambio y en la ruptura de lo establecido.

Como ya mencione: identifica los problemas que la mayoría de las personas padecen con los productos y servicios muy viejos; ahí abócate a descubrir un nicho de oportunidad para crear valor; identifica las frustraciones de los clientes, y diseña un producto o servicio que lo resuelva.

Lo paradójico y complejo de lo que te digo es que el consumidor no lo ve como un problema o una frustración, sino como una forma natural de vivir. Así lo vio FedEx, que resolvió un problema muy antiguo del correo. El usuario jamás dijo que estuviera harto del correo y de los sobres entregados con tanta lentitud; sin embargo, era inconcebible que el consumidor recibiera un servicio de esa manera tan arbitraria. Así era el mundo en esos tiempos y nadie lo cuestionaba.

Tom Monaghan, creador de la innovadora marca Domino's Pizza, resolvió un problema que el consumidor ni siquiera sabía que tenía y diseñó una solución para hacerle la vida fácil a quien quería comer una pizza en casa. Abrió su negocio de pizzas con sólo 900 dólares y terminó vendiéndola en 1998 por mil millones de dólares. Nada mal para haber iniciado en 1960 con una pequeña pizzería en Michigan. La visión de Tom Monaghan confirma nuevamente que una idea disruptiva, siempre que agregue un valor significativo, tendrá más potencial que el capital invertido.

> El dinero no viene del banco; viene de tu mente que transforma un producto o servicio probado y maduro en una disrupción en el mercado.

En suma, la disrupción está inmersa en una solución de altísimo valor para los problemas cotidianos del consumidor, aunque éste, por lo general, lo desconoce. Ahí radica la complejidad de la disrupción que espero resuelvas al leer los siguientes capítulos.

Problemas de negocios antiguos resueltos por disruptores

- FedEx sustituyó al antiguo correo.
- Oxxo sustituyó la antigua y tradicional miscelánea.
- Aerolíneas de bajo costo sustituyeron a los tradicionales aviones comerciales.
- Zara sustituyó la producción por temporada por producción en línea.
- Tesla sustituyó los automóviles tradicionales por eléctricos.
- Cinépolis sustituyó los cines tradicionales por centros de entretenimiento.
- iPhone sustituyó el antiguo teléfono con botones y la cámara fotográfica tradicional por un teléfono táctil, con cámara fotográfica integrada.
- Ikea sustituyó los antiguos comercios especializados en vender muebles de cierto tipo, por uno que es económico y que te resuelve todas tus necesidades.

Te invito a que analices negocios de vieja tradición que existen en el mundo, en tu mercado o ciudad que podrían ser reinventados para hacer la vida más fácil, económica y práctica al consumidor. Luego reúne a tu gente y analicen lo que es ya muy antiguo en tu giro, y cómo puedes revolucionarlo y tomar por sorpresa al mercado.

ENCUENTRA UNA DISRUPCIÓN EN DOS VERTIENTES

En lo no existente

Cuando diseñas algo que no existe en el mercado es porque estás buscando que el consumidor viva mejor usando ese nuevo producto o servicio revolucionario que a nadie se le había ocurrido en el mundo, como lo hicieron Google, Facebook o Domino's Pizza. También las revolucionarias impresoras en 3D, por ejemplo, están cambiando la forma de producir productos unitarios a bajo precio en todo el mundo, algo que antes no existía. Se puede producir cualquier tipo de producto en cualquier parte del mundo en escala de a uno, a bajo costo y rápidamente. Así, se ha usado en el campo de la medicina para producir prótesis, lo que es una gran solución para algunos problemas. Por otro lado, la NASA ha encontrado útil esta herramienta 3D para poder fabricar piezas estando en el espacio. Y, cuando se llegue a Marte, seguramente podrán construir un hábitat con una impresora de este tipo. De hecho, ya se inició la construcción de casas y autos de bajo costo en menos de la mitad del tiempo, así como órganos internos del cuerpo humano. En suma se puede fabricar desde un tornillo hasta un edificio. El límite de este revolucionario invento será nuestra imaginación.

En lo existente

Cuando cambias algo existente en el mercado significa que estás ampliando las fronteras del producto y, por ende, del mercado. Por ejemplo, en la industria automotriz, una nueva tecnología para que sea más cómodo conducir; o bien, los nuevos televisores digitales conectados a los teléfonos inteligentes. Son nuevas extensiones de algo que ya utilizas, pero que mejoran tu vida.

Juan Antonio Hernández Venegas, uno de los fundadores de Autofin, creó un extraordinario negocio en 1978, a partir de una solución al problema de la falta de liquidez para adquirir un carro. Su idea triunfó por el gran valor que significaba para un cliente tener acceso a un bien. No estuvo nada mal para un emprendedor hoy millonario, que se inició en la venta de automóviles usados hace 36 años.

Si lo analizamos bien, a ninguno de los cientos de distribuidores que por generaciones han estado en el negocio automotriz se les había ocurrido esta idea. Alguno quizás lo pensó en algún momento, pero sólo uno lo hizo.

La pregunta es: ¿por qué estos distribuidores no lo hicieron antes? La razón es que estaban habituados a ver su negocio de esa manera y se les hacía natural continuar con el modelo que los vio nacer y hacer mucho dinero. Tal vez así lo habían hecho sus papás y abuelos, así que, para qué cambiarlo; aprendieron mucho sobre cómo vender carros de una forma y eso limitó su visión para descubrir un nuevo negocio como el que diseñó Juan Antonio Hernández. Ahora, después de este descubrimiento de Autofin, todos los distribuidores saben cómo deben financiar un carro y que deben construir un sistema financiero que les soporte sus créditos.

Existen muchos ejemplos de empresarios que no cambiaron lo existente y, al transformar la forma de comercializar los mismos productos, crearon una enorme disrupción en el mercado; por ejemplo: Elektra, Price Shoes, Andrea, Cklass, Oxxo, Sukarne, Home Depot, South West, Ryanair, Interjet, Casas Geo, CNN, Domino's Pizza, etcétera.

Nike y Converse tampoco crearon nada nuevo; sin embargo, mejoraron consistentemente su calzado para distintos segmentos de deportistas, desde tenis sencillos para hacer ejercicio diario, tenis especiales para el corredor, hasta un calzado más sofisticado para el deportista olímpico de alto rendimiento.

LOS DISRUPTORES CONSTRUYEN SUS PROPIOS CAMINOS

Cuando innoves debes estar preparado para todos aquellos que te digan que estás loco.

Crea nuevas condiciones, no esperes mejores momentos.

Como mencioné en un capítulo anterior, los empresarios que deciden asumir riesgos para tomar un rumbo diferente muchas veces no saben si será una decisión acertada, sólo se lanzan; porque generalmente las disrupciones no tienen un punto de comparación, pues no existían; son ideas, negocios o servicios nuevos. Por eso, para muchos empresarios es difícil dar ese salto al vacío.

Sin embargo, cuando se trata de innovar, tenemos que crear nosotros mismos nuevas condiciones en nuevos senderos. Hay que hacer nuestro propio camino en un terreno desconocido. Así que no se trata de esperar el mejor momento para comenzar a transitar por el camino de la disrupción; se trata de comenzar a andar por él.

Si le preguntamos a un innovador que ha creado una nueva idea disruptora si estaba seguro de que iba a tener éxito cuando inició, te contestará que no, pero también dirá que no tenía otra alternativa. Si no lo intentaba, jamás lo hubiera sabido. Es un acto de fe en una idea que ponen a prueba de inmediato.

Los innovadores, como Ingvar Kamprad, de Ikea; Jak Ma, de Alibaba; Mark Zuckerberg, de Facebook; Oxxo, de grupo Femsa; Price Shoes, de José Schatz; así como Starbucks, Burger King, Domino's Pizza, Chilis, California Pizza Kitchen, P.F. Chang's, Italianni's, Vips, El Portón, La Vaca Argentina, Cheesecake Factory, todos éstos de Grupo Alsea, de los hermanos Torrado, iniciaron con una idea disruptiva. Su contribución es que al enfrentarse a la incertidumbre y resolver los problemas que surgen en el arranque de una nueva visión allanan el camino para los que vendrán detrás y quieran incursionar en ese mismo tipo de negocio. Pero la ventaja de ser el primero nunca se podrá comparar con los que le sigan detrás.

Hasta hoy nadie ha podido crear empresas del tamaño de Kentucky Fried Chicken; Zara, de Amancio Ortega; Skype, de Janus Friis, o Bimbo, de Lorenzo Servitje. Los iniciadores de una innovación serán siempre recompensados con una ventaja competitiva y una penetración de imagen de marca como muy pocos, así como un margen de utilidad que no podrán tener aquellos que llegan a usurpar esa idea.

La valentía de los que inician lo que nadie había inventado hasta ese momento es la piedra angular que los llevará al éxito. Se enfrentarán con problemas nuevos que tendrán que resolver con creatividad y decisión. Existen miles de ideas que nunca fueron puestas en el mercado y que se encuentran en el baúl de los recuerdos de algún innovador atemorizado que prefirió esperar el momento indicado del mercado y que nunca llegó. Pero como decía Steve Jobs: «las condiciones se crean, no se te dan». Necesitas transformar la realidad para que ella se ajuste a la oportunidad que tu mente ve en ese momento. Hacer que la realidad o el mundo se acople a tu idea fue lo que hizo Steve Jobs con todos nosotros, y nos cambió la vida.

La voluntad de actuar y resolver es la característica intrínseca de un gran innovador que se la juega por una idea. Deberíamos elevar un homenaje a aquellos que han sido los que se arriesgaron con una innovación disruptiva y cambiaron el mundo, como Netflix; Post-it, de Arthur Fry; Global Positioning System (GPS); Alibaba, de Jack Ma; Amazon, de Jeff Bezos, y muchos más que hoy nos hacen la vida más fácil con sus productos y servicios.

Poner en riesgo todo por sus ideas es la característica de todo disruptor, ya que cambiará para siempre la forma de vender, producir o construir un nuevo modelo de negocio.

> Analiza qué senderos puedes tomar donde nadie te compita o nadie haya resuelto un problema hasta el día de hoy y que, si lo diseñaras, los demás te verían como a un peligroso competidor.

Por ejemplo:

- Uber no compite contra los taxistas. Los taxistas compiten con Uber.
- GPS no compite con los mapas de carreteras y calles. Pero los mapas sí lo ven como competidor.
- Airbnb no compite con los hoteles. Pero los hoteles sí lo ven como competidor.
- Starbucks no compite con las cafeterías. Pero las cafeterías sí lo ven como competidor.
- Donald Trump en su campaña no competía contra los políticos tradicionales. Pero los políticos tradicionales sí lo vieron como un peligroso competidor.
- Wikipedia no compite con las enciclopedias tradicionales. Pero las enciclopedias sí lo vieron como un competidor devastador.
- Google o Facebook no compite contra los anuncios de televisión o periódico. Pero sí es visto por ellos como un peligrosísimo competidor, ya que sus anuncios tienen más impacto y aceptación.
- Natura no compite con los tradicionales productos cosméticos porque sus productos son de origen natural de alta calidad. Pero los tradicionales productos cosméticos sí lo ven como un competidor.

LOS DISRUPTORES NO TIENEN HISTORIA

Si las cosas no están fallando,
no estamos innovando lo suficiente.
Elon Musk

Si quieres ser innovador,
debes estar dispuesto a fracasar.
Jeff Bezos

Arriésgate: Los peces descubren
la importancia del agua al morir.

No esperes a descubrir las oportunidades cuando el fracaso
esté cerca y descubras lo que debiste haber hecho antes.

Cuídate de lo que sabes porque te puede llevar al fracaso

Te invito a que retes tu mente, ya que tus ideas de hoy provienen de los años de bonanza de tu negocio. Pero eso ya sucedió, es viejo; el mercado se transformó.

Por ello, las nuevas ideas disruptivas, por lo general, no surgen de personas que saben mucho de un negocio, sino de aquellos que nada tienen que perder con asociar nuevas ideas para crear una nueva.

La historia nos lo confirma con el joven inglés Louis Braille, nacido en 1809, quien inventó a los 19 años un sistema de lectura y escirtura para ciegos que recibió su nombre, braille. Es sorprendente que los inventores no fueran los estudiosos del tema de aquella época.

Pregúntate por qué el mejor automóvil eléctrico del mundo es de Tesla, inventado por Elon Musk, y no fue creado por GM, Ford, Mercedes, Audi o Ferrari. O por qué también Elon Musk creó un transbordador, igual que Jeff Bezos de Amazon, y lo llamó Blue Origin; Richard Branson también diseñó uno. Todos lo hicieron con el interés de abastecer de comida y equipos a los astronautas de la base espacial o crear turismo espacial. Lo sorprendente es que no lo creó la NASA, Boeing, Airbus, Bombardier o Embraer, expertos en aeronáutica.

Las disrupciones no surgen de aquellos que llevan años en el negocio. Reflexiona si no eres tú quien está limitando las ideas disruptoras en tu negocio.

Los disruptores son ajenos al tema, no pertenecen al linaje de las empresas tradicionales. No tienen ideas ancestrales que los limiten. Jeff Bezos, cuando creó Amazon, no venía de la industria de los libros, sino de la tecnología.

En los últimos 50 años las ideas surgieron de aquellos que no estaban en el negocio. En 1970, el famoso escritor y futurólogo canadiense Marshall McLuhan acuñó el término «aldea global» para describir la enorme interconexión que tenemos con los medios electrónicos en el mundo. Dijo alguna vez: «No sé quién descubrió el agua, pero seguro no ha sido ningún pez», como tampoco Hewlett Packard descubrió un negocio como Dell. Ni IBM creó la computadora portátil. Ellos tienen otro *mindset*. Hewlett Packard se especializó entonces en asesoría e IBM en los *mainframes* o grandes computadoras. Como tampoco Uber fue inventado por Yellow Cab, de Nueva York, sino por el joven Travis Kalanick; o como Jack Andraka, de 16 años, que inventó un reactivo —168 veces más rápido, 26 mil veces más barato y 400 veces más sensible—, para diagnosticar, de manera preventiva, el cáncer de páncreas, enfermedad que le habían diagnosticado tardíamente a su padre. Este joven sin duda salvará muchas vidas. Pero la pregunta es: ¿por qué este reactivo no fue descubierto por científicos de Harvard, por laboratorios suizos, que cuentan con cientos de investigadores, o por científicos alemanes? Una vez más contesto: quienes tenemos mucho tiempo haciendo algo, no tenemos la sensibilidad para crear revoluciones o disrupciones en lo que hacemos; necesitamos ayuda de los foráneos.

Otro ejemplo de esto es Deborah Rhodes, de 46 años, internista en la clínica Mayo y quien estudió Medicina Aeroespacial en Rochester, Minnesota. Ella acaba de diseñar un dispositivo para sacar radiografías y detectar tumores en senos, tres veces más eficaces que las mamografías tradicionales y principalmente para mujeres con tejido mamario denso. Nuevamente, una joven internista crea lo que ningún estudioso y experto en el tema se pudo imaginar. Una disruptora que seguramente salvará muchas vidas en el futuro.

Frecuentemente, los expertos de un tema no son los disruptores; por el contrario, los innovadores inexpertos, aquellos que no están inoculados con un modelo de pensamiento tradicional, son quienes crean la disrupción.

El mundo tiene cada día más evidencias de personas que no tienen que ver con un negocio, pero descubren lo que los expertos, con conocimientos profundos del tema, no pueden. Lo mismo les sucede a los empresarios. Son genios para continuar haciendo dinero con lo que aprendieron de la generación anterior, pero no pueden leer las nuevas tendencias, y aun si las identifican, las ejecutan con mucha lentitud.

Las ideas revolucionarias son creadas por los que dominan la tecnología, y aquellos son los jóvenes, no aquellos que hoy tienen más de 50 años. No significa que no puedan, pero el propósito de mi libro es que tomes consciencia y construyas equipos de trabajo aplicando el Efecto Médici con ideas distintas para revolucionar tu mercado, rediseñar tu empresa y tomar por sorpresa al consumidor.

Por ejemplo, como dije, Autofin no fue creado por ningún distribuidor tradicional automotriz que tuviera tres generaciones en el negocio; Domino's Pizza no fue inventado por restauranteros italianos o pizzerías de Italia; Farmacias del Ahorro no fue creada por los farmacéuticos tradicionales; los negocios de venta directa de zapatos, como Price Shoes o Andrea, no fueron creados por cadenas de zapaterías tradicionales; Airbnb, no fue creada por los grandes emporios hoteleros como Hyatt o Marriott, sino por el joven Brian Chesky. Evidencias sobran, lo importante es que tomemos consciencia para que la disrupción de otros no sea un acontecimiento que nos siga tomando por sorpresa, y nos arrebate de las manos el mercado.

Llegó la hora de que los grandes ejecutivos descubran por qué muchos de ellos ven la tecnología como su principal competidor y no como el mejor instrumento del que disponen para reinventar sus negocios.

Por ejemplo:

- Zuckerberg inició Facebook a los 18 años.
- Travis Kalanick, que inició Uber, tiene 43 años y no viene del mundo de los taxis.
- Brian Chesky, que inició Airbnb, tiene 27 años y no venía del negocio de la hotelería.
- Steve Jobs, a los 19 años, inició Apple y no tenía experiencia en ello.
- Guy Laliberté, a los 20 años, inició Cirque du Soleil, y era payaso callejero en Toronto.
- Jack Ma, a los 26 años, inició Alibaba, y era profesor de inglés.
- Elon Musk, a los 40 años, inició Tesla Motors, y no surgió del mundo automotriz.
- Ingvar Kamprad, a los 15 años, fundó Ikea, siendo hijo de campesinos.
- Reed Hastings fundó Netflix porque Blockbuster le cobró 40 dólares de multa.

Éstos y muchos más ejemplos reafirman la premisa de que las personas sin historia en un negocio tienen más posibilidades de encontrar una disrupción a través de nuevos caminos; y aquellos que tienen muchos años, experiencia y dominio de un negocio pueden estar limitados por su historia.

PREGÚNTATE

¿Qué producto o servicio, debido a su singularidad e impacto, puedes idear de tal forma que no compitas directamente con las empresas tradicionales?

¿Cómo entrar al mercado de manera impactante y sorpresiva, con una solución distinta para alguna necesidad de las personas?

¿Cómo es que tus productos resuelven un problema que tus clientes no tendrían por qué padecer?

¿Qué solución haría vivir mejor a tus clientes?

¿Qué problema te impide reducir tus costos?

¿Qué empresas disruptoras conoces en el mercado? Reflexiona cuáles fueron los problemas que les resolvieron a sus clientes.

¿Qué es ya muy antiguo en tu giro que puedes revolucionar?

¿Cómo hacer que tus clientes se relacionen mejor con tu empresa?

¿Qué puedes eliminar que sea complejo o difícil para tus clientes, como comprar, pagar, etcétera? Piensa qué tecnología debes integrar para que eso suceda.

¿Cómo lograr una disrupción en productos o servicios antiguos o administrados en forma tradicional?

CAPÍTULO VI
INNOVACIÓN DESTRUCTIVA

Tus ideas tienen vigencia
siempre que tu entorno
no esté cambiando.

UNA AMENAZA PARA LA TRADICIÓN

Una innovación destructiva, como su nombre lo indica, tiende a destruir lo ya existente para que una nueva idea tome su lugar. La tecnología de la que disponemos no tiene piedad para producir una innovación destructiva. Tiene la peculiaridad de que elimina de tajo el modelo anterior y no le deja espacio para recuperarse y continuar creciendo, ya que el consumidor nunca más regresará a usar ese modelo.

La globalización nos ha llevado a administrar un mercado de excesos, ante un mundo heredado, que evolucionó a través de cientos de años de desarrollo industrial desde su nacimiento en 1840. Cada día estas enormes y tradicionales empresas casi monopólicas que han crecido están sintiendo que su poderío económico se tambalea, como lo hizo el imperio indestructible de IBM ante Microsoft.

Seguramente algunos hoy no sienten esa necesidad porque continúan creciendo, adquiriendo las empresas que se les pongan enfrente. Algunas grandes corporaciones están tan ocupadas operando el éxito, y usan la disrupción más como un lenguaje aspiracional que como una sólida cultura interna que se lleve a cabo o una comprometida estrategia de transformación.

Los grandes monopolios deben pensar generacionalmente, ya que necesitan entrever seriamente las consecuencias que puede tener el vivir lejos del consumidor digital, no ser disruptores y permanecer concentrados sólo en la eficiencia. Su efecto puede ser devastador y tajante, como ya vimos en los ejemplos de los capítulos anteriores. Ese fue el caso de la *Enciclopedia Británica*, eliminada por Wikipedia, o Blockbuster por Netflix. Muchas de estas innovaciones destructivas atraen a nuevos consumidores que antes no consumían el producto anterior —como Starbucks, que está haciendo tomar café a quienes nunca lo tomaban—; abren nuevas fronteras, crean consumidores y nuevas necesidades. Debemos comprender que la globalización está haciendo imprescindible la disrupción para mantener el ritmo de crecimiento en esta era digital.

LA INNOVACIÓN DESTRUCTIVA, UNA GENIALIDAD DE LA MENTE INNOVADORA

La economía de mercado ha sido una bendición para los consumidores, pero una pesadilla para las empresas tradicionales.

La economía de mercado ha sido una bendición debido a que los consumidores tienen lo que quieren, con el diseño, el tamaño o color que deseen, y al precio que quieran; pero ha sido un padecimiento para las empresas por los millones de productos similares que hay en el mercado contra los que tiene que pelear.

La innovación destructiva tiene la fuerza de liberar la creatividad de los emprendedores con el propósito de resolver los pro-

La innovación nos ha demostrado que podemos luchar contra enormes y feroces competidores, como también ser buenos para reducir costos cuando competimos frontalmente.

blemas más finos e imperceptibles de las necesidades humanas de un consumidor muy informado y exigente.

La dinámica creadora nos transforma en mejores empresarios, ya que proporciona a los consumidores lo que quieren, cuando lo quieren y de la forma que quieren. Por ello, los emprendedores y las *startups* son destructores de los modelos tradicionales. Los nuevos innovadores son capaces de crear perturbaciones profundas en el mercado con la posibilidad de generar una nueva ola de destrucción creativa. Las enormes empresas tienen el reto de aligerar su carga para responder con mayor velocidad y eficiencia al consumidor y a estas nuevas innovaciones destructivas.

IMPLICACIONES DE LA INNOVACIÓN DESTRUCTIVA

Destruye lo existente para crear algo nuevo y distinto, muy superior.

En esta época, los consumidores celebramos a los triunfadores disruptores; nos hacemos fanáticos de ellos; nos gusta comprar sus productos o servicios porque nos dan lo que nunca nos habíamos imaginado: hacen la vida fácil, aunque en este proceso algunas empresas pierdan el mercado que tuvieron por muchos años. Pero la disrupción continúa avanzando por el camino de las fuerzas del mercado con total indiferencia, destruyendo a su paso lo que ya existe para crear un producto superior. Existen algunos ejemplos representativos de innovaciones destructivas:

Uber, por ejemplo, ha impactado enormemente en Nueva York. Las estadísticas indican que desde 2011 han realizado más de 30 millones de viajes; esto significa que los clientes han utilizado más de 82 mil coches cada día. Algo devastador para la empresa Yellow Cab, que ya no sabe cómo parar la caída de sus ventas. Los taxis de Nueva York y Chicago han tenido que reducir su operación desde 2013 como consecuencia de esta disrupción.

Los Uber y Lyft están creciendo y lo seguirán haciendo. Nacieron de nada y Lyft vale hoy 5 mil 500 millones. El fenómeno Uber, fundado por el joven Travis Kalanick en 2009, vale hoy 70 mil millones de dólares. Es decir, casi el valor de General Motors, el mayor fabricante de autos de Estados Unidos. Uber no es dueño de nada, pero ya está en 66 países. Han expandido su servicio a la entrega de paquetería; es decir, que se cuiden DHL,

Estafeta, FedEx y los demás jugadores de las entregas locales. Además, estos disruptores van por el automóvil sin chofer y la entrega de comida en motocicletas.

Un número creciente de contrincantes en tecnología para taxis están surgiendo, como Didi Kuaidi en China; Ola, en India; Grab Taxi, en Singapur y, como dijimos, Lyft, en Estados Unidos. Ya se están uniendo estas cuatro empresas al utilizar el mismo sistema operativo, que hará que sus aplicaciones sean compatibles entre sí, lo que será de gran ayuda para los viajeros internacionales. Es decir, si vas a París podrás reservar un Uber para que te esté esperando cuando llegues al aeropuerto.

La innovación destructiva seguirá avanzando. Mientras que hay empresas como Amazon y Alibaba que continúan creciendo exponencialmente, hay otras, como las librerías Borders, que se declararon en quiebra, y Barnes & Noble, que hoy es una fracción de lo que era hace sólo algunos años, al igual que Yellow Cab, que no detiene su caída.

Por otro lado, me llama la atención el joven emprendedor Miguel Ángel Rodríguez, fundador de las tiendas ¡Ay Güey!, en 2007. Este fabricante de camisetas con imágenes de la cultura mexicana maneja un muy buen diseño y una alta calidad; vende 12 mil prendas al mes y factura 86 millones de pesos al año, en 30 tiendas y más de 100 puntos de venta. Su disrupción fue tal que, desde el primer día, comenzaron sus ventas sin marketing o publicidad. Sólo con un producto que sorprende, que nadie tiene y que llama la atención del consumidor, tanto local como extranjero.

Otro ejemplo es Galerías El Triunfo, que tiene un verdadero desorden de miles de productos en sus anaqueles, pero tiene artículos que nadie más vende en el país y no paran de crecer por el valor único y distinto que no encuentras en el mercado.

Los próximos afectados de la innovación destructiva serán aquellos que están en el mercado del transporte aéreo y terrestre, con la nueva disrupción del gran genio de todos los tiempos Elon Musk, quien está construyendo su nuevo vehículo del futuro, Hyperloop, que nos transportará en una cápsula gigante a una velocidad mayor a mil 200 km, impulsado por electroimanes (nos tomará 30 minutos viajar de San Francisco a Los Ángeles, y 15 minutos de Ciudad de México a Guadalajara). Y esto no es una idea del futuro, es un vehículo que ya estará muy pronto junto a nosotros.

Los disruptores seguirán siendo despiadados con los empresarios conservadores —como lo fue Henry Ford en su momento con su auto modelo T— y continuarán avanzando sin piedad. Henry Ford transformó el planeta; creó autopistas; construyó gasolineras en las carreteras, y se convirtió en el dueño de los plantíos de caucho en Brasil. De hecho, hoy aún existe una ciudad en la selva brasileña que se llama Henry Ford.

Un disruptor es un transformador; no un empresario que diseña un empaque más grande, un color diferente, un chícharo más grande enlatado o un nuevo sabor para niños. Ése es el modelo tradicional para crecimientos progresivos en pequeña escala y no disruptivos de crecimiento exponencial.

Creo que los grandes imperios de hoy podrán ser los próximos tiranosaurios rex si no actúan ágilmente y escuchan al nuevo consumidor educado en la tecnología digital, que es de donde se alimenta la mente de los disruptores.

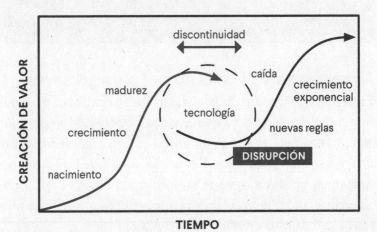

Discontinuidad provocada por la disrupción
Fuente: http://innovisio.blogspot.com/2012/12/capturing-opportunity-in-disruption.html

La globalización hizo del mundo una aldea conectada

La globalización ha desarrollado ventajas comparativas entre regiones del mundo, permitiendo producir a bajo precio en cualquier parte de la tierra.

La innovación se ha aplicado en todos los aspectos de nuestra vida, como en la creación de energía, en la industria farmacéutica, en la exploración espacial, en agroquímica, en la aviación, en la telefonía, en ecología, en la medicina, en electrónica automotriz, por mencionar algunos.

A las grandes y poderosas empresas les desagradan los cambios repentinos del mercado. Por el contrario, los emprendedores se motivan con los cambios, actúan y toman ventaja con algo nuevo. Cuando los cambios ocurren, los emprendedores usan su espíritu imaginativo y logran transformar lo nuevo en una gran oportunidad.

La velocidad y trayectoria que está tomando la revolución digital cambia a una velocidad imposible de asimilar.

> De tal forma que la disrupción o la ley de la ruptura, como también se le llama, nos demuestra que los cambios sociales mejoran en forma incremental, mientras que la tecnología lo hace de manera exponencial

El internet será el infierno y el paraíso terrenal

El internet ha sido, sin duda, el instrumento indicado para una economía del mercado, ya que es global. Opera sin interrupción y automatiza todo el tiempo la forma de comprar, vender, producir y distribuir productos. Reduce los costos de transacciones de productos o servicios y son rápidos como nunca antes. Incluso muchos costos de transacciones se reducen a cero y permite reducir la infraestructura de las organizaciones.

Las infraestructuras de empresas como Uber, Facebook, Google o Skype son insignificantes comparadas con las empresas globales del siglo pasado, que están decretando su sentencia de muerte si no cambian al mundo digital. Las nuevas empresas han comprendido que sus activos no son las infraestructuras sino las marcas, la cartera de clientes, los procesos y todo aquello que se pueda transmitir a través de bits y no en contenedores, camiones de carga, camionetas o cajas. Toda transferencia de información será un bien, y eso debes comprenderlo o perderás la batalla del nuevo concepto de los negocios en el mundo de la tecnología y de los activos electrónicos.

> Los costos de transacciones más bajos ganarán la batalla y la información será la base de la nueva riqueza.

Por ello, la creatividad destructiva es una oportunidad que está ahí para todos. Algunos se hacen más pequeños ante la innovación y otros toman la oportunidad de los cambios del mercado y de la tecnología. Excepto que tengas una desventaja tan drástica, como la de la *Enciclopedia Británica* con Wikipedia, siempre podrás incorporarte y crecer si reaccionas con mucha velocidad, en lugar de protegerte como hacen muchas empresas.

Tienes la oportunidad de tomar acción antes de que los cambios innovadores debiliten tu enorme posición competitiva. Sin embargo, no esperes mucho, ya que en un futuro muy cercano un veloz emprendedor, como Elon Musk, te puede sorprender con el mejor diseño de automóvil eléctrico como su Tesla Motors. Las armadoras tradicionales llevan 100 años en ese negocio y dominan el mercado, pero están encerrados en su caja de oro y no fueron capaces de crear un auto de ese nivel. Pero, ahora que Elon Musk decidió regalar su *know-how* al mundo, todas estas empresas construyen carros eléctricos de esta categoría.

Otra de las novedades en este ramo son los automóviles autónomos. En el 2020, las armadoras ya no sabrán qué hacer porque el consumidor ya no querrá tener un coche. Simplemente, podrás llamar por teléfono a un coche sin chofer y éste te llevará a tu destino, sin que necesites estacionarlo. Nuestros hijos recién nacidos nunca tendrán una licencia de conducir y nunca poseerán un coche. Las compañías de seguros tendrán problemas masivos porque la reducción drástica de los accidentes hará que el seguro de automóvil sea cada día más barato. El modelo de seguros de automóviles como hoy lo tenemos desaparecerá.

Las armadoras de carros probablemente podrán ir a la quiebra si no hacen un giro rápido en su forma de construir carros. La mayoría de las armadoras hacen mejoras evolutivas, simplemente ellos hoy construyen un auto mejor cada año, mientras que las compañías de tecnología, como Tesla, Google y Apple, están en un enfoque revolucionario y construirán computadoras sobre ruedas. Pasarán de la ingeniería mecánica a la ingeniería digital. Muchos ya están aterrados por Tesla. La industria automotriz es de los giros de mayor lentitud ante los cambios y se enfrentará inevitablemente a la transformación tecnológica que se le avecina. China considera prohibir los coches de gasolina, y Francia e Inglaterra anunciaron que en el 2040 se prohibirá la producción de vehículos de diesel y gasolina.

Transfórmate en un disruptor aunque seas un poderoso industrial con una estructura organizacional consolidada por varias generaciones. Como ya te sugerí, construye una empresa paralela; enfócate en la innovación destructiva, integrando tecnología en lo que haces. No importa el tamaño de tu empresa, es tu decisión, sabemos que será complejo, pero es una opción que te dará mucha esperanza y te mantendrá en la pelea por el mercado.

Hace falta un cambio radical para entrar en este nuevo mundo disruptivo; deberás aprender que el nuevo mundo de la tecnología se ha convertido y seguirá siendo cada día más el agente disruptor de los modelos vigentes y de las viejas premisas en las que se sustentó su éxito anterior.

Te invito a que leas el libro *Unleashing the Killer App*, de Larry Downes y Chunka Mui.

EJERCICIO 1
ALGORITMO PROBLEMAS

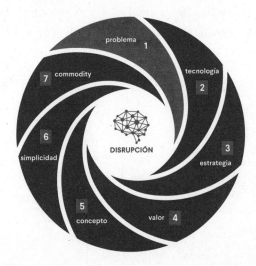

Reúne a tu equipo de trabajo y pregúntale:

- ¿Qué problemas sufren nuestros clientes al consumir o comprar nuestros productos y los de la competencia?
- ¿Qué deberíamos cambiar de nuestro producto para que se vea único y diferente?
- ¿Qué problemas padece el mercado que no motiva al consumidor? Piensa qué cambio le haría el nuevo producto o servicio que diseñemos.

Reflexionen en grupo:

- **FedEx** resolvió el problema del correo del mundo.
- **Uber** resolvió el problema de inseguridad y seguridad del costo.
- **Oxxo** resolvió el problema de una miscelánea bien surtida cerca de tu casa.
- **Autofin** resolvió el problema de adquirir un carro sin tener que pagar el 30% de enganche.
- ¿Nosotros qué resolvemos? ¿Qué necesitas resolver para tomar a tus clientes por sorpresa? ¿Para motivarlos y estimu-

larlos a comprar tu producto y no los otros? El cambio debe ser único: ningún producto del mercado debe tenerlo. ¿Qué nos hará exclusivos y únicos? ¿Qué enloquecerá a nuestro consumidor y destruirá a tus competidores directos?

▌ ALGORITMO TECNOLOGÍA

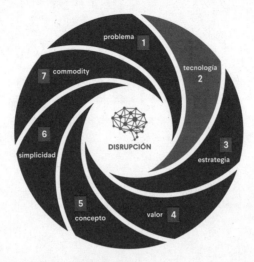

Lee los capítulos VII, VIII

Conocerás cómo la tecnología crea disrupciones debido a la reducción costos que implica y a la valoración del consumidor. Además, sabrás cómo ponerla al servicio del consumidor para reinventar tu negocio y cambiar tu participación en el mercado. La tecnología transforma la infraestructura de las organizaciones, puestos y funciones. Aprenderás que puedes revolucionar tu negocio si integras tecnología en tus productos como lo está haciendo la industria automotriz, construyendo carros que son verdaderas computadoras con ruedas y que exigirán otro tipo de armadoras, así como nuevas formas de mantenimiento y de manejo. Te enterarás de que el surgimiento de nuevas formas para adquirir productos a través del mercado digital ya es una exigencia del nuevo consumidor.

Identificarás las oportunidades para hacer crecer tu negocio exponencialmente y no sólo orgánicamente, y reconocerás cómo hemos evolucionado desde la Revolución Industrial. El crecimiento exponencial te permitirá crecer cinco veces en promedio en cuatro años si aprendes a integrarla; las empresas que integran tecnología son las que nos han demostrado que esto es posible si conoces y eres un experto en el comportamiento del consumidor de la era digital.

CAPÍTULO VII
LA TECNOLOGÍA CAMBIÓ EL MUNDO

La tecnología es la mayor
creadora de disrupciones
en el mundo.

▌ TECNOLOGÍA Y DISRUPCIÓN

Tecnología digital, la segunda revolución industrial.

Con los años, las grandes corporaciones fueron creciendo orgánicamente sin una tecnología digital que las sustentara. La mayoría de las empresas tradicionales que nacieron en los últimos 20 años han usado la tecnología digital al servicio de la eficiencia operativa para disponer información en tiempo real y no para reinventarse y servir al mercado.

Domina la era digital

La digitalización y el avance de la tecnología han transformado el mundo empresarial e invadido todos los campos de la ciencia y de los negocios. Estamos en un mundo digitalizado. El avance tecnológico también ha permitido que los costos de producción disminuyan drásticamente. Las computadoras, con los años, han tenido una importante reducción en sus precios. De 1999 a 2003 disminuyeron año con año un promedio de 20 por ciento. Aunque hoy se ha reducido esa tendencia, en los últimos tres años se ha mantenido un promedio de 13% anual. Lo mismo ha sucedido con todos los equipos periféricos.

Recuerdo que en los ochenta una PC IBM costaba 60 mil pesos. En 1994 podrías gastar 30 mil en una PC. Hoy puedes comprar una por ocho mil pesos. Pero la velocidad y la capacidad de memoria han crecido exponencialmente.

El avance permanente de la tecnología te permite dejar de pensar en pequeño, para que ya no pienses en términos del mercado local, ni de productos o servicios tradicionales; para que pienses con una mentalidad de abundancia y en mercados globales.

Por ejemplo, el primer prototipo del carro autónomo de Google costaba 300 mil dólares; el segundo modelo, dos años después, costaba 75 mil; hoy cuesta mil dólares el mismo dispositivo para carros autónomos sin chofer. La tecnología permite lograr estas diminuciones de costos en corto tiempo; lo hemos visto con los smartphones, los drones o en el campo científico y médico.

Hoy los drones, gracias a la tecnología, pueden transportar 10 kilos; muy pronto podrán con 30 kilos; así continuarán creciendo. Esto permitirá llevar medicina o alimentos a lugares alejados, en países donde las comunicaciones entre pueblos sean imposibles. En 2017, Dubái introdujo el primer dron taxi, *volocopter*, con autonomía de 30 minutos, movido por seis baterías. Te sientas, programas el viaje en una pantalla y te lleva sin un piloto.

Nuestra comunicación interpersonal es cada día más digital. Hace 10 años teníamos 5 mil millones de personas conectadas; hoy tenemos más de 12 mil millones, y para 2030, seremos un trillón de personas interconectadas por internet. Este proceso de explosión digital está en pañales; recién comienza y los pasos de interconexión serán inimaginables. Esto hará que muchas de las disrupciones tecnológicas que hoy tenemos sean obsoletas en muy poco tiempo. Las computadoras de bolsillo crecerán exponencialmente, por lo que tu consumidor estará hoy a la distancia de un click en cualquier parte y en todo momento. Por lo tanto, tu marketing, tu publicidad y tu imagen deberán ser brutalmente atractivos. En el futuro, serán muy utilizadas aplicaciones como WhatsApp, Twitter o Instagram, ya que éstos viajan contigo, en tu bolsillo. Imagínate por un instante lo que les sucederá a las televisoras tradicionales; seguro desaparecerán y vendrán otras que surjan del mundo digital.

Hay tecnología hoy que puede identificar las emociones de las personas; le toma 10 segundos identificar y leer la emoción de la otra persona. El dispositivo lee las variaciones de tu voz y puede determinar tu estado de ánimo. La empresa que lo diseñó la nombró Beyond Verbal-The Science of Emotions. Será una revolución para que el personal de los call centers, por ejemplo, identifiquen el estado de ánimo de los clientes; podrán saber en segundos si la otra persona miente o no, con un porcentaje de certeza de 85 a 90 por ciento. Imaginen que en segundos un político supiera cómo se siente la audiencia, y así pueda cambiar la dinámica de su mensaje, o identifique rápidamente si la otra persona está mintiendo o no.

Un adolescente diseñó una plataforma denominada Murfie para almacenar toda la música que más amas y quieres conservar. Con tu nombre puedes tener acceso a la nube y escucharla sin tener que almacenar tus viejos discos compactos o DVD de tu juventud.

Adidas lanzó al mercado el balón inteligente Smart Ball con un sistema de sensores en su interior que le permite al jugador perfeccionar su golpe, medir la velocidad del disparo, la altura o el efecto; así como la forma en que el pie hace contacto con el balón. Todo lo transmite al smartphone para almacenar estos datos que te permitirán mejorar tu juego. Otros gadgets deportivos son las nuevas playeras y chamarras, que te integran la tecnología para medir tu nivel de entrenamiento y almacenarlo en tu teléfono inteligente.

Podríamos continuar enumerando casos, pero existen miles de aplicaciones donde la tecnología se integra en productos de uso diario, como ropa, autos, hogar, cocinas o refrigeradores inteligentes. La pregunta que debes hacerte es: ¿cómo me comunicaré con mis clientes potenciales? ¿Cómo será mi empresa en los próximos cinco o 10 años?

Decía acertadamente Richard Buckminster Fuller: «No es posible cambiar las cosas luchando frontalmente contra la realidad en que vivimos. Para cambiarlas es necesario construir un nuevo modelo que haga obsoleta dicha realidad». Es decir, no sólo debes luchar de frente contra tu competidor directo porque nada cambiará; es necesario modificar y reinventar tu modelo de negocio para construir una ventaja competitiva distinta a través de la disrupción.

La tecnología crea empresas extraordinarias

Las empresas tradicionales piensan en los avances de la nueva tecnología para tener más y mejor información interna. Sin embargo, esa concepción limitada del uso de la tecnología, como un mero recurso que provee información a la empresa, es como habernos quedado inmovilizados en el tiempo.

> Hoy, la tecnología es el enorme recurso para transformar la cara de la empresa hacia el mercado, y cambiar la forma en que diseñamos los productos y los distribuimos en todo el país.

La era virtual comienza a conquistar terrenos desconocidos, inhabitados por los viejos jugadores. El internet ya dejó hace mucho de ser sólo el placer de navegar de los jóvenes. La prueba la tenemos con los grandes innovadores, que ya hemos mencionado, y que han cambiado el mundo teniendo empresas como Uber, que no es dueño ni del vehículo con el que te da el servicio, porque en el fondo es un algoritmo. Facebook también es uno: no tienen inventarios, no necesitan infraestructuras, ni sucursales. Es tecnología digital. Google no es dueño de nada, pero es tecnología que, como aspiradora absorbe 36 mil 400 millones de dólares al año.

Zappos es la mayor zapatería online del mundo y uno de los *e-commerces* más exitosos que existen en Estados Unidos. Fundada por Tony Hsieh, vende mil millones de dólares al año, y es una empresa con un excelente servicio, que siempre le da al cliente algo más de lo que espera. Su atención es la envidia y admiración de muchas empresas. No en vano fue adquirida por Amazon por casi mil millones de dólares en 2008. A pesar de ello, la empresa continúa siendo la misma y Tony Hsieh se mantiene como CEO.

Dropbox es también una muy popular herramienta que, gracias a la tecnología, permite almacenar información en la nube y compartirla con varios usuarios. Es muy simple y fácil de usar.

Así podríamos continuar dando ejemplos de las empresas de la era digital. La tecnología siempre se ha caracterizado por tener consecuencias dramáticas en las organizaciones tradicionales, porque les impactó de una forma inesperada.

Lo mismo puede sucederle a tu negocio si no migras a una tecnología que está a tu disposición, pero que desconoces cómo se aplica. Estamos ante una nueva revolución industrial en la era de la tecnología digital.

Los cambios tecnológicos nunca se han dado amablemente, no han sido incrementales sino discontinuos y con grandes saltos que arrasan con los que se resistan. No es una opción integrarte a la tecnología. Ingresas o te arrasa. Ni siquiera IBM, que fue pionera en tecnología de la información, pudo competir en los albores del mundo digital y hoy sólo quedan buenos recuerdos de ese gran imperio. Aunque continúa siendo una gran empresa respetable, aportando inventos como la supercomputadora IBM Watson, ha quedado lejos del icono comercial que fue. Los efectos que ha tenido esta tecnología sobre la sociedad han sobrepasado toda imaginación.

La tecnología en mano de millennials

Las innovaciones tecnológicas de los jóvenes de Silicon Valley los hacen obscenamente millonarios de la noche a la mañana, duplicando o triplicando su inversión en un abrir y cerrar de ojos. Creaciones como las computadoras personales, la transferencia electrónica de dinero y los procesadores de texto fueron verdaderas aplicaciones que en su momento devastaron los modelos de negocios que existieron por muchos años en el mercado. El crecimiento ya es lento y está muriendo día con día.

Las evidencias indican que las empresas disruptoras crecen cinco o seis veces en menos de cuatro años, y continúan esa tendencia de crecimiento de 100% anual. Pregúntate cuántas empresas tradicionales conoces que han tenido esos crecimientos en los últimos años. Cuando vemos que los chips cambian cada 18 meses su capacidad, y sus costos no aumentan, sino disminuyen.

En otras palabras, no puedes escaparte de la tecnología si quieres triunfar en esta época y ser un disruptor en tu segmento. Aun Walmart, siendo tan poderosa, siente la amenaza de la tecnología que está usando Amazon con su tienda virtual. Te invito a que analices la última estrategia de Amazon Go, el centro comercial sin filas y sin cajeros. No lo podrás creer y Walmart tampoco.

En la medida en que el mercado digital aumenta, vemos la lentitud del crecimiento de las empresas tradicionales que se apresuran a salir de compras de más empresas por el mundo para aumentar su volumen. Tendrán que tener la valentía de pensar de manera distinta, ya que «los emprendedores crean nuevas ideas con base en tecnología digital y los ejecutivos tradicionales con base en su experiencia en el negocio».

Seguramente eso le ocurrió a Jeff Bezos, de Amazon; a Michael Dell, de Dellcomputer, o a Reed Hastings, de Netflix. Ellos no tuvieron nada que cambiar en su mente; por el contrario, nacieron pensando distinto, en *bites* de memoria.

Por ello, el internet se ha consolidado como el recurso destructor que redefinió el mundo de la conexión, como Facebook; la fabricación de ropa en Zara; los nuevos carros de Tesla; la conversación en WhatsApp; las impresoras 3D; la transportación de Uber; el hospedaje con Airbnb; la televisión de Netflix, o citas con parejas de Tinder. Todas ellas son empresas con estructuras soportadas en el ciberespacio.

En conclusión, observa cómo la tecnología se integra en un segmento y el crecimiento se duplica cada año, a diferencia de lo que sucede en empresas tradicionales. El impacto tecnológico es tal que estas nuevas empresas no paran de crecer de 50 a 100% anual, y su crecimiento continúa en esa tendencia.

▌EMPLEOS DEL FUTURO

Un estudio realizado por el Institute for the Future considera que las tecnologías emergentes, la inteligencia artificial, la robótica, la realidad virtual y la nube transformarán nuestras vidas y los trabajos de las empresas cambiarán radicalmente. Se vaticina que 85% de los empleos que tendremos en el 2030 no existen hoy en las empresas. Las organizaciones para esos años serán tecnológicas.

Por lo tanto, los líderes de las empresas deberán pensar cómo sobrevivirá su organización ante un cambio tan enorme en la relación del hombre con la tecnología. Las máquinas serán capaces de aportar más velocidad, automatización y mayor eficiencia, y esto cambiará la forma en que el consumidor se comporta ante los productos y la forma de adquirirlos. En el futuro se podrán contratar recursos humanos de cualquier parte del mundo; las empresas, ante esta tendencia, podrán quedarse obsoletas en los próximos cinco años. Otras ya lo están y no se han dado cuenta.

Debes comprender que la tecnología hoy ya ha rebasado a muchos ejecutivos tradicionales, aunque éstos aún se mantengan en la cúspide. La evidencia está en que la mayoría de las empresas que crece exponencialmente a un promedio de 100% anual no fueron creadas por ninguno de los imperios empresariales que hoy existen, sino por personas que no estuvieron nunca vinculadas con ese tipo de giro y que comprendieron cómo integrar la tecnología a los productos o a las empresas. Así, han cambiado de raíz la mente de los consumidores.

Te invito a que comprendas que la tecnología es la nueva revolución industrial que está resolviendo los problemas del mundo a través de la digitalización de las empresas. Mantén una mentalidad de abundancia sin límites. Ésta será la que te transforme en líder del mercado o te destruya.

PREGÚNTATE

- ¿Cómo será mi empresa en los próximos cinco o 10 años?
- ¿Cuántas empresas tradicionales conozco que hayan tenido crecimientos de 100% anual en los últimos años?
- ¿Cómo sobrevivirá mi empresa ante un cambio tecnológico tan enorme como el que se está dando?
- ¿Qué tecnología digital necesitaré para atender a mis clientes?

CAPÍTULO VIII

LAS EMPRESAS DISRUPTORAS CRECEN EXPONENCIALMENTE

Estamos ante un mundo
de abundancia
y complementariedad.

EL CRECIMIENTO EXPONENCIAL DISRUPTIVO

El futuro pertenece al que ve las oportunidades antes de que sean evidentes.

Como vemos, hoy vivimos en la era de la discontinuidad. El crecimiento progresivo no es una opción en un mundo que cambia vertiginosamente. Estamos en la era donde la disrupción crea nuevas oportunidades que no se habían pensado nunca antes, aunque lo sorprendente es que se usan recursos que están a la vista de todos y al alcance de cualquier empresario. La pregunta es la siguiente: ¿por qué la mayoría de los empresarios establecidos no lo ven? Si no estás alerta a las nuevas tecnologías, en algún momento serás obligado a reaccionar a ellas y será muy tarde para que tomes el mercado por sorpresa.

> Estamos en un mundo que transita del pensamiento lineal vertical deductivo hacia el pensamiento de crecimiento exponencial disruptivo.

A Facebook le tomó 15 años tener 50 millones de usuarios; a WhatsApp, 15 meses; a Uber, 5 años, y a Angry Birds, 15 días. Significa que las reglas del juego de los negocios están cambiando en relación con el mercado, porque tenemos un consumidor abierto en las redes. Para el 2025, 2 mil millones de personas tendrán su primera experiencia con un banco en línea sin tener que ir físicamente a alguna sucursal. La pregunta es: ¿qué sucederá con las sucursales y los grandes edificios corporativos con miles de empleados? Las nuevas empresas no necesitan tantos ejecutivos de alto nivel para controlar las operaciones digitales.

En la educación también habrá cambios; por ejemplo, la plataforma MOOC (Massive Open Online Course), donde recibes educación en línea de más de 800 universidades en el mundo. MOOC tiene 7 millones de estudiantes que iniciaron hace cuatro años. Esto permitirá en el futuro tener estudiantes a un costo muy bajo y las colegiaturas serán mucho más accesibles. La experiencia de la educación será distinta, ya que podrás adaptarla al alumno. Si estamos en la industria de la educación debemos pensar dónde estaremos en cuatro o cinco años.

También el mundo de la salud cambiará con nuevos dispositivos de diagnóstico como el de la empresa Qualcomm que creó Tricorder XPRIZE, que permite diagnosticarte tú mismo monitoreando tus síntomas. Muy pronto, tendrás la salud en la palma de tus manos. Es un diagnóstico predictivo con voz, video y datos. Es económico, altamente eficiente, confiable y muy rápido; en minutos podrás tener un diagnóstico mejor que el de muchos médicos. Este dispositivo se comparó con 100 médicos y el dispositivo dio un diagnóstico más certero que el grupo de médicos de la muestra. El dispositivo será revolucionario no sólo para quienes viven en las grandes ciudades, sino para los habitantes de zonas alejadas, quienes no disponen de médicos u hospitales. Me pregunto si las empresas de análisis médico, tal como las conocemos, ya habrán tomado consciencia sobre la dirección de su negocio o cuántos años les quedan para desaparecer o reinventarse.

Otra industria que tendrá que imaginar qué cambios tendrá que hacer, porque se cuestionará su viejo modelo, será la aviación y el transporte colectivo. Porque, por ejemplo, el nuevo transporte Hyperloop, de Elon Musk —un tren silencioso impulsado por un motor eléctrico, que te transportará a mil 200 kilómetros por hora— acortará los tiempos de viaje. Se calcula que en el Hyperloop llegarás de Miami a Orlando, Florida, en 15 minutos. Hoy en día, ese mismo viaje te toma, en avión, una hora; en auto, cuatro, y en autobús, seis horas. La India tendrá el suyo en los próximos 36 meses y, seguramente, pronto se extenderá por todo el mundo, ya que no tendrá problema con el clima ni habrá demoras en sus salidas. Un verdadero invento que revolucionará el transporte del mundo, así como el transporte de carga aérea.

DISEÑA UN ECOSISTEMA PARA CREAR DISRUPCIONES

Las empresas que piensan en términos de ecosistema están abandonando la premisa de que todo lo tienen que hacer ellos; hoy piensan en cómo integrarse con otros especialistas y crear otro tipo de servicios para resolver los problemas de los consumidores, ya que no se puede ser experto en todo. Tienes que preguntarte si te conviene crear una nueva empresa o comprar una *startup* joven con los conocimientos en ciertas tecnologías específicas que tú no tienes.

Amazon es una empresa de caso de estudio, ya que se reinventa y se transforma todo el tiempo. Debemos preguntarnos si es una tienda, una empresa de tecnología con aplicaciones en negocios diversos, o una empresa que resuelve los problemas de la vida del consumidor; es decir, si es un ecosistema en sí misma. Ahora está queriendo competir con Walmart al abrir Amazon Go.

Los disruptores no se tientan el corazón para comprar constantemente empresas que complementen sus destrezas. Por lo pronto, si tienes una empresa fundada hace más de 20 años, debes competir contra ti mismo o alguien competirá contigo y te sacará del mercado. No vayas muy lejos, analiza cuántas empresas ha comprado Facebook en los últimos tiempos para dar nuevos servicios a sus usuarios de Facebook Live, Facebook Messenger, fotografías 360° y algunas otras. Para complementar las aplicaciones que ya tenía, compró Oculus VR en

2 mil millones de dólares; también compró WhatsApp, Face. com, Instagram, Atlas Advertiser Suite, Gowalla, FriendFeed, Parakey, ConnectU, entre muchas otras. Con estas empresas adicionó productos complementarios que proporcionan servicio integral a sus clientes.

> Para ser un disruptor y crear una empresa de crecimiento exponencial, debes tener una mente de abundancia y pensar en ecosistemas que complementen tu estrategia.

Deberás integrar habilidades tecnológicas y virtuales de jóvenes empresas que tienen una mente disruptiva y adaptable para que puedas competir como un experto en varios segmentos.

Un ejemplo de la efectividad de la complementariedad de ideas lo tenemos alrededor del año 1400 en la familia Médici; una familia rica y poderosa, dueña de bancos, en la época del Renacimiento, en Florencia, Italia. Ellos apoyaron el arte y la cultura, crearon un ecosistema integrando cientos de expertos en diversas disciplinas para crear progreso, como a Botticelli, Miguel Ángel, Leonardo da Vinci y a muchos más. Transformaron a Florencia en la cuna del avance y desarrollo europeo y forjaron la «Época de Oro». A los Médici se les atribuye la galería Uffizi, el palacio Pitti, los jardines de Boboli, el Belvedere y el palacio Médici, entre otras obras que hubieran sido imposibles de realizar o de haber sido diseñadas y construidas sin la complementariedad de un modelo ecosistémico de expertos creadores. Este modelo lo visualizó Lorenzo de Médici, hijo del fundador de la dinastía Giovanni de Médici (1389-1464).

Las empresas tradicionales deberían aprender de este ecosistema desarrollado por Lorenzo de Médici y no solamente adquirir empresas que hacen lo mismo en zonas o países distintos con el fin de aumentar su economía de escala y transformarse sólo en grandes conglomerados.

No digo que eso esté mal y lo eliminen; por el contrario, digo que continúen expandiéndose. Sin embargo, ya no es suficiente agigantarse en este mundo de tecnología. Hay que atender integralmente a tu segmento de clientes y no clientes; ésa es la clave.

> Si integras expertos con mentes complementarias podrás incursionar en otros segmentos y mercados con productos o conceptos de negocio distintos.

Esas nuevas disrupciones te permitirán conquistar aquellos mercados que hoy no son tus clientes. La conquista de los «no-clientes» es clave para consolidar tu futuro. Pero no te extrañes que mañana pueda nacer un joven en un garaje con un diseño de negocio o producto que impacte sobremanera al consumidor que tú no tienes y también muchos de los que ya tienes y que serán atraídos por la nueva disrupción.

DIFERENCIA ENTRE CRECIMIENTO LINEAL Y CRECIMIENTO EXPONENCIAL

Crecimiento lineal

El crecimiento lineal de una empresa se obtiene sumando los porcentajes de crecimiento de cada año. Es decir, si has tenido 10% de crecimiento cada año, en cinco años habrás crecido 50%.

Los negocios lineales están diseñados para aumentar sus ganancias o reducir sus costos en un promedio de 10% anual. Para ello, estas empresas tienden a mirar su mercado para mejorarlo o aumentar su participación. Es, en suma, ver el mercado al que han servido por años de una manera diferente y mejorar. Eso es todo. Ese pensamiento lineal te hace permanecer en el mercado y crecer igual que todos tus competidores directos, pero no te transforma en el líder absoluto del mercado.

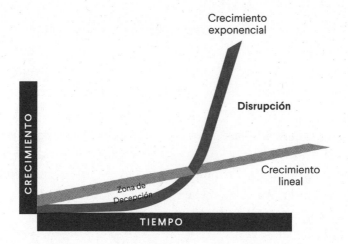

Crecimiento exponencial

El crecimiento exponencial se logra multiplicando los resultados cada año. Son empresas que están diseñadas para cambiar lo existente y crecer 10 veces. Por lo tanto, su crecimiento es enorme, y lo logran satisfaciendo a los clientes del mundo de una forma totalmente distinta e inusual. Su objetivo es hacer la vida fácil a los consumidores, diseñando productos o servicios que mejoren su vida.

Las empresas que crecen exponencialmente por lo general utilizan la tecnología no sólo para el producto que lanzan, sino para la gestión del negocio. Toda actividad que sea una rutina, que no agregue valor, que aumente las demoras y la mano de obra, debe ser sustituida por tecnología para reducir sustancialmente sus costos. Esto les permite operar a bajo costo, con precios bajos y con gran utilidad, ya que están dirigidas al mercado global. Tal es el caso de Uber, Netflix, Spotify, Delivery Hero, Airbnb, Wikipedia, YouTube, Tesla, Amazon, etcétera, que son empresas que crecen un promedio de 100% anualmente, y en cuatro años crecen un promedio de cinco veces más.

Por lo general, las empresas exponenciales se dedican a estudiar otras empresas y analizar qué no está recibiendo el consumidor o qué podrían cambiar de esos productos o servicios para que el consumidor tenga algo excepcionalmente mejor, le resuelva la vida, la haga más fácil, cómoda y pueda comprar quizás a un menor precio. Así lo logró Airbnb que, mediante una plataforma, puede conectarse con el usuario y darle lo que necesita al precio que puede pagar, en el lugar del mundo que él desee. Mientras que a Marriott o a Hilton les llevo más de 100 años crear el valor que hoy ofrecen, a Airbnb sólo le llevó cinco años llegar a ser la empresa más grande del mundo en hotelería, sin ser dueño de instalaciones ni infraestructura, lo que reduce su costo a cero.

Las empresas que crecen exponencialmente diseñan actividades que les permiten:

1. **Resolver un problema al consumidor.** La tecnología permite que llegues a mercados a los que antes no se podía. Imagínate por un momento a cuántos mercados llega hoy Airbnb y que los hoteles jamás podrían alcanzar. Hoy viajan personas que antes no podían por razones económicas.

2. **Relacionar sus servicios a una plataforma.** La tecnología permite incluir nuevos servicios en horas, quitar otros y recrearse nuevamente. Se adapta a cualquier tipo de posibilidad económica. La plataforma está orientada para satisfacer lo que el cliente necesite y de la forma que lo pueda pagar o adquirir.

3. **Crear comunidades.** Las personas que usan empresas como Uber, Airbnb o Facebook se comunican entre ellos, se recomiendan entre ellos el producto o servicio, pero también la castigan al instante si no les entregas lo ofrecido.

4. **Crecer cuanto quieran. Son escalables.** Estas empresas están apoyadas en algoritmos que les permiten escalar

sus ingresos, sus clientes y sus entregas, ya que la tecnología no tiene límite. Por ello las empresas de crecimiento exponencial tienen la tecnología como el sustento de crecimiento, rápido y eficiente. Pueden crecer no sólo en volumen, sino en diversos servicios para dar una atención integral al usuario que hoy tienen.

5. **Crear una cultura en red.** La mayoría de los usuarios son jóvenes a los que se les hace más fácil, cómodo, ágil y rápido todo el servicio, la compra, las entregas o cambios de productos o servicios a través de internet. Las empresas de crecimiento lineal no pueden con ello porque son burocráticas y saturadas de políticas para controlar sus procesos.

6. **Que los usuarios accedan desde diversas aplicaciones.** Las empresas de crecimiento exponencial intentan que sus usuarios tengan la facilidad de usar el dispositivo que ellos quieran, y que esté disponible en el mercado, para que no tengan que ir a lugares específicos o usar equipos especiales para conectarse con ellos.

7. **Usar aplicaciones que se relacionen unas con otras.** La idea de las empresas de crecimiento exponencial es que si tu plataforma no ofrece ese servicio, se alíe con otras que sí lo hagan para poder satisfacer a sus clientes integralmente. No hay como entregar una pizza con un robot o un dron. Si estás en el negocio de los alimentos tal vez puedas utilizar una impresora 3D para decorar un pastel, imprimir en él la foto que te envíe el consumidor, y con el sabor o color que te pidan, que con este tipo de tecnología se puede hacer en segundos.

Por estas razones y otras más que podría integrar a este análisis, es que las empresas tradicionales que piensan linealmente no pueden reaccionar rápidamente y no pueden satisfacer las necesidades inmediatas con el mismo nivel de calidad.

Las empresas disruptoras de crecimiento exponencial piensan en cómo resolver lo que las empresas tradicionales no pueden hacer, ya que las empresas tradicionales tienen infraestructuras ejecutivas, burocracias y procesos lentos, con muchos tramos de control y de supervisión de la eficiencia y dependencia de proveedores.

Por ello, la inteligencia artificial es y será en el futuro la que gobernará el entorno empresarial. Elon Musk ha dicho —y estoy de acuerdo— que el futuro está en el avance de la inteligencia artificial porque con ella sustituiremos los procesos de control humano para que la tecnología los haga más rápidos y eficientes y con costo cero.

Te invito a que pienses de otra forma para que tus procesos puedan funcionar con 100% de eficiencia. Diseña una plataforma para lograr que tus clientes obtengan lo que quieren, en las condiciones y la forma que ellos necesiten. Así, tendrás clientes satisfechos que crearán una red viral de usuarios que te recomiendan todo el tiempo, lo que te llevará a un crecimiento exponencial, como las empresas que mencioné.

EJERCICIO 2
ALGORITMO TECNOLOGÍA

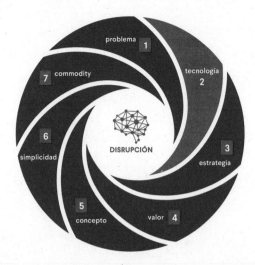

Reúne a tu equipo de trabajo y pregúntale:

- ¿Qué tecnología podemos integrar para atender a clientes que hoy no atendemos?
- ¿Con qué otras empresas podemos integrarnos para crear un ecosistema y utilizar tecnologías y modelos de negocios complementarios al nuestro?
- ¿Qué tecnologías existen que hoy no estamos integrando en nuestros procesos comerciales o procesos internos y que puedan mejorar nuestro servicio o atención al mercado?
- ¿Qué clientes y qué zonas geográficas no atendemos que podrían ser desarrolladas con tecnología digital y construir un modelo de marketing digital que nos permita atenderlos?
- ¿Qué cambios en puestos y funciones tendríamos que modificar para crear una empresa centrada en el comercio digital?
- ¿Qué empresas en el mundo comercializan productos como los nuestros o productos similares? Observa qué avances tecnológicos han integrado a su sistema comercial.
- ¿Cómo podemos reinventar nuestro negocio integrando tecnología, como lo hizo Netflix, con las películas, Amazon

con la venta de libros, Dell Computer con la venta de computadoras, PayPal para pagos en línea, o Zappos para vender
zapatos en línea?

- ¿Qué otras zonas del país o del mundo podemos conquistar
  si integramos un sistema digital que nos permita ampliar
  el segmento de mercado en el que hemos estado por años?

∎ ALGORITMO ESTRATEGIA

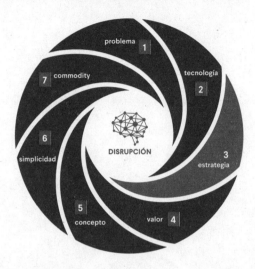

Lee los capítulos IX, X, XI

Conocerás cómo se comporta una disrupción. Identificarás gráficamente por qué una disrupción es una alteración del mercado y un cambio de la norma. Descubrirás que hay tres tipos de disrupciones que debes identificar para saber en cuál te concentrarás. Aprenderás lo que significa innovar progresivamente y lo que verdaderamente es una disrupción.

Sabrás que los disruptores no compiten con el mercado tradicional, sino que toman un camino alternativo en el que nadie se encuentra; esto les permite crear nuevas condiciones para no competir con precios en mercados saturados.

Descubrirás lo que es y no es una disrupción, para que no la confundas con la innovación, pues ésta sólo te permitirá crecer progresivamente. Descubrirás que debes aplicar la reingeniería en reversa para construir tu disrupción.

Segunda parte

¿Cómo? construir una disrupción?

CAPÍTULO IX
¿CÓMO CONSTRUYES UNA DISRUPCIÓN?

El secreto del éxito en los negocios está en detectar hacia dónde va el mundo y llegar ahí primero.
Bill Gates

Debemos dedicarnos a desaprender gran parte de lo aprendido
y aprender lo que no se nos ha enseñado, si queremos crecer.

▌ CÓMO OPERA UNA DISRUPCIÓN

Vence el miedo a lo desconocido

Por años hemos oído la expresión «pensar fuera de la caja» (*thinking out of the box*), como la imagen que representa la necesidad de innovar. Pero para pensar fuera de la caja debes crearte una necesidad. La lectura de este libro tiene el propósito de estimular tu cambio y tu crecimiento, sin importar cuán exitoso seas. Por lo tanto, para cambiar necesitas crearte una necesidad, ver más allá de tu escritorio, porque el mercado cambia y debes percibir las oportunidades para tu negocio.

> Pensar fuera de la caja es pensar fuera de las barreras limitantes de tu mente. La caja no está fuera, está dentro de tu mente; ahí es donde se encuentra.

Todo lo que está fuera de ella es invisible; por lo tanto, riesgoso. Salir de la caja es ir más allá de tus ideas. Necesitas ideas divergentes que no te den sentido para que te lleven a un lugar que no conoces. Pero la forma que le des a ese problema será parte del éxito de tu innovación.

Muchos empresarios, cuando salen de la caja, como no tienen una dirección precisa, no resisten la incertidumbre y se regresan a la vieja idea y sólo crean un producto mejorado que los hace sobrevivir, pero no alcanzan una disrupción. Dan pasos de bebé en su creación. Debes resistirte a regresar a la seguridad de lo que haces, y mejor combina y compara las ideas divergentes que descubras fuera de la caja, arriesgando nuevas alternativas. Después de descubrir la idea, la primera pregunta que debes hacerte es la siguiente: ¿tiene mucho valor para el cliente? O bien, ¿tú crees que tiene valor porque nadie lo tiene o porque no existe en el mercado? El hecho de que no exista en el mercado no te garantiza que será atractivo para el consumidor, ni lo hace necesariamente un buen negocio si el cliente no detecta su valor.

Con los años, la innovación rebasó el mercado. Es decir, el mercado se saturó de nuevos competidores y productos similares por pensar fuera de la caja. Pero hoy se necesita ir un paso más allá de la innovación tradicional y adentrarnos en la disrupción para competir en un mundo brutalmente creativo.

Hoy las empresas y los productos han llegado a sus límites de ofertas. Nike produce 700 tipos de pares de zapatos; Seiko produce 3 mil tipos de relojes diferentes; hay más de mil modelos de carros en más de 100 marcas. Mil millones de smartphones se han vendido en el mundo. En un supermercado promedio encuentras 40 mil productos. Hay miles de productos distintos para todo tipo de exigencias del consumidor, en diseño, tamaño, costos, disponibilidad, color, sabor, apariencia.

Dime lo que necesites y eso existe; dime cuánto dinero quieres gastar y lo encuentras. Todo se parece y todo, para la mente del consumidor, se ve similar. Los empresarios exitosos que pensaron fuera de la caja han logrado tal avance que les ha llegado el momento de aprender a pensar de otra forma, que sorprendan al mercado nuevamente y compitan diferente en un mercado saturado. De lo contrario, si no cambian, tendrán que continuar peleando cada milímetro del mercado por precio y mejoras constantes que no enloquecen al consumidor.

Comprende que estás en un mercado sobreofertado

La sobresaturación de productos en el mercado ha formado un consumidor sensible al precio, pues las ofertas y los productos le sobran. El mercado está inundado de alternativas de todo precio.

> Muchos empresarios han creído que con mejorar el servicio, la calidad y bajar sus precios es suficiente.

El mercado se encuentra en una confrontación comercial muy sangrienta como para aplicar en forma simplista una estrategia de precio como el único recurso para ganar la batalla. Muchos empresarios no han entendido al consumidor del siglo XXI, y si no cambian su forma de pensar tendrán los días contados.

El mercado está sobreofertado; el cliente está excedido en alternativas. Por lo tanto, no habrá una preferencia mayor por tus productos que por los de la competencia sólo por el precio, plazos o imagen de marca. Ya que ante los ojos del consumidor se perciben igual; aunque en el fondo exista una diferencia, ellos se parecen. Aunque tú mejores el servicio, atiendas a tus clientes los días sábados y domingos, cierres más tarde que los demás y disminuyas los precios, ahí no está el secreto de tu éxito. Ése es el secreto de tu sobrevivencia, pero no construye una disrupción o un cambio en el mercado.

Si comprendes —y estudias bien este libro— cómo opera la disrupción podrás alejarte de la estrategia de precios. He observado que la mayoría de las personas le llaman disrupción a todo lo nuevo. Pero hay diseños nuevos y únicos que no agregan mucho valor y, en consecuencia, lo tienen que compensar con publicidad para estimular la demanda. Pero hemos comprobado que la mayoría de las innovaciones disruptivas no utilizan publicidad masiva para vender más. Basta con ver Starbucks, Uber, Domino's Pizza y muchas más que no lo necesitan. El valor que recibe el consumidor es tan evidente que produce una atracción y el cliente se vuelca hacia él.

Podríamos decir que aun las novedades que son creaciones únicas que nadie tiene, no necesariamente por ser nuevas tendrán éxito, ya que hemos visto con frecuencia disrupciones cuyo valor agregado no es importante para el consumidor o se adelantan tecnológicamente a la necesidad del consumidor. El producto o servicio puede ofrecer una mejora en tecnología sustancial para la cual el mismo consumidor no está listo o no le resuelve ningún problema significativo.

Les podría suceder como pasó con el avión supersónico Concorde, de 1976 y retirado en 2003. Un avión diseñado para transportar rápidamente 100 personas a un precio muy alto y no para transportar cientos de personas a bajo costo. Las personas con gran poder adquisitivo hoy pueden rentar un jet comunitario a bajo precio o tener el suyo. En 1976, el Concorde fue una disrupción para ricos, pero no para los millones de pasajeros que necesitaban cruzar los océanos, por lo que la baja rentabilidad que tuvo este avión precipitó su salida del mercado.

Hoy, los europeos no quieren caer en el mismo error y se fueron a lo opuesto: lanzaron al mercado el Airbus A350 de tres pisos para transportar 366 pasajeros; es el avión de mayor capacidad del mundo. Yo creo que se han equivocado nuevamente, ya que las variables que inciden en el negocio de la aviación desde el 2003 hasta hoy han cambiado radicalmente, y la oportunidad de rentabilidad está en los aviones con autonomía y capacidad media de 280 pasajeros, que son muy económicos en combustible y en costos de operación.

Boeing lo entendió y lanzó el 777 Dreamliner para 300 pasajeros, pero de dos motores de bajo consumo. También el empresario Richard Branson, de Virgin, nos sorprende nuevamente al anunciar que en 2020 lanzará al mercado un avión de pasajeros supersónico que cruzará el Atlántico de Nueva York a Londres en tres horas. Será 2.5 horas más rápido que los aviones actuales, y costará 5 mil dólares en promedio el boleto. Un precio muy accesible, ya que tendrá dos turbinas de bajo consumo. El futuro estará en manos del que menos consuma combustible y el que más pasajeros transporte al año. El tiempo dirá el acierto del genio Sir Richard Branson.

En Singapur, el presidente Tony Tang Keng Yam decidió cambiar la cultura de eficiencia y calidad de la ingeniería, que construyeron brillantemente en los ochenta, y que los transformó en una potencia económica. Está convencido de que les toca transformarse nuevamente, pero, ahora, en un país de innovadores.

Lo peculiar y acertado de su decisión es que buscan cambiar la cultura de la nueva generación, y no sólo diseñar mejoras. Pretenden un cambio cultural, para lo cual crearon el Consejo de Investigación, Innovación y Empresa, ya que se han dado cuenta de que la era de la tecnología de producción se globalizó y está siendo superada por la innovación. Para ello están trabajando con las universidades, cambiando carreras, y con centros donde reúnen a científicos y estudiosos de diversas especialidades. Los concentran en la Ciudad de la Innovación para formar parte de esta nueva generación. Este reto es el que les corresponde hoy a los empresarios como tú: transformar la cultura de tu empresa.

■ MODELO DE DISRUPCIÓN

Evolución de la Disrupción
Aplicaciones letales

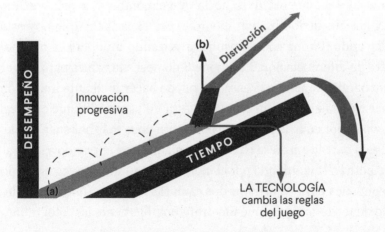

"NO INNOVEN PARA MEJORAR,
INNOVEN PARA CAMBIAR LAS REGLAS DEL JUEGO"

Línea (a). Estrategia de mejora continua

En la figura que te muestro, la línea (a) punteada indica la trayectoria de las empresas que innovan sobre un producto o mercado existente. Las líneas punteadas nos indican que este tipo de innovación se logra a través de una mejora continua en el tiempo. Muchas empresas han seguido ese camino mejorando año tras año.

Una mejora es tanto como poner más bolsas de aire a los automóviles; incluir más tecnología para el manejo de los autos; poner queso en el borde de las pizzas; más rapidez de vuelo de los aviones; televisores con mejor imagen y nitidez, o los que tiene pantallas curvas; computadoras con más RAM de memoria; un restaurante que amplía su menú, que tiene entregas a domicilio sábados y domingos o que recibe pedidos en línea las 24 horas. Todas éstas son innovaciones necesarias de mejora, pero no son disrupciones. Estas mejoras en los productos permiten a las empresas incrementar el precio o entrar en otros segmentos, mantenerse actualizados y tener mejores utilidades. Pero la bonanza de la mejora dura hasta que el competidor más cercano iguale tus atributos. Por ejemplo, ésa es la lucha que hoy está llevando iPhone con Samsung, avanzando milímetro a milímetro de diferenciación. El iPhone 8 no necesita cables para cargar su batería, sino que la carga se puede hacer mediante inducción electromagnética; sin embargo, ésta no es una disrupción, sino una mejora que le permitirá cobrar un poco más por su teléfono. Igual para la empresa china Huawei, que está entrando agresivamente en la contienda por el mercado premium, y se ha asociado con Leica para incorporar dos cámaras fotográficas en su modelo de teléfono P9, lo que mejorará notablemente las fotografías.

> Las innovaciones de mejora, a diferencia de las disrupciones, son siempre sobre un producto o mercado existentes, y tienen el propósito de mejorar su desempeño para mantener su estándar de ventas en el mercado al que se dirigen.

Las empresas que frecuentemente han realizado una innovación de mejora han sido los negocios que atienden directamente al mercado consumidor, como Liverpool, que ha incorporado un área gourmet o mejora la decoración interna de las tiendas y las hace más atractivas y modernas; Soriana, que es un supermercado donde no sólo compras, sino que también consumes alimentos; Best Buy, donde puedes comprar desde computadoras hasta electrodomésticos y ha extendido sus horarios de atención; Lala, que son muy exitosos, han creado miles de nuevos productos dentro del giro de la leche, yogurt, queso, cremas, mantequilla, margarina, bebidas, jugos, línea infantil y postres, para dar una solución integral a sus consumidores, y son muy exitosos; o Bimbo, que es también otro caso cuya innovación es de extensión de línea de miles de productos, ya casi en los cinco continentes, con un éxito espectacular. Estas empresas poderosas mejoran diario para ser más eficientes y lo logran con mucho éxito; su posición en el mercado les permite no perder su liderazgo.

Es decir, estas empresas amplían su servicio, su gama de productos y la forma en que los venden. Ésta es la estrategia de Mattel, con la muñeca Barbie: crean miles de productos y servicios para proteger su negocio central y generar más ingresos, resolviendo la necesidad integral del consumidor con precios de entre 10 y 100 dólares. Muchos confunden una mejora con una disrupción, ya que al incorporar más productos y servicios nuevos que antes no existían, interpretan de manera errónea que eso es una disrupción. Cuando por definición una disrupción es toda aquella innovación que cambia las reglas del juego del mercado y el concepto del negocio con un significativo valor para el consumidor. Es crear lo nunca diseñado hasta el momento, que no sólo se circunscribe al producto.

En mi investigación de empresas disruptoras, he observado que sus innovaciones no sólo las realizan en los productos o en nuevas tecnologías, sino también en el diseño del negocio, por lo que crean conceptos, procesos y sistemas orientados a la innovación y construyen una sólida cultura y un concepto que revoluciona el mercado. Esta información la encontrarás más adelante, en el capítulo XVI.

Línea (b). Estrategia de disrupción

En la línea que pongo más arriba (b) incluyo a todas las empresas que sí son disruptoras. Son las que han cambiado las reglas del juego. Han dado un salto cuántico en el producto y en el concepto del negocio. Ellos innovaron para cambiar lo existente, hacer lo que nadie hacía o atender al cliente de la forma que nadie lo había hecho hasta hoy.

Según mi investigación, las empresas más exitosas son aquellas que cumplen con ambos cambios: disrupción en el producto y disrupción en el concepto del negocio a la vez. Pero dichos cambios han representado un enorme valor para el consumidor y resuelven un problema que han tenido siempre y que nadie había resuelto hasta ese momento. FedEx, por ejemplo, resolvió un problema ancestral en la velocidad de entregas del correo y triunfó; Skype revolucionó la telefonía con sus llamadas gratis, que por 100 años se habían cobrado; Ikea sorprendió con sus muebles armables, una revolucionaria idea para adquirir muebles de calidad a bajo costo, o el sistema operativo Linux, que puede ser utilizado por cualquier usuario sin costo.

Innovacion progresiva *vs.* innovacion disruptiva	
Innovación progresiva	Innovación disruptiva
Mejora lo existente	Crea un cambio radical
Centrado en posicionarse	Integra tecnología para bajar costos
Centrado en mejora del producto	Centrado en crear valor
Diversifica sus productos	Resuelve un problema del consumidor
Mejora la eficiencia operativa	Reinventa su negocio
Atiende otras zonas y segmentos	Se orienta al mercado total
Tiene ventaja comparativa	Tiene ventaja competitiva
Da más por menos	Diseña lo que nadie da en el mercado
Crecimiento progresivo	Crecimiento rápido exponencial

▎TRES TIPOS DE DISRUPTORES

1. Los disruptores en el producto

Como ya comenté, los más impactantes disruptores en productos que todos conocemos han sido Facebook, Google, el iPad de Apple, PayPal, las impresoras 3D. Estos gigantes disruptores dieron un valor de tal magnitud a la mente de los consumidores de todo el mundo, que los atrapó, los sedujo y les cambió los hábitos de compra, de la noche a la mañana. Como dice la publicidad de Nike: «Lo vi, lo necesito, lo compro». Algo que el consumidor nunca había tenido en su vida le resuelve un problema no consciente, lo enamora, es más cómodo, le hace la vida más fácil y lo compra sin cuestionar el precio.

Éste es el caso del lanzamiento del Tesla-Modelo 3, que se ha vendido como pan caliente. A tres días de haberse anunciado, ya tenía 276 mil pedidos en el mundo. Tan sólo el primer día logró colocar 200 mil órdenes. Es de las pocas empresas en el mundo que sus acciones cada día valen más, a pesar de que la empresa esté perdiendo dinero. Pero los inversionistas le apuestan a pesar de sus pérdidas económicas. Las acciones han subido 6%, estando ahora 40% más de lo que estaban en 2016. El consumidor enloqueció por ese auto. Éste es sin duda un producto disruptor del empresario más innovador que el mundo conoce: Elon Musk.

2. Los disruptores en el negocio

Son aquellos que cambian la forma en que venden sus productos, pero éstos no son sustantivos. Por ejemplo, Starbucks, Cinépolis, Oxxo, Dell, Amazon, Wikipedia, Autofin, Elektra, Famsa, Coppel, AutoZone, Domino's Pizza, todos ellos cambiaron la forma de vender, rediseñando su negocio, pero no cambiaron sustancialmente los productos, sólo hicieron cambios profundos en el concepto del negocio que tomaron por sorpresa el mercado. El producto es el mismo con algunas adaptaciones.

FedEx no cambio el sobre, la caja o el contenedor, pero sí la forma de entregarlo. Cinépolis no cambió las películas, pero cambió sustancialmente el formato para presentarlas, ganando más dinero en las palomitas que con las películas. Oxxo no cambió las papas ni los refrescos, pero sí el diseño de su negocio, ya que obtiene una mayor rentabilidad en las transacciones bancarias y pagos de servicios que en las papas. AutoZone no cambió las refacciones que vende, pero la gente encuentra de todo para su automóvil en un mismo lugar, con horarios accesibles; el producto no es diferente. Todas estas empresas muy exitosas con su nuevo diseño disruptivo de negocio tomaron por sorpresa al mercado, resolvieron una necesidad implícita en el consumidor; a éstos les fascinó, sintieron que les resolvieron un problema, les mejoraron la vida. Los clientes no lo piensan más y les compran a ellos y no a los tradicionales.

El futuro de estas empresas será construir nuevos productos o nuevos servicios alrededor de esa exitosa disrupción del negocio.

> Te recuerdo que todo disruptor lleva encima el sacrificio de mejorar siempre a gran velocidad para mantener el diferenciador inicial sin ser debilitado por nuevos imitadores.

3. Los disruptores en el negocio y en el producto a la vez

Éstos cambian profundamente las reglas del juego del mercado, introduciendo algo que no existía y que sorprendió al consumidor. Como la empresa de entretenimientos Kidzania, llamada la Ciudad de los Niños; Windows; PayPal; Facebook, o Amazon. Este último cambió la forma de vender libros y la tecnología para leer libros digitales; además, ha creado miles de productos adicionales alrededor de este concepto de negocio.

> Las empresas que tienen estos dos componentes bien desarrollados, producto y diseño de negocio, son los mayores triunfadores en este mundo empresarial.

O sea, integrar la disrupción en el producto y en el concepto del negocio es lo que más millonarios ha creado en todo el mundo.

Ejemplos de disruptores en el negocio y en el producto

- Zuckerberg (**Facebook**) controla las redes sociales y posee 50 mil millones de dólares.
- Jeff Bezos (**Amazon**) controla el comercio minorista por internet. Posee 49 mil millones de dólares.
- Bill Gates (**Windows**) controla la información en los negocios. Posee 78 mil 700 millones de dólares.
- Larry Page y Sergey Bring (**Google**) controlan la búsqueda por internet. Poseen 17 mil 300 millones de dólares.
- Ingvar Kamprad (**Ikea**) controla la venta de mobiliario del hogar. Posee 32 mil 600 millones de euros.

- Howard Shultz (**Starbucks)** controla el comercio del café. Posee 10 mil 700 millones de dólares.

En los próximos capítulos, te mostraré cómo estos gigantes, genios de la innovación disruptiva en los productos y en el diseño de su negocio logran tal hazaña para que tú también intentes incursionar en ese campo disruptor, sin importar tu tamaño actual.

▌ EL PRINCIPIO DE UNA DISRUPCIÓN

Las leyes de la naturaleza no te permiten cosechar antes de sembrar, es un principio.

Tu disrupción debe conectar con la mente y el corazón del consumidor

La disrupción es un proceso de innovación que produce resultados significativos porque es un principio de comunicación que conecta directamente con la mente y el corazón de las personas y provee soluciones a una necesidad inconsciente del consumidor.

Es decir, todo consumidor tiene una necesidad que no conoce, porque no la tiene identificada como tal; por lo tanto, no la puede traducir diciendo: «necesito tal o cual producto o servicio». Te toca a ti descubrir esa necesidad para diseñar lo que al cliente le motiva de forma inconsciente. Ningún consumidor le dijo a Domino's Pizza que querían una pizza en 30 minutos, sino que fue un descubrimiento de una necesidad no explícita del consumidor, y que fue identificada por el empresario. El cliente puede decir: «no había pensado en ese producto, pero me es muy útil» o «me sirve», y por lo tanto se enamora de él.

Tu disrupción debe solucionar un problema y estimular la compra

He identificado que, en este mundo de sobresaturación de ofertas, los consumidores cada día tienen un mayor lazo emocional con los productos. La razón es que existen miles de productos para satisfacer una necesidad. ¿Pero cuál, como consumidor, me enamora?

El consumidor abre su mente cuando tú, como empresario, envías un mensaje con el que ellos están de acuerdo, que ofrece credibilidad, confianza y motivación. Entonces ocurre una incondicional aceptación emocional hacia ese producto o servicio. Es casi un acto reflejo que no pasa por la consciencia del consumidor; nunca habían pensado en ello. Primero lo acepta emocionalmente y luego encuentra las razones para tenerlo. Se dice: «El consumidor compra racionalmente, por motivos emocionales». Ese estímulo emocional es el que produce el acto reflejo de compra por algo que tiene un alto valor para su mente.

Un principio, por definición, está constituido por leyes universales. Significa que puede ser aplicado a cualquier persona del mundo y norma las probabilidades del éxito o fracaso de tu proyecto de innovación, en cualquier producto y en cualquier parte del mundo. Por ejemplo, un agricultor sabe que tiene que estar alineado con los principios de la naturaleza. No puede trabajar la tierra cuando él quiera, ni puede descansar todo el verano y, al llegar el invierno, comenzar a sembrar. Un ingeniero necesita seguir los principios de la física para construir un edificio; de lo contrario, se derrumbará su obra. Es una ley de causa y efecto que iré clarificando a lo largo de estas páginas para que la apliques en tu empresa. Las disrupciones en los negocios actúan igual, por originarse de un principio. Necesitas conocer que toda innovación debe conectar con un problema y con su emocionalidad para crear un cambio en los hábitos de compra.

Si la innovación que visualices le proporciona una solución de valor al consumidor, lo consumirá sin pensarlo dos veces. Entonces no puedes definir una nueva estrategia sólo porque identificas que algo no existe en el mercado. Ése es un grave error. Como ya mencioné antes, muchos empresarios confunden la ausencia de un producto o servicio con una disrupción y dicen: «Como nadie lo tiene y no existe en el mercado», concluyen que es una disrupción y que tienen una gran oportunidad. No te equivoques, ése es un error de concepto; el hecho de que no exista no significa que sea de alto valor para el consumidor. Ese impacto de alto valor emocional lo tuvo la tablet y los jóvenes enloquecieron y la compraron sin cuestionar. El valor fue tan alto que se volcaron hacia su consumo, sin que les importara el precio. En el mundo de la moda suele decirse que cuando a una mujer le gusta una prenda el precio pasa a segundo plano; el dinero no cuenta en la decisión de compra.

Frecuentemente veo jóvenes que abren un negocio de soluciones de software y sólo porque saben hacerlo piensan que hay un gran mercado. Luego encuentran que tienen que explicar con lujo de detalles al cliente el beneficio de su producto o servicio.

Nadie explica las características ni beneficios de una hebilla en un bolso de Louis Vuitton.

> Si tienes que explicar las bondades y las ventajas de tu producto, tu estrategia fracasará, no sirve. Los beneficios de una disrupción, por principio, deben ser poderosos y evidentes; se deben explicar por sí mismos.

Una idea disruptora, es la de las tiendas One Dollar en Estados Unidos, que han tenido éxito por 30 años ininterrumpidos. Crearon un concepto distinto: encuentras miles de productos que valen «sólo un dólar». El beneficio es muy evidente; no requiere explicación. En México, existe Waldo's Mart, que tiene este mismo concepto; en sus 320 tiendas encuentras productos a menos de 20 pesos. A pesar de que en México es más complicado entrar en ese segmento, han tenido muy buen desempeño. Si te das cuenta, no tienen competidores de ese tamaño.

Tu disrupción debe resolver lo que nadie ha logrado

Finalmente, la disrupción, por ser un principio de compatibilidad mental con el mensaje que recibe la persona, se aplica a todos los ámbitos de las relaciones humanas porque tiene el propósito de influir o cambiar la forma de pensar de los consumidores.

La disrupción significa que tiene impacto no sólo en el mundo de los negocios o en la nueva tecnología aplicada a los productos, sino que también tendrá éxito cuando impacte a las comunidades donde quieres influir. Todo radica en acertar en un problema en particular que tienen las personas y ofrecerles una muy buena solución que su mente ni había detectado.

De esa manera, tienes la aprobación emocional del consumidor, ya sea con un producto o un servicio, una nueva forma de pensar, o un político que quiere persuadir a las comunidades. Éste es un principio universal que debes aprender a aplicar en el diseño de tu disrupción.

Twitter impactó a los jóvenes consumidores de inmediato, y hoy tiene 300 millones de seguidores. Facebook cambió la vida de los consumidores, y hoy tiene mil 350 millones de miembros en 70 idiomas. Oxxo, cuyo beneficio es tan evidente que puede vender caro a un nivel socioeconómico bajo. Tu valor debe estar, entonces, por encima de la sensibilidad del precio.

Te invito a que descubras un problema que esté causando mucho dolor a tus clientes y a tu mercado en general y tendrás más consumidores comiendo de tu mano sin quejarse de tu precio.

CAPÍTULO X
LA DISRUPCIÓN TRANSITA POR CAMINOS DISTINTOS

Nunca cambiarás las cosas
luchando frontalmente
contra la realidad que vives.
Para cambiar algo,
construye un nuevo modelo
que haga obsoleto lo que sucede.

LOS DISRUPTORES NO TIENEN COMPETIDORES

La mayoría de las empresas compiten en el mercado atendiendo las mismas necesidades de los mismos clientes, con los mismos productos.

Se parecen más a los pasajeros que quieren entrar por la puerta del metro a las seis de la mañana. Están todos amontonados peleando, milímetro a milímetro, como si fuera la yarda del futbol americano. Aplican la ley del más fuerte, de quién puede soportar financieramente más descuentos y plazos de venta.

Los disruptores, por el contrario, no siguen las reglas tradicionales de los negocios de la competencia frontal.

El innovador disruptivo no tiene como principio diseñar la estrategia del próximo mes para ganar un porcentaje adicional de ventas; y luego, en el siguiente mes, ver cómo cobrarle a esos clientes y diseñar más estrategias.

Los disruptores no usan un producto existente y lo mejoran con una presentación distinta, o una campaña a un segmento que no tienen bien posicionado; sus mentes van más allá de mejorar lo cotidiano; ellos quieren cambiar la forma en que vive la gente.

Los disruptores no ven a los competidores actuales como tales y luego se abocan a diseñar una estrategia para disminuir la sangrienta batalla diaria por el precio.

Esto quiere decir que no te ven a ti como competidor; ellos no cambian la calidad del servicio; no diseñan una nueva promoción; no crean un nuevo call center, ni atienden sábados y domingos hasta las 10 de la noche.

Ésa es la estrategia del futbol americano de ganar una yarda. Pero los disruptores no juegan ese juego.

> Un disruptor hace un cambio sustancial, distinto a los competidores convencionales. Ellos no compiten frontalmente, cuerpo a cuerpo, como en el circo romano.

Toman otro sendero para resolver un problema creado por el producto o servicio tradicional. Como Uber, que ni siquiera compite con los taxistas tradicionales, porque se ocupa de resolver el problema del transporte por un camino distinto. Los taxistas convencionales son los que perciben a Uber como competidor, como una amenaza, ya que es una idea superior que el consumidor prefiere y le da valor.

Es tan evidente la falta de percepción de valor por parte de los taxistas, que creen que si ellos también ofrecen agua o tienen taxis nuevos van a poder contrarrestar el impacto de Uber. Es indudable que no tienen idea de los problemas de inseguridad y costos resueltos por Uber.

La misma estrategia usó Donald Trump, quien no se preocupó por competir contra sus oponentes, ni siquiera los de su mismo partido, pero hoy todos los republicanos y demócratas sí compiten contra él. Jugó un juego distinto que nunca se imaginaron.

Otra disrupción que no tiene competencia es la moneda electrónica bitcoin, que es dinero virtual. Así, la tecnología irrumpe en las transacciones financieras, específicamente en el dinero. A través de esta idea disruptiva se pueden hacer transacciones a todo el mundo sin pasar por los bancos, ni pagar comisión por las remesas, como sí se hace en Western Union, Money Safety, Sendvalu, FedEx, Money Grand y casas de cambio.

Algunos ya creen que el ciclo de las tarjetas de crédito o dinero de plástico o la transferencia de dinero a través de intermediarios, o el manejo del dinero de papel, van a ser desplazados por transacciones electrónicas virtuales. Vamos a tener una billetera en la nube. Cada día hay más personas que aceptan el bitcoin para sus transacciones, porque te libera de comisiones bancarias y ése es un gran atractivo. En el futuro será una forma de pago corriente como lo es el dinero en efectivo.

Algunos bancos como Ixxe, Santander, Banamex o Bancomer ya usan la tecnología para sus transacciones, pero son costosas. En Europa incluso ya se pueden cambiar los bitcoins o criptomonedas por billetes, en cajeros públicos. Como es una transacción digital no requiere un edificio o infraestructura. Envías dinero en tiempo real a cualquier país. Nuevamente, las empresas de transacciones como bancos y casas de cambio lo ven como un peligro o amenaza, porque compite contra sus comisiones de entre 8 y 10%. El bitcoin no compite con ellos; corren por otra avenida distinta, ya que tú, como usuario, no tienes que ir a un lugar para hacer la transacción; evitas las tediosas filas, pues lo puedes hacer desde tu computadora o tu celular.

Es un sistema al que habrá que seguirle los pasos para ver cómo se consolida. Algunos países como Argentina y Hungría lo usan mucho; en Rusia lo han querido quitar, pero los consumidores lo usan de todas maneras. Al mercado le es atractivo no pagar comisiones y lo van a seguir usando. Creo que pronto surgirá un sistema que sea extensión del bitcoin, que sea seguro para el sistema bancario y financiero de los países, ya que el bitcoin es muy peligroso, pues se pueden realizar transacciones ocultas, que no se sabe de dónde provienen ni de quién son, y ello es un peligro enorme para la seguridad de un país y del sistema bancario. Pero algo nuevo surgirá con el tiempo, porque mientras sean transacciones ocultas, se percibirán como una amenaza.

Google también ha cambiado el medio de pago a través de su nueva tarjeta Google Wallet; quieren que en el futuro se haga más fácil enviar o recibir dinero. Con ello, está entrando en el negocio del pago móvil, digital. Te aconsejo que le sigas la pista a su estrategia comercial.

■ DISRUPCIÓN EN LA POLÍTICA

Un líder político se transforma en disruptor cuando las reglas tradicionales de la contienda política no pueden lidiar con él.

Se convierte en un extraño ajeno y voraz, devorador de candidatos.

Un político disruptor tiene ventaja

Si analizamos la disrupción en el mundo de la política veremos que el principio se aplica igual que en los negocios debido a que tiene el propósito de persuadir la mente de las personas.

Es fundamental que un político conozca cómo se construye una disrupción si verdaderamente quiere ganar la pelea por la popularidad y la aceptación de las masas. Como es un principio, si lo aplicas correctamente, funcionará; de lo contrario, será rechazado por el ciudadano. Las personas siempre aceptan una nueva idea en la cual ellos estén representados. Es decir, que tu mensaje refleje lo que internamente piensan o expresan el ciudadano en el dialogo cotidiano.

A continuación, examinaremos con más detalle las características disruptoras de algunos políticos de México y el mundo.

Donald Trump

Tenemos el caso de Donald Trump, quien al cambiar el modelo de presentarse como político, creó una disrupción de tal tamaño que las reglas tradicionales de la política ya no pudieron con él. No debes olvidar que una disrupción generalmente surge en alguien que no está en ese ámbito. Porque no tiene los paradigmas tradicionales de un político, ni su lenguaje.

> Debido a que las disrupciones surgen de personas que no están en su ámbito, si no eres político de carrera tendrás más probabilidades de descubrir la innovación que captará la atención y tomará por sorpresa al ciudadano.

Trump es un empresario disruptor, no un político disruptor; su lenguaje es distinto y eso sorprendió a los votantes positivamente. Todos los mensajes políticos tradicionales tienen un modelo que se aplica desde hace cientos de años, por lo que los políticos construyen su estrategia para las comunidades dentro de ese modelo que aprendieron. Los políticos viven dentro de una burbuja de pensamiento que no les permite pensar distinto.

Donald Trump devoró a los de su Partido Republicano y a los demócratas porque la disrupción de su mensaje estuvo por encima de ellos. No jugó el mismo juego, sino que caminó por una carretera que el político tradicional no domina. Por ello, no supieron cómo contrarrestar su modelo empresarial y de aprendiz de político. Donad Trump fue como el Uber para los taxistas, quienes ya no supieron cómo frenar esta empresa porque los usuarios la prefieren. Los taxistas desconocen cómo competir con Uber.

El mensaje de Trump no va a los detalles. Se dirige hacia el pueblo que lo necesita y les hace ver la ausencia del canal para expresarse; les hace ver que necesitan un vocero con poder público que verbalice sus necesidades. Así como el usuario del taxi lo encontró en Uber, Trump, se enfocó en los millones de votantes que se sienten frustrados (que son la mayoría) y que no encuentran en las voces de los políticos tradicionales una solución que les dé sentido y seguridad. Su mensaje no va dirigido a los detalles; no tiene tampoco que decir «cómo» lo hará; nada más describe, coloquialmente, sin superioridad intelectual; eso es lo que todos necesitan escuchar. Se fue por un atajo; ese fue su magnetismo. Ahora la gente de la calle tiene dónde mirar y se siente «seguro» con su mensaje.

Trump logró atraer a los votantes sin gastar mucho dinero en publicidad; los disruptores no la necesitan, porque todos hablan y comentan acerca de él. En el mundo de los negocios, es exactamente igual: las empresas disruptoras no necesitan mucha publicidad, pues lo distinto y único que ofrecen es seductor; atrae y conquista porque habla de una necesidad. Analiza cuánta publicidad tiene Starbucks, Uber, Google, Facebook. Muy poca, no la necesitan.

No hay duda de que Trump tuvo la genialidad y la sensibilidad para conocer el dolor del votante de la calle. Conoce al ciudadano de a pie; sabe qué les incomoda y de qué hablan a diario, pero lo que mejor supo hacer fue verbalizarlo tal como lo necesitaban escuchar los votantes. Describió perfectamente sus problemas en sus discursos coloquiales, no con lenguaje político. Verbalizar los problemas cotidianos es el secreto de una disrupción.

Cuando un empresario diseña un producto que representa la mente y el problema del consumidor, éste triunfa. Tal como el diseño del iPhone: surgió y ganó; o como el romano Julio Cesar en el 47 a.C., cuando ganó la batalla de Zela, dijo: «*Veni, vidi, vici* (vine, vi y vencí)», lema que ahora usamos para describir la rapidez con que se resuelve algo. Saber identificar los problemas de la ciudadanía y diseñar el discurso sustentado en ello, es la clave para cualquier político; es aceptado con más velocidad que los demás, puede ser su *veni, vidi, vici* .

Donald Trump, por ejemplo, manejaba un mínimo de cuatro temas que le preocupaban al votante: seguridad, inmigración, empleo y engrandecer el país. Estos temas fueron muy poderosos e inimaginables tanto para el votante de clase media como para los partidos de oposición. Él quería salir del modelo tradicional de política. Así que si un político no tiene un mensaje aspiracional que mueva las fibras más profundas y despierte la consciencia del votante, ya sea por motivación o por temor a lo que vayan a perder, le costará trabajo la contienda. Más aún: si no toman por sorpresa con una propuesta distinta, nunca imaginada por el electorado, también la contienda les será difícil.

El mensaje de Trump fue envidiablemente disruptor; sorprendió también al ciudadano educado de clase media, no sólo al del campo o a los obreros. Además, está respaldado, pues sabe hacer dinero y entiende cómo se construye riqueza. Más garantía que eso eso, imposible.

Vicente Fox

En México, tuvimos también un candidato disruptor, que presentó una campaña diferente y ganó: Vicente Fox. Él hablaba en forma coloquial, distinta a todo político; no hablaba el lenguaje tradicional de un político, sino el de un empresario, con perfil de marketing. Su mensaje tradujo, de forma simple, las preocupaciones del pueblo; y rompió con los esquemas tradicionales, usando chistes y frases inusuales, ridiculizando incluso a su contendiente cercano. Tuvo éxito.

Fue un gran estratega y triunfó. Un gran mérito para una persona que no era político, sino mercadólogo.

Andrés Manuel López Obrador

Otro contendiente político ha sido López Obrador, que ha intentado, con su peculiar estilo, ser disruptor. Logró traducir el lenguaje de la gente de la calle a través del emblema de la anticorrupción. Convenció y hoy ya fue electo por mayoría.

Emmanuel Macron

Los partidos independientes del mundo —como el francés Asociación para la Renovación de la Vida Política, mejor conocido como En Marche!, de Emmanuel Macron— se fortalecieron porque las instituciones tradicionales están debilitadas por su baja credibilidad; así, este tipo de partidos se transforma en una alternativa fuerte. Éste fue el caso de Macron, quien, con un partido independiente y recién formado, ganó las elecciones presidenciales en Francia. Sin embargo, ahora que ya es presidente, veremos si las decisiones financieras que ha tomado coinciden con las expectativas del pueblo francés.

Evo Morales

No hay duda de que Evo Morales, un sindicalista de las plantaciones de coca en Bolivia, fue otro que, con su singular forma de hablar, conectaba con el pueblo.

En principio, todo lo que resuelva y ofrezca seguridad es atractivo para la población, pues inspira confianza y cambia el rumbo. La antipolítica —o si quieres llamarle populismo— ha sido un buen estandarte para atacar instituciones tradicionales debilitadas.

En el mundo de los negocios, por ejemplo, las camionetas de Chrysler fueron diseñadas para el mercado de la mujer. Se pensó que una importante necesidad para las mujeres era la protección de su familia. Esa lectura fue correcta y vendieron millones de camionetas en el mundo.

La buena lectura del consumidor o del votante, en el caso de los políticos, es la clave para construir un mensaje y un concepto distinto y ser un contendiente disruptor.

Beppe Grillo

No olvidemos al cómico y actor italiano Beppe Grillo, un disruptor en la política, quien en las elecciones generales italianas de 2013 puso de cabeza a sus oponentes con sus comentarios mordaces sobre los principales temas políticos y sociales de Italia. Su Movimiento Cinco Estrellas —llamado así porque sus cincos banderas eran: agua pública, mejor transporte, desarrollo del país, conectividad gratuita y defensa del medio ambiente— comunicaba perfectamente el pensamiento de los inconformes italianos, y con ello logró 25.55% de los sufragios en la Cámara de Diputados. Nada mal para un cómico sin carrera política.

Este ejemplo nos confirma nuevamente que aquellos que no están en el ámbito pueden crear mensajes más atractivos que aquellos que son políticos de carrera. Éstos tienen un lenguaje tradicional, trillado y poco impactante, y no tienen el lenguaje natural para conectar con el pueblo.

Hugo Chávez

Así le sucedió a Venezuela con Hugo Chávez, un soldado que se hizo presidente; resultó una disrupción para sus propósitos políticos. Los votantes no lo veían como parte del sistema. Era militar y mostró lealtad y heroísmo apostando su vida por su país, que estaba inmerso en la corrupción y perdiendo los beneficios del petróleo que, en ese momento, tenía un precio alto.

Nelson Mandela

No puedo dejar de mencionar a un admirado disruptor en política que el mundo aún respeta: Nelson Mandela. Decían: «Cuando Mandela habla, el pueblo escucha». Eso es ser un verdadero disruptor, y de los grandes en el mundo. Cuántos políticos quisieran que su pueblo dijera eso de ellos. Su voz era escuchada con atención en toda Sudáfrica; fue ejemplo de un político distinto que hablaba el lenguaje del pueblo, y más aún, era lo que el pueblo necesitaba. Le creían y sentían confianza, ya que él sacrificó 25 años de su vida en la cárcel, lo que garantizó su palabra. Espero que los políticos echen mano de un recurso tan impactante como el de Mandela.

Barack Obama

El expresidente Obama, un profesor universitario que se fue involucrando en el mundo de la política, fue un gran disruptor que, con su peculiar forma de comunicar, llegó al corazón de las personas, soportado por sus exitosas campañas en redes sociales, que luego copió muy bien Donald Trump.

Decían que Obama era un gran seductor de la palabra, que conquistaba el alma. Eso necesitaba el pueblo americano después de dos periodos de George Bush. Creó en los votantes lo que todo político anhela comunicar: confianza y credibilidad, y también llegó al alma del pueblo. La mayoría de los políticos no encuentran cómo llegar al alma a través del mensaje tradicional. Ni lo podrán encontrar, ya que desde ahí se ha comprobado que no se construye el éxito político.

En la época de la Revolución francesa, se contaba que un día Jean-Jacques Rousseau —intelectual, pensador y revolucionario, nacido en 1712— estaba en una cafetería de París con sus amigos, y en ese momento pasó enfrente una enorme manifestación. Uno de los amigos preguntó: «¿Quiénes son esos revoltosos?». Rousseau contestó: «Ése es un grupo que yo formé para protestar contra el gobierno». Si tu mensaje tiene fuerza, mueves las masas sin ningún esfuerzo.

Qué debe tener en cuenta un político disruptor

Un factor determinante para que un político sea un disruptor y tome por sorpresa a las masas es que no sólo debe saber identificar la frustración e inconformidad de los votantes, sino también es crucial que no lo asocien con el sistema.

Si lo asocian con él, será visto como una extensión del mismo modelo, y es con ellos con quienes los votantes no han encontrado el mejor camino.

Por ello, un político independiente podría verse como una buena alternativa. No asegura que será buen presidente, pero es una opción distinta, y eso atrae. Donald Trump tenía un lenguaje y mensaje distinto que pertenece más al mundo de los negocios y no lento y burocrático del sistema político tradicional.

Puedo afirmar, sin temor a equivocarme, que el día en que en México un empresario, con un impecable historial, incursione en la política sin estar relacionado con el modelo político tradicional, tendrá una gran posibilidad de triunfar. Construirá una disrupción enorme. La próxima generación de jóvenes herederos de esos imperios industriales tendrá, en los próximos sexenios, la gran posibilidad de dirigir el país, sustituyendo los vicios de la política tradicional, y el país crecerá. A los empresarios Mauricio Macri, de Argentina; Sebastián Piñera, de Chile, y Donald Trump, de Estados Unidos, les funcionó y ahí están sentados en la silla presidencial.

Quise hacer esta reflexión del ámbito de la política para reforzar aún más el argumento a favor del concepto de disrupción. Es un principio y su característica es la universalidad, lo que te permite aplicarlo en todos los ámbitos estratégicos de la comunicación humana. También cuando dominas un principio puedes anticipar el camino, crear las condiciones para tener éxito y prevenir las probabilidades de errar si no cumples con ello.

El desconocimiento que tengas de dicho principio no te excluye de ser impactado por él, ya sea para bien o para mal. Puedes fracasar incluso si haces las cosas correctas, pero erras en el principio.

▌ NO CONFUNDAS LA DISRUPCIÓN

- **No confundas disrupción con mejora continua.** Cuando para mejorar, innovas sobre un producto o servicio existente, donde el consumidor ya tiene definida una preferencia, por la marca o por los hábitos de consumo.
- **No confundas disrupción con hacer algo distinto.** Hacer algo distinto sin duda requiere innovación, pero si no agrega mucho valor al consumidor, sólo tendrá un éxito relativo o temporal. Es un producto innovador que fácil-

mente puede ser imitado y cercado por la competencia, y ella reaccionará copiando, mejorando y lanzando un nuevo producto similar más barato que el tuyo.

- **No confundas disrupción con sólo pensar fuera de la caja.** Pensar fuera de la caja ha sido el modelo de innovación permanente de los últimos 60 años, donde aprendimos que todo debe cambiar, mejorar y evolucionar; ese pensamiento innovador de mejora continua saturó el mundo de nuevos productos similares que hoy vivimos.

- **No confundas disrupción con mejora de procesos.** La mejora de procesos es necesaria y contribuye a la eficiencia, productividad y calidad. Pero sólo mejoran lo existente, ya sea en tu negocio o en tus productos, pero no crean una revolución en el mercado ni sorprenden al cliente con una solución inexistente hasta ese momento, que es lo que necesitas para construir una disrupción.

- **No te confundas: innovación es mejora, y disrupción es invención.** Disrupción e innovación son acciones complementarias, pero tienen resultados distintos. Disrupción es inventar algo que no existe de un alto valor, que destruye lo anterior. Por otro lado, innovar es un proceso creativo de mejora; es evolucionar un producto o servicio que te permite mantener tu posición en el mercado y dar más valor a tu producto.

La innovación puede llegar a transformarse en una disrupción si evoluciona consistentemente. Así pasó con el selector de canales de la televisión, que inició con un selector manual a uno inteligente digital; esto no sucedió de la noche a la mañana. La tecnología, al evolucionar, crea nuevas tendencias.

La mente humana es muy particular. No todos los ejecutivos pueden ser disruptores, pero todos pueden ser innovadores. Son dos procesos mentales distintos pero complementarios.

▎PREMISAS DE LA DISRUPCIÓN

- **Las disrupciones no son eternas.** Los disruptores, cuando innovan, le hacen mejoras a su producto todo el tiempo. La velocidad en que los nuevos productos se lanzan al mercado puede arrasar con una buena idea que no evolucionó y se transformó en un *commodity*. Las oportunidades también tienen fecha límite, como le sucedió a la *Enciclopedia Británica*.
- **Las disrupciones no siempre tienen éxito.** Las innovaciones disruptivas fracasan cuando el consumidor no ve un gran valor, aunque sea única. Es distinta, mejora la vida, pero no tiene valor explícito, de alta prioridad y que toque el alma del consumidor. Como la Pepsi cristal o la mantequilla en barra redonda, que es como si fuera un lápiz adhesivo. No tuvieron ningún impacto.
- **Las disrupciones crean algo distinto.** Cuando surge una disrupción se debe a que estás cambiando los hábitos del consumidor, le das otra alternativa. Como Price Shoes, Starbucks, Kidzania o Netflix.
- **La disrupción toma por sorpresa al consumidor.** Las innovaciones intentan cambiar lo cotidiano, la costumbre, con el propósito de hacerles la vida fácil, más cómoda, más simple, de uso diario; es decir, se proponen un impacto personal elevado. El consumidor encuentra una enorme oportunidad de mejora. Las disrupciones tienen, en el fondo, el propósito de hacer que las personas vivan mejor en este mundo. Como los nuevos autos inteligentes de Ford con tecnología Echo digital, conectados con tu hogar y con sus dispositivos inteligentes. Es tecnología al servicio del usuario.
- **Las disrupciones resuelven problemas muy antiguos.** Cuando una disrupción resuelve un problema muy antiguo, tu impacto es mayor porque logras resolver un

problema que se había hecho costumbre. Uber resolvió la seguridad en un transporte público como el taxi, o FedEx resolvió la lentitud del correo.

- **Las disrupciones agregan un alto valor.** El consumidor —cuando le ofreces algo nuevo— necesita que le des mucho valor a tu producto para que le llame la atención, lo compre y haga su vida más cómoda, y así abandone lo que usa desde hace años. En los valores hay niveles; la disrupción no puede tener un valor relativo; necesita un impacto masivo, que lo motive y que enloquezca la mente del consumidor. Como fueron el iPad, el iPod o el iPhone.

- **Las disrupciones nunca se quedan en la zona de confort.** Cuando una disrupción se presenta al mercado, necesita aumentar de inmediato los límites de la solución que dieron su origen; no se puede quedar en la zona de confort. Tiene que ir más allá. Con ello mantiene vivo el atractivo emocional y además conquista a los no consumidores. Los hace adictos; crea un nuevo hábito y no dejan de consumirlo. Observa cuántas aplicaciones hay alrededor del servicio básico del teléfono; eso son ganancias complementarias del producto central. Ni hablar de todos los productos que hay alrededor de las muñecas Barbie. Un éxito inigualable.

- **Las disrupciones y la tecnología van de la mano.** Las disrupciones necesitan que las nuevas tecnologías estén diseñadas para el servicio del usuario. En la disrupción, la tecnología tiende a pensar como el consumidor y realiza actividades para que el usuario no tenga que hacerlas y, así, viva más cómodo. Deben ser de uso amigable para el usuario común.

- **Las disrupciones hacen crecer los negocios 100% cada año.** Los disruptores descubren una necesidad del consumidor; por ello, éste se vuelca hacia él, ya que la resuelve como nadie. Es fácil de usar y hace una vida más cómoda. Empresas como Airbnb, Uber, Spotify, Google, Skype crecen más de 100% anual.

- **Las disrupciones enloquecen al consumidor.** El concepto *lovemark* es ya una norma en las disrupciones; si tu producto no seduce al consumidor, no produce una emoción para que se levante, lo compre y acepte un sobreprecio. Los genios en este concepto son Louis Vuitton, Ermenegildo Zegna, Hugo Boss o Victoria's Secret, entre otros.
- **Las disrupciones se distinguen por tres grandes patrones.**
  1. Las innovaciones disruptivas introducen una nueva propuesta de valor a través de la tecnología.
  2. Atraen mercados que no consumían ese tipo de productos además de los consumidores tradicionales.
  3. Los productos con innovación disruptivas se caracterizan por tener menos costos; son más simples, más pequeños y más atractivos.

PREGÚNTATE
- ¿Soy capaz de crear ideas todo el tiempo o soy bueno para cambiar las reglas del juego?
- ¿Soy verdaderamente un innovador o un buen administrador del negocio?
- ¿Tengo ideas disruptivas para mi negocio o sólo mejoro todo el tiempo?
- ¿Mi modelo de reclutamiento contempla atraer un perfil de gente creativa arriesgada?
- ¿Sé cómo desarrollar gente creativa o sólo espero ideas creativas de mis ejecutivos hacia mí?
- ¿Espero que mis nuevos empleados sean innovadores y tengan la mente educada para pensar fuera de la caja?

¿Sé cómo innovar para crear una disrupción y tener éxito en los negocios?

¿Puedo destruir mis propias ideas y ver nuevos caminos rápidamente?

¿Soy un disruptor o un creativo que mejora la empresa?

¿Soy aventurero y arriesgado o prefiero eficiencia y orden en la organización?

¿La innovación está focalizada en un área de mi empresa o es una cultura que se respira?

¿Los beneficios de mis productos son evidentes?

¿Mis productos tienen un alto valor para el cliente?

¿Comprendo cómo separar la calidad que ofrezco del concepto de valor?

¿Comprendo qué le da valor a mi mercado?

¿Podré expandirme hacia consumidores que hoy no compran mi producto si agrego un nuevo valor?

¿Qué experiencia quiero que vivan mis consumidores?

CAPÍTULO XI

LA DISRUPCIÓN Y EL CONSUMIDOR

Las empresas deben plantearse una estrategia de adopción tecnológica para combatir el mercado.

▮ CAMBIO ESTRATÉGICO

Los disruptores, al visualizar un camino distinto de cómo atender el mercado, contradicen los principios tradicionales de planeación estratégica, que tantos años hemos realizado en las empresas. Las reuniones de planeación que realizamos en forma ortodoxa, analizando los resultados de años anteriores, ya no dan los mismos resultados. Es hoy un modelo que está llegando a su fin, pues nos hemos enfrentado con gran velocidad al cambio tecnológico y de mercado. Los cambios son tan rápidos que el referente histórico no es suficiente para definir una nueva estrategia.

Por otro lado, los disruptores son muy indisciplinados porque no hacen lo que aprendimos durante tantos años, influidos por los grandes gurús como Michael Porter, que diseñó un ordenado plan estratégico, lógico y secuencial. Por cierto, Michael Porter fue por años el estratega de cabecera de IBM, pero fue también alguien que nunca vio la tendencia hacia las computadoras portátiles y la transformación que eso implicó en ese mundo digital.

> Por el contrario, los disruptores hoy inician rompiendo las reglas del mercado, creando un nuevo producto, con precios bajos, costos menores y con una sorpresa atractiva para el cliente.

Es tan rápida la reacción del consumidor ante lo nuevo que no da tiempo para definir paso por paso un plan estratégico, ya que el cliente lo acepta sin hacer enormes inversiones en marketing o publicidad. El cliente observa que es mejor, distinto, más barato y más fácil de usar y lo compra. La telefonía celular es un reflejo de este concepto; las computadoras también; Uber es otro; Skype, igual. Hoy el internet te permite buscar proveedores más económicos en el mundo, con más calidad. Eso les da acceso a muchas empresas para entrar en otras disrupciones en productos. Como el GPS y la cámara fotográfica, integrados a los teléfonos celulares.

En Silicon Valley, los jóvenes innovadores especialistas en el «sector financiero», por ejemplo, reciben un promedio de 10 ideas al día. Tienen 3 mil 600 planes de empresas nuevas al año para hacer más rápidas la transacciones, o para llegar a un mercado que hoy la infraestructura financiera no les permite. Ideas hay por millones, lo que se necesitan son personas que tengan la determinación de implementarlas, arriesgando el uso de nuevas formas de tecnología aplicada. Esa forma de pensar no la veo en las empresas tradicionales. En Silicon Valley se tiene claro que todo se puede hacer distinto, que el ser humano puede vivir de otra forma. Las 10 marcas que han cambiado al mundo nacieron ahí. Es hoy, sin duda, la capital mundial de la innovación. Es el epicentro del cambio tecnológico mundial. Las empresas deberían estar conscientes de esta actitud revolucionaria de transformación de todo lo tradicional. El nuevo consumidor quiere otra forma de relacionarse con las empresas, otra forma de vivir.

Los empresarios deben cuestionarse lo siguiente:

- ¿Cuál es nuestro lugar y dónde queremos estar en el mundo de los negocios?
- ¿Cómo se debe ver nuestro negocio en el futuro?
- ¿En qué nos tenemos que transformar?
- ¿Qué es lo que no estamos dándoles a nuestros clientes y que debemos inventar?
- ¿Qué nos exigen los nuevos consumidores?

Salir de los límites para lograr lo que hoy es imposible

La nueva tecnología del café, por ejemplo, nació como extensión de la disrupción creada por Starbucks; así, están saliendo al mercado verdaderas obras de artes de café. Un nuevo mundo de café especializado ha crecido un 25% del total del mercado. Estos compiten en un mercado de nicho sofisticado no masivo opuesto a Starbucks. El café lo tuestan con gas, con leña, electricidad, buscando nuevos sabores, traídos de todas las partes del planeta. Gracias a estos profesionales especialistas están surgiendo negocios colaterales de importadores que seleccionan los granos de muy alta calidad que los tuestan con eficiencia de relojería suiza. Tienen expertos catadores de élite, muy sofisticados, que realizan mezclas perfectas y se transforman en proveedores de alto nivel de las nuevas cafeterías que abren diariamente. Estos tienen entonces la mejor calidad para tomadores de café con un paladar exigente: los hipsters. Ésta es una nueva generación de jóvenes de clase media alta que se alejan de las costumbres tradicionales. Consumen productos orgánicos, artesanales y naturales; no consumen productos masificados del supermercado.

> La velocidad de los cambios es tan rápida que nuevos negocios están invadiendo el nicho de las empresas consolidadas. Cualquier resistencia a la carrera por el cambio es una trampa que te hará fracasar.

El desarrollo de las nuevas tecnologías arrasó con negocios tradicionales. La quiebra de Blockbuster fue un ejemplo de cómo la tecnología barrió con los líderes del mercado. El lanzamiento de iTunes colapsó por completo el crecimiento de la música y videos en CD y DVD. Lo mismo sucedió en el negocio de los juegos tragamonedas, que por años fueron tan exitosos, reemplazados por consolas de videojuegos electrónicos, también integrados a los celulares entre los jóvenes. Si observamos, los lectores de libros electrónicos se beneficiaron cuando Amazon lanzó el Kindle en el 2007, congelando a Sony, que por muchos años tenía el control de los libros electrónicos. La venta de ebooks, que no era de un volumen significativo, es ahora el 20% de la venta global de libros gracias al acierto tecnológico de Amazon.

La tecnología está permitiendo fragmentar cada día más los mercados para satisfacer necesidades puntuales del consumidor.

Pregúntate cómo funciona tu mente en relación con los cambios tecnológicos para revolucionar tu negocio. ¿Eres un buen controlador de estrategias o eres un disruptor que creas algo nuevo todos los días y a toda hora? ¿Has creado una cultura de innovación en tu organización o tienes soldados disciplinados para cumplir institucionalmente?

EL DISRUPTOR USA INGENIERÍA EN REVERSA

Sé un fanático conocedor de tu consumidor

> La innovación siempre se ha concebido como el proceso para encontrar el producto que se ajuste perfectamente con la necesidad del cliente.

También se concibe como el acto de evolucionar progresivamente el producto que ya tenemos, diferenciándolo de los que existen ya en el mercado y reduciendo su costo poco a poco. Pero la realidad es que si quieres ser un disruptor necesitas ser un experto y fanático conocedor del consumidor y de las tendencias del mismo, así como de la tecnología que puede contribuir para resolver un problema que el producto tradicional no satisface.

Como mencioné en capítulos anteriores, un disruptor, cuando lanza un nuevo producto, siempre impacta, toma por sorpresa y mueve emocionalmente a un consumidor, y atrae a los que no lo eran. Porque éstos ven en el nuevo producto lo que nadie había logrado hasta ese momento.

Los disruptores se caracterizan por imaginar un nuevo producto o servicio que solucionará un problema que el consumidor tiene cuando lo consume o lo usa como tradicionalmente se lo habían presentado. Uber, Airbnb o Facebook resolvieron un problema al consumidor y éste reaccionó. Para lograrlo, los disruptores tienen la virtud de que construyen los negocios con la mentalidad de ingeniería en reversa. Su mente opera primero diseñando un producto para resolver un problema que descubrieron en el consumidor y a partir de ahí solucionan el problema diseñando algo mejor. Luego, se preocupan por definir la estructura de organización. O sea, primero se preocupan por lo que el consumidor no recibe con el producto actual, resuelven el problema con un nuevo producto y luego definen la infraestructura y tecnología con la que van a operar.

Google, por años, tuvo problemas para administrar su empresa hasta que se contrató a un socio administrador que ordenara el enorme éxito de su producto. Bill Gates nació siendo un extraordinario diseñador de producto. Años después renunció a la dirección de su empresa para regresar nuevamente a diseñar, ya que se considera un experto con gran sensibilidad del mercado y el consumidor; es un verdadero representante de una mentalidad de ingeniería en reversa. Steve Jobs nunca se dedicó a administrar su negocio; siempre estaba enfocado en el área de diseño. Mark Zuckerberg, Jeff Bezos, o Travis Kalanick no administran; se dedican a crear opciones para el mercado y así resolver un problema al cliente. Luego ellos se ocupan de quién podría estructurar el negocio y gestionar sus ideas. La razón de fondo es que la gestión de un negocio puede comprarse, puede ser realizada por alguien con esa habilidad, pero la sensibilidad que tienen estos disruptores no se consigue en ninguna parte. Algunos de ellos incursionaron en la administración o la dirección general, pero luego renunciaron a ese puesto porque su mente estaba en el consumidor y en la tecnología para resolverle los problemas y crear nuevas necesidades. Obsérvalo bien: los nuevos disruptores construyen su negocio a partir del consumidor, para luego concentrarse en la gestión; muchos de ellos prefieren contratar a un administrador que se encargue de ello.

APLICA LA REINGENIERÍA EN REVERSA

Integra valor y costos para el cliente

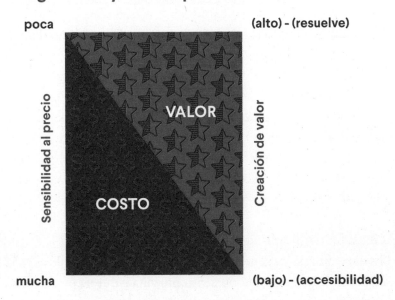

poca   (alto) - (resuelve)

Sensibilidad al precio

VALOR

COSTO

Creación de valor

mucha   (bajo) - (accesibilidad)

A continuación, te doy varios consejos en forma de preguntas para integrar *valor* (V) y *costos* (C) al producto. La eficiencia en el diseño de estos dos factores te puede dar una ventaja competitiva.

V 1. ¿Cómo aumento el valor del producto o servicio?

No se pretende cambiar el producto, pero sí lo que el cliente recibe con él. Las farmacias lograron construir algo mejor en el servicio, dando lo que nunca se había ofrecido al consumidor: servicio las 24 horas, los 365 días al año; una idea genial. Esa solución provocó que muchas farmacias tradicionales de muchos años fracasaran y surgieran otras nuevas con tecnología que les proporcionaban la solución al consumidor. Los bancos van por ese camino.

V 2. ¿Qué es lo que no quiere hacer mi cliente?

Estamos ante un consumidor que desea comodidad y sentirse atendido. Existen muchas cosas que los clientes no quisieran hacer. Como empresarios, nosotros no les damos importancia, pues el consumidor ya se ha acostumbrado a vivir de esa manera.

Domino's Pizza resolvió lo que ningún cliente quiere hacer: esperar una hora a que te despachen una pizza, para que luego llegue fría a tu casa. Domino's lo comprendió y se quedó con el mercado del mundo. Un cliente tampoco quiere hacer cita con un médico para un padecimiento sencillo. Así nacieron los médicos en las farmacias, para tratar problemas simples. A un paciente tampoco le interesa ingresar a un enorme hospital por una lesión en un brazo, así nacieron los hospitales 24 horas, que te atienden de inmediato.

V 3. ¿Cómo emociono a mi consumidor?

Los disruptores, en general, son expertos en tocar las fibras más sensibles de los consumidores. Se enfocan en que su producto se vea distinto, único y con gran valor.

Steve Jobs era un genio en ello. Sus productos eran de enorme atracción, como el iPad. Genoma Lab ha sido un líder en productos OTC, también llamados de venta libre, que son productos de cuidado personal y medicamentos genéricos, vendidos en farmacias. La lectura del cuidado personal fue el detonante de un negocio que creció vertiginosamente, a través de estrategias de publicidad. Ni hablar del diseñador de zapatos francés Christian Louboutin, creador de las suelas rojas para zapatos de mujer; no hay mujer en esta tierra que no sepa de su existencia.

V 4. ¿Qué nueva experiencia deben tener los clientes?

Los clientes tienen la particularidad de que no te pueden decir qué producto quieren de ti, pero sí te pueden decir de qué adolecen, qué no reciben o qué les gustaría tener. Cuando integras esta información de miles de clientes puedes construir un mapa o algoritmo de tu nuevo producto o servicio. De lo contrario pondrás atención a quejas y reclamaciones que tienen que ver sólo con una pequeña parte de tu búsqueda de la disrupción. Ningún cliente le dijo a Bill Gates, Mark Zuckerberg o a Elon Musk, por mencionar a algunos de los grandes disruptores, que eso era lo que querían.

V 5. ¿Qué es lo exclusivo?

Los productos premium, también llamados de alta gama o de lujo, están dirigidos a un mercado que busca calidad, estilo, lo único, lo distinto y sin que importe el precio. Es un mercado de nicho de alto precio, muy exigente, que busca exclusividad.

Existen muchos productos como Dolce & Gabbana, Ermenegildo Zegna, Hugo Boss, Louis Vuitton, Prada o Victoria's Secret, que pretenden dar algo que los distinga de los demás. Los productos exclusivos de alto valor deben ser caros y verse aún más caros. Debe distinguirse su calidad. Cuanto más caro, mejor, pues te separa del resto de los consumidores. Estos productos apelan más a las emociones que a la razón.

V 6. ¿Qué es lo que nadie resuelve y los consumidores necesitan?

Si tuviera que iniciar mi negocio nuevamente, ¿qué le daría a mis clientes que hoy no obtienen ni de mí ni de mis competidores?

C 7. ¿Qué problemas cotidianos tienen los clientes?

¿Qué problemas tienen los clientes en su vida diaria que puedo resolver con nueva tecnología y diseñando un producto distinto? El beneficio que recibe el cliente por esos productos de uso cotidiano le permite ver de inmediato que el gran valor de lo que recibe justifica el precio. El precio pasa a un segundo plano porque el valor que reciben es extremadamente alto.

Así lo intentó resolver Sony, con su mítico Walkman, un reproductor portátil de audio, un producto diario, cotidiano, y de bajo costo, que permitía llevar la música a donde quisieras. El siguiente salto cuántico lo dio Steve Jobs con el iPod. Así lo logró Netflix, con otro producto de uso cotidiano como las películas.

C 8. ¿Dónde no tendré competidores directos?

Hay que hacerse preguntas constantemente para descubrir qué producto no existe o para resolver un problema que tienen los consumidores con los productos o servicios ya existentes. Esto fue lo que hizo FedEx, que salió al mercado para resolver un problema que tenía el consumidor con el servicio de correo existente.

C 9. ¿Cómo elimino el costo a cero?

Muchos disruptores han logrado reducir sus costos y otros los han eliminado. El iPhone eliminó de raíz el costo de una fotografía, cosa que nunca pudo lograr Kodak. Hoy una foto vale cero. Las películas de Netflix no tienen costo para ellos; las conexiones eliminan la burocracia y los costos directos. Otro ejemplo es Wikipedia, que eliminó de raíz el alto costo de una enciclopedia.

C 10. ¿Cómo creo nuevos usos o aplicaciones para el cliente?

Los disruptores siempre buscan utilizar un producto en áreas que antes no se tenían en cuenta. Nike, que inició con tenis para correr, extendió su línea a la ropa deportiva, a los tenis para caminar, y al calzado para deportistas de alto rendimiento. A este modelo de pensamiento se le denomina «estrategia de extensión de línea».

¿Cómo aumento las aplicaciones de mi producto? El bicarbonato ahora se usa no sólo para la acidez estomacal, sino también como blanqueador de dientes, por lo que Arm & Hammer ahora vende muy bien sus pastas dentales, y no sólo las cajas con bicarbonato para la cocina, que quita los olores.

C 11. ¿Qué nuevo producto o servicio crearé para que el cliente abandone o deje de usar lo que usaba?

Los clientes desconocen que pueden tener nuevos productos que resuelvan en forma distinta, cómoda, fácil y económica sus problemas. Para diseñar un producto es importante preguntarte lo siguiente: ¿qué quiero que deje de usar mi consumidor? Lo nuevo que le ofreceré resuelve un problema que no sabe que tiene con lo que hoy usa. ¿Cómo cambiaré sus hábitos? Ejemplos hay muchos: ya nadie usa una cámara; nadie revela una película; ya nadie renta una película, entre muchos otros.

Para identificar la reducción de costo e incremento de valor deberás estudiar tres niveles que inciden en la estrategia:

1. **Nivel interno de la empresa.** Tus procesos, estructura, políticas, tecnología y automatización.
2. **Nivel del mercado.** Tus clientes, competidores, hábitos de compra, nuevos jugadores en el mercado, nuevos productos.
3. **Nivel del entorno tecnológico y global.** Analizar tendencia, economías en crecimiento, nuevos hábitos de consumo y de la nueva generación, nuevas tecnologías en desarrollo.

Si estás comprometido a construir tus habilidades como disruptor, éstos son algunos consejos que debes tener en mente todo el tiempo, hasta que los desarrolles tú o tu equipo de innovación. Más adelante, en el Capítulo XVII. «Simplicidad», te daré otros pasos específicos que debes dar para que esto suceda.

PREGÚNTATE

Hazte las preguntas correctas.

La ingeniería en reversa exige tener cierta forma de pensar. Esta forma distinta de pensar es la capacidad para realizar las preguntas correctas y luego transformarlas en un modelo de solución. El doctor Edwards Deming, el padre de la Calidad Total, solía decir: «Si no sabes hacerte la pregunta correcta, no podrás hacer ningún descubrimiento».

- ¿Cuáles son las nuevas experiencias que el consumidor está buscando?
- ¿Qué debemos eliminar de lo que hoy existe para resolverlo?
- ¿Qué es lo que más valoraría el cliente y que le atraiga?
- ¿Qué nuevos consumidores podríamos atraer que hoy no tenemos?
- ¿Cómo podríamos reducir costos y, además, aumentar valor?
- ¿Qué tecnología podría incorporar para producir dicho producto o servicio?

En suma, hay que hacerse todas las preguntas que encuadren el problema o los problemas que los productos tradicionales crean o no resuelven en el consumidor, así como también la reducción o eliminación de costos. El incremento de valor para impactar es en sí mismo un buen inicio, si quieres integrarte al mundo de la disrupción.

Reflexiona sobre tu relación actual con los clientes

- ¿Cuáles son las dificultades a las que se enfrenta el consumidor al adquirir, aplicar o usar nuestro producto?
- ¿Qué comodidad busca un cliente para que pueda sentir que es fácil hacer negocio con nosotros?
- ¿Qué debemos descubrir de nuestra relación con el cliente que no percibe y podemos cambiar?
- ¿Encontraré algo nuevo si estudio de cerca a mis consumidores por un tiempo?
- ¿Por qué me compran y cómo usan mi producto?
- ¿Qué más necesito descubrir?
- ¿Cómo son mis productos?
- ¿Qué no sé de ellos en relación con mis productos que debería de saber?
- ¿Qué impide que un segmento sea mi cliente?
- Según mis clientes, ¿qué valor no reciben y deberían recibir?
- ¿Qué problema postventa podemos resolver que el cliente no percibe?
- ¿Qué nuevos hábitos tiene el consumidor que estén generando una tendencia?
- ¿Qué tendencia del mercado no logro comprender?
- ¿Qué limitación o complejidad tienen mis productos?

Los disruptores tienen ciertas habilidades que les permiten tener la enorme sensibilidad de enfocarse en el consumidor, descubrir nuevas y revolucionarias ideas, con productos o servicios que nadie había pensado. Para ello ven el producto de distintas formas, todas ellas para encuadrar soluciones que los lleven a tener más valor al menor costo posible.

EJERCICIO 3
ALGORITMO EN LA ESTRATEGIA

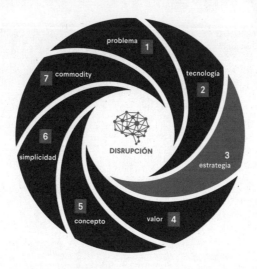

Reúne a tu equipo de trabajo y pregúntale:

- ¿Cómo podemos crear una disrupción alterando la norma tradicional de atención del mercado y de la estructura de nuestro negocio?

- ¿Qué disrupción tendremos que crear en nuestras líneas de productos? ¿Qué disrupción tenemos que crear en nuestro diseño de negocio, procesos y sistemas de trabajo para reinventar la forma en que atendemos el mercado tradicional que tenemos?

- ¿Qué debemos resolver en el mercado que nadie ha hecho hasta hoy y que nos permita tomar por sorpresa al consumidor o a nuestra red de distribución?

- ¿Qué necesitamos cambiar, qué necesitamos eliminar, qué necesitamos evitar, qué necesitamos incorporar y qué necesitamos mejorar para crear más valor en el mercado y transitar por otro camino menos competido?

- ¿Nuestros clientes admiran nuestro sistema comercial? ¿Son atraídos por nuestros productos como nadie? ¿Hacemos lo que nadie hace para que nuestros clientes se sientan atraídos por encima del precio?

- ¿Hemos hecho cambios e innovaciones, pero no hemos conquistado nuevos clientes y aumentado nuestras ventas?
- ¿Cómo integraremos en nuestra empresa la ingeniería en reversa para construir una disrupción y no sólo mejoras y pequeños cambios?
- ¿Qué tecnología debemos integrar que nos permita reducir costos a cero?

▌ ALGORITMO VALOR

Lee los capítulos XII, XIII, XIV, XV

Aprenderás que el diseño se ha transformado en la estrategia clave para hacer que tu producto sea aceptado, se vea distinto, único y agregue un enorme valor. Los disruptores se concentran en los detalles para construir una disrupción. Identificarás por qué el consumidor compra valor y ya no compra productos. Sabrás cómo construir emociones con tus productos y en el diseño de tu negocio.

Sabrás por qué tomar por sorpresa al mercado es la clave en tu modelo estratégico de negocio. Te hará tomar consciencia de que tu mente estratega deberá cambiar o terminarás compitiendo con el precio como siempre. Diferenciarás la construcción de valor a través de la detonación de emociones del consumidor.

Descubrirás que hay dos grandes vertientes para hacer dinero con tu negocio: dividir tu estrategia en mercado de nichos o mercados de consumo masivo. Entenderás cómo se produce dinero en cada una.

CAPÍTULO XII
EL DISEÑO
Y LA DISRUPCIÓN

Disrupción es salir de lo obvio,
para construir lo novedoso.

Somos una raza que tenemos
una creatividad muy potente.
La creatividad es
la imaginación aplicada.
Ken Robinson

DEBES VERTE DIFERENTE AL RESTO DEL MERCADO

Hoy los consumidores esperan que todo producto innovador les proponga una novedad de alto valor; de lo contrario, no lo comprarán. Por ello las empresas que han revolucionado el mundo han centrado su desarrollo alrededor de sus equipos de diseño. Los diseñadores han conquistado un terreno antes desconocido para la profesión.

Los grandes empresarios innovadores han comprendido que deben incluir a gente experta en el tema para conquistar las fibras de un consumidor sobresaturado de productos y servicios. En la realidad que vivimos, necesitamos un experto focalizado en ello; la mente del ejecutivo estratega no es suficiente para lograr tal nivel de cambio.

> La profesión del diseñador ha sobrepasado el viejo modelo de marketing y publicidad, o el ingeniero en nuevos productos como los responsables para posicionar un producto.

Las empresas que comprendan esta tendencia se rodearán de genios diseñadores para hacer crecer su negocio. Serán una pieza clave para el éxito de la empresa como lo han sido las innovaciones que hoy disfrutamos. Hoy, los buenos diseñadores ganan millones y son muy buscados por las empresas innovadoras para que ayuden en su creación.

Vivimos en un mundo revolucionario, que necesita sorpresas, impactos, emociones. Si tú no aceptas esto, quedarás detrás de cualquier cambio, sin que importe lo millonario que seas, el tamaño de tu empresa y la posición que tengan tus productos en el mercado. Las empresas que tienen buenos equipos de diseño estudian detalladamente a sus consumidores, así como a los nuevos clientes que quieren conquistar.

El nuevo Volvo V40, por ejemplo, fue diseñado alrededor del cliente, pensando en hacerle la vida más cómoda. El tablero es un verdadero centro de información, como un avión con sensores, sin botones, para que sea simple de utilizar y contenga la mayor información posible. También el Ford, al integrar las plataformas Echo y Alexa, para conectar el automóvil con el hogar y con los nuevos dispositivos Android. Te permite darle instrucciones a tu hogar para que cuando llegues tu cena esté caliente, tu café listo, tu garaje abierto y las luces encendidas.

En los últimos 30 años los diseñadores han cambiado completamente nuestra vida y han hecho triunfar negocios que no existían. Los diseñadores desarrollan cosas más elegantes y más cercanas a las personas. Vivimos en la mejor etapa de la era del diseño. Venimos del desarrollo industrial para posicionarnos de lleno en el mundo digital. Los diseñadores se preocupan por hacer objetos del deseo, uniendo tecnología con arte. Observo con gran sorpresa muchas empresas estancadas, que ni siquiera han pasado hoy por la tendencia del marketing; ya estamos cruzando la barrera del diseño para crear disrupciones y ahí siguen muchos empresarios dormidos, quejándose de la economía y de los competidores que bajan precios.

Un diseñador tiene que lidiar entre la tecnología y la aceptación del usuario. Debemos comprender la psique del consumidor para no salir con algo para lo que él no esté listo o que no le resuelva ninguno de sus problemas. Si lo piensas bien, tú no amas a tu perro por lo que es, sino por el amor y la ternura que te da. Lo mismo sucede con el consumidor: debe desear lo que ve. Debemos ser conscientes de que no porque un producto sea nuevo será aceptado, sino que las disrupciones tienen éxito cuando conectan con el consumidor. Toda idea debe ser cuestionada hasta lograr que el comprador, cuando vea el producto, sienta el valor de inmediato; de lo contrario, no lo querrá. Los diseñadores están transformando la vida de las personas al diseñar un producto capaz de resolver sus problemas. Sobre este tema, te invito a que veas el tráiler *Design disruptors. A documentary from InVision* en YouTube: https://youtu.be/W4AViRgrgkU.

Para mercados masificados como el que vivimos necesitas algo que te llame la atención. Ése es el reto: que tu diseño conecte al consumidor con el producto. Por cientos de años la mayoría de las personas no tenían acceso a las cosas. Hoy los productos se han masificado, resolviendo expectativas puntuales del consumidor. Debemos recordar que, por años, el único país de grandes diseñadores era Italia. Eran los maestros del diseño en todo tipo de productos. El famoso televisor Sony Trinitron estuvo en el mercado de 1968 a 2004; fue diseñado por italianos y vendieron unos 280 millones de equipos gracias al diseño y a la tecnología. Hoy las empresas deben adoptar esa habilidad de destruir lo que hacen para hacerlo mejor y más atractivo. El diseño es lo que capta los ojos y el corazón: «ojos que lo ven, corazón que lo compra». Por ello, cuando hayas terminado de leer este libro debes considerar como una prioridad crear equipos de diseño o contratar diseñadores que te apoyen en tus proyectos de innovación.

■ DESCUBRE LO IMPERCEPTIBLE

Tu objetivo es resolver problemas que las personas no ven.

Costumbrismo

Una innovación que transforme el diseño tradicional hace que tengas mayor probabilidad de éxito. Los seres humanos nos acostumbramos a las cosas, las vemos con tanta frecuencia que ya forman parte de nuestra forma de vivir. ¿Por qué nos acostumbramos a la cotidianidad?

> El cerebro humano tiene la cualidad de transformar en hábitos lo que vemos y hacemos diario. Eso significa que tiene mucho espacio libre para aprender nuevas cosas, pero no lo sabe.

Según los neurólogos usamos sólo 5% con nuestros hábitos y el resto queda en el inconsciente. Pero nos habituamos y repetimos automáticamente todo lo que hacemos. De tal forma que todas las mañanas nos lavamos los dientes de la misma manera; tomamos café en los mismos lugares; los domingos comemos en los restaurantes de siempre, y usamos ropa similar, de colores parecidos. Y en nuestra empresa es igual: atendemos de la misma forma a los clientes; desarrollamos productos mejorados que son extensión de los anteriores, y el consumidor compra lo mismo todos los días.

El cerebro opera por el camino más fácil que ha aprendido con el tiempo; de lo contrario, sería muy agotador que diario tuviéramos que acordarnos de qué nos gusta comer. Cuando vemos un vaso no decimos «esto es un vaso»; la mente lo sabe: piensa y lo usa; así operamos, con piloto automático. Lo mismo hacemos con el consumo de los productos, con el método comercial que usamos en la empresa y con el sistema de atención y distribución de productos. Por ello nos hemos concentrado más en la eficiencia y no en la innovación. No queremos desordenar lo que tanto nos costó ordenar. Tenemos más habilidad para vigilar las finanzas, los inventarios, los costos de operación, el marketing y las promociones más que la innovación disruptiva.

Sin embargo, la costumbre tiene también su cara negativa. Es decir, nuestro mundo es lo que ya probamos desde niños. Los hábitos son como nuestra segunda naturaleza y los empresarios tienen que comprender este comportamiento del usuario y deben ir un paso más adelante; si no, no podrán resolver un problema del cual el consumidor ni siquiera es consciente. Para ello debemos ver el mundo tal cual es y no como estamos habituados. Es muy fácil que un empresario resuelva un problema que todos ven, como dar mejor servicio, abrir hasta las 10 de la noche, hacer pedidos en línea, entregar fines de semana, empacar bien un envío, mejorar el nivel de entregas, poner un *call center* con más gente, lanzar nuevos productos para otros segmentos en los que no estamos, contratar equipos *handheld* para los vendedores o tecnificar inventarios. Ya hemos dicho que éstas son innovaciones de mejoras y de eficiencia operativa. Pero el secreto del diseño es descubrir lo que nadie ve, para entrar en el mágico mundo del disruptor.

Ve el diseño a través de los ojos del consumidor

Se dice que Steve Jobs impulsaba a sus diseñadores a que vieran el producto a través de los ojos de los clientes, y «más aún, de nuevos clientes que hoy no son usuarios nuestros». Comentaba: «Debemos pensar en sus miedos, en sus dificultades, en sus problemas, en las limitaciones que tienen y comenzar a trabajar en ello». Decía: «¿Qué les vamos a resolver que ellos no saben, pero que si lo resolviéramos les sería de gran utilidad?». Exclamaba: «tenemos que seguir siendo los primeros en llegar». Para ello, estimulaba a su gente a que vieran los «pequeños detalles» de los problemas cotidianos, y que diseñaran un producto más rápido, más fácil de usar, y sin problemas de manipulación, no sólo para atraer a los clientes habituales, sino principalmente para atraer nuevos usuarios.

Cuando diseñaron el iPod, en 2001, el equipo visitaba las tiendas para evaluar cómo eran los dispositivos de aquel tiempo, qué veían mal, qué le era difícil al usuario. Lo primero que descubrieron al abrir las cajas de productos, era que el equipo que se vendía no venía precargado ni con baterías. La gente no podía usar el producto de inmediato; eso era una locura contra la motivación del cliente. ¿Tener que cargar toda la noche el producto que con tanta ilusión compras? Pero en aquella época la mayoría de los productos así eran. Steve Jobs se dio cuenta de ello y dijo: «¡no quiero que mi producto tenga esa limitación!». Diseñó su producto con una batería cargada incluida, lista para ser usada al momento de la compra. A los clientes —entusiasmados por haber comprado su nuevo producto— les gusta que se pueda usar en cuanto lo compran, sin tener que esperar 24 horas. Esa decisión fue un éxito, funcionó y a la gente le encantó. Hoy cualquier producto tiene su batería incluida y viene precargado. Esto es de lo que hablamos sobre resolver un problema que los clientes no ven como una necesidad, sino como algo cotidiano, normal, pero cuando se soluciona, los motiva a la compra.

Cuando un disruptor hace algo nuevo, todos lo siguen.

> El secreto de una disrupción es que veas los pequeños problemas invisibles que hay que resolver al consumidor, no sólo los problemas obvios y evidentes que todos identifican fácilmente.

Problemas invisibles

Hay productos y servicios potenciales invisibles alrededor de la cotidianidad donde nos movemos o de lo que usamos que tú debes descubrir y resolver para salir de la guerra frontal de los descuentos. Y eso ha sido tarea de los diseñadores.

Hay una historia que evidencia la existencia de los problemas invisibles y lo trascendente que puede ser descubrirlos. En 1902, la señora Mary Anderson visitaba Nueva York, tomó un tranvía de aquellos días, transitando con clima invernal, nevado y húmedo. Ella observó que el chofer del tranvía abría ocasionalmente la ventana para limpiar la nieve que se acumulaba en el vidrio y así poder ver con más claridad y conducir con seguridad. Para la mayoría de los que iban en el tren era algo natural y cotidiano. Todos los choferes de tranvía lo hacían; tenían que abrir la ventana y limpiarla. Pero ella se preguntó: ¿qué tal si el chofer pudiera limpiar el vidrio desde dentro sin tener que abrir la ventana con este invierno y lluvias que tenemos? Con esta pregunta resolvió un problema invisible para los ojos de todos y logró diseñar lo que fue el primer limpiaparabrisas del mundo en 1920. Ella resolvió un problema que todas las personas veían como lo más natural.

Pregúntate: ¿qué es una costumbre en tus productos, en tu distribución, en tu estructura como organización que nadie cuestiona, pero que puede ser revolucionado en tu negocio? De lo contrario, continuarás creciendo en forma orgánica, poco a poco, cada año con un enorme desgaste operativo.

Small Data

Martin Lindstrom, experto en el estudio del comportamiento del consumidor y autor de varios libros sobre la motivación el consumo de las personas, escribió el libro *Small Data*, donde sostiene que las pequeñas pistas revelan las grandes tendencias de los consumidores. Si las compañías quieren entender al nuevo consumidor del mundo digital, el *big data*, o sea la gran información global, te ofrece una valiosa información, pero no suficiente.

Lindstrom sugiere que se combinen los datos pequeños (*small data*) con la información *big data*. Los datos pequeños son imperceptibles y para ello el autor enfatiza que debemos pasar más tiempo visitando hogares, mirando, escuchando en su propio ambiente personal sus motivaciones ocultas con el fin de encontrar la tendencia que tendrá tu producto en el mercado. Para ello, él suele visitar personalmente hogares donde usan los productos para ver su comportamiento con él. Las encuestas masivas cuantitativas jamás encontrarán la información que tú personalmente puedes recoger visitando a los consumidores potenciales de tus productos, para descubrir las nuevas tendencias y anticiparte a tus competidores: para construir tu disrupción.

Este mensaje de Lindstrom recupera el principio de que lo esencial es imperceptible a los ojos, y para descubrirlo hay que ir tras los rastros que nos dan los detalles. Es como ir rastreando poco a poco las migas que te lleven a descubrir dónde se encuentra el cesto de pan.

> Si deseas descubrir una gran idea disruptora es necesario leer lo que nadie ve, lo que es imperceptible y requiere ser investigado a través de los detalles del comportamiento de los consumidores, para anticiparte y descubrir una disrupción que tomará por sorpresa al mercado.

Entonces, como ya mencioné, para encontrar una disrupción es necesario cambiar lo habitual, lo rutinario, lo que es aceptado porque así ha sido siempre; para ello debes ver la realidad como si fuera el lente de una cámara fotográfica:

- **Zoom out** *(Primero: ver globalmente).* Cuando uno ve el problema hay muchos pasos que te llevan a ver el problema mayor o la causa que te conduce a él. Al ver en forma global descubres la secuencia del problema y puedes pensar en cambiarlos, en combinarlos, en eliminar algunos de esos pequeños problemas invisibles que la gente percibe naturales.

   Por ejemplo: los diseñadores de la empresa Nest solucionaron un problema del ahorro de energía de la mayoría de los termostatos; pusieron un algoritmo de aprendizaje en lugar de una programación. El sistema registra cómo al usuario le gusta la temperatura, almacena la información y luego baja y sube la temperatura por ti, y ahorra mucha energía gracias a este nuevo diseño. Eso se logra viendo la fotografía total del problema y relacionando las posibles soluciones.

- **Zoom in** *(Segundo: concéntrate en los detalles).* Tu trabajo como emprendedor o empresario es conocer todos los detalles de los problemas de tu mercado. Para innovar debemos preguntarnos lo siguiente: ¿eso es importante o es lo que siempre hemos hecho y estamos acostumbrados? Quizás haya alguna forma de deshacernos de los problemas y que les haga la vida más fácil a los clientes. Para ello debes conocer a detalle a tus consumidores y sus carencias.

Como dice Martin Linsdtrom, debes visitar los hogares directamente, hablar con las amas de casa, con los niños, los usuarios de tu producto, y detectar lo imperceptible de sus motivaciones de compra y sus hábitos y costumbres. Ello te dará pistas de cómo descubrir el próximo paso de tus productos en el mercado.

- **Resiliencia** *(Tercero: ser flexible)*. Los jóvenes tienen la actitud de que cuando encuentran un problema, se alejan o lo resuelven rápidamente para salir de ello. Generalmente esa nueva manera es mejor que la que teníamos. Por eso, te consejo que integres jóvenes innovadores en tu equipo o contrates personas con una mente fresca joven que no tengan ideas fijas. Picasso dijo una vez: «Todos los niños son, en su interior, artistas».

Debes ver el mundo tal cual es, antes de que la costumbre comience a limitar tu criterio; tu perspectiva debe permitirte ver las frustraciones, limitaciones o problemas a los que está sometido el consumidor, y encontrar una forma de resolverlos.

Pregúntate: ¿qué cosas ya son un hábito en nuestra empresa, qué hacemos sin darnos cuenta y que afecta la calidad de nuestros productos, el servicio, los costos, la demanda o la productividad? La respuesta no es fácil porque debes cambiar la forma de ver tu negocio y darle otro sentido a tus actividades rutinarias.

Crea un equipo de diseño

Es imperativo que tengas un equipo de diseñadores o contrates diseñadores externos que te apoyen siempre. De esta forma, puedes hacer cosas innovadoras e increíbles y productos más poderosos. Como empresario innovador debes pensar: «¿cómo puedo hacerles la vida mejor a mis clientes?» No esperes a que tus ejecutivos lo hagan. La innovación no se invita; se define y se controla exhaustivamente el proceso de su desarrollo hasta llegar a la solución de los problemas.

¿Cómo conquistar a los que no son clientes aún? ¿Cómo los atraigo? Así, quizás algún día, les quites a tus clientes los problemas que les causas de manera inconsciente. Aunque he visto también innovaciones que tienen un efecto negativo en la mente del usuario. Como los hoteles que usan percheros que, cuando los quitas, el gancho permanece fijo en la barra y te quedas con la percha sin el gancho. La idea es muy buena para que no se los roben, pero el usuario interpreta: «éstos me tratan como si fuera yo un ladrón. ¿Éstos creen que me voy a llevar una simple percha?».

Trayectoria y comentarios de algunos de los más grandes diseñadores del mundo

- **Jonathan Ive.** Talentoso diseñador de origen inglés. 47 años. Ha sido vicepresidente de diseño de Apple, compañía a la que ingresó desde hace 20 años. Lo consideran el heredero natural de Jobs. Su área de diseño en Apple es un verdadero búnker; nadie que no pertenezca a su equipo puede entrar. Antes de Jonathan Ive, una computadora no era objeto de deseo. Logró sintetizar las computadoras; las diseñó más simples y atractivas. Fue él quien creó la iMac. Se comenta que los nombres de los productos de Apple tienen una «i» al principio por su apellido Ive, pues fue él quien los creó. Fue nombrado caballero en 2014 por la reina de Inglaterra.

    Él dice: «El diseño es la forma de facilitar el uso de un producto». También decía: «yo reúno ingenieros y diseñadores para sacar algo único. El objetivo no es sólo crear un producto diferente, sino un producto con el cual la gente quede encantada». Del iPad decía que «era como sujetar el internet con las manos».

- **Tony Fadell.** Un gran innovador que trabajó en Apple con Steve Jobs a partir del 2001. Cuando salió de Apple fundó la empresa de diseño Nest que fue comprada por Google en 3 mil 200 millones de dólares.

  Como jefe de diseño de Apple, su equipo diseñó el iPod, y con este invento cambió la música para siempre. Cuando lanzaron al mercado el iPod, de inmediato pusieron un grupo para pensar qué habían hecho mal, para poder mejorarlo.

  A partir de ahí tomaron el mercado del que Sony era dueño con 60%. Mudaron el sistema análogo por el digital y pudieron almacenar una enorme cantidad de información. Sony perdió el paso; no cambió de tecnología y el iPod se quedó con el segmento de la música, con 150 millones de equipos vendidos.

  Fadell dice: «La humanidad ha hecho muchas cosas, eso significa que las puedes mejorar».

- **Stuart Weitzman.** El zapatero de América. Es uno de los diseñadores más importantes de calzado en el mundo. Tiene 57 tiendas propias en todo el mundo y puntos de venta en 70 países.

  Este gran diseñador ha dicho: «Cuando las mujeres ven un zapato que aman se olvidan del precio, éste ya no cuenta». También: «Si creas algo que es mejor que otro y les gusta, se vende». «Yo voy por un mercado donde la gente tenga un gran gusto.» «En toda creación tienes dos partes, una, la parte creativa y la otra, la empresarial.» «Necesitas ser empresario y no sólo un creador.» También ha dicho: «Los empresarios deben ser estudiantes del consumidor. La inspiración debe venir de ellos». «Un diseñador no puede imponer, debe sentir como el consumidor, para darle opciones.» «[Hay que] hacer cosas que no se veían en el mundo y que lo halaguen.» «Para tener éxito en los mercados de hoy debes ser un fanático apasionado por el consumidor de tu producto o servicio.» «Las disrupciones crean una revolución y atraen la atención de quien los usa.» Stuart Weitzman no está tan lejos del ejemplo que te comenté con el libro *Small Data* de Lindstrom.

- **Steve Jobs** siempre quiso cambiar el mundo, no sólo competir, porque ése era un nivel inferior para su forma de pensar. «Cuando sacas un nuevo producto o servicio debes conocer lo que el mercado piensa y siente, lo antes posible, de lo contrario le dejas un espacio a la competencia para hacer lo que no has hecho.»

Con este tema he querido demostrarte que tu negocio —como todos los que compiten en este enorme mercado inundado de productos— necesita una disrupción para tener una ventaja competitiva.

> Si tú no eres el disruptor, entonces tienes que crear un equipo de trabajo que descubra los pequeños problemas cotidianos para darle forma al problema central y resolverlo.

Ese equipo puedes tenerlo en tu empresa. Puedes contratar un equipo externo de cabecera. Puedes buscar creativos en las universidades. Rodearte de gente que tenga mente revolucionaria y no de empleados soldados que siguen órdenes. Deben ser personas que descubran e innoven tu producto o servicio, de tal forma que encanten a los clientes por sus revolucionarias ideas. Pero no puedes quedarte en el modelo de eficiencia sólo para bajar costos y competir por precio con productos *commodity* (el término *commodity* se aplica para describir la clase de productos de los que existe una demanda natural, que se surten sin una distinción cualitativa o diferenciada en el mercado. Son productos funcionales, similares a muchos otros, que se encuentran en cualquier lugar del mundo).

PREGÚNTATE
- ¿Qué potencial invisible tienen mis productos y servicios?
- ¿Qué hábitos existen que puedo revolucionar, que si los identificara motivaría sustancialmente a los consumidores y podría conquistar muchos clientes que hoy no me compran?

CAPÍTULO XIII
CONSTRUYENDO VALOR

Todos los niños en
su interior son artistas.
Pablo Picasso

■ CÓMO CONSTRUIR VALOR

El relojero Aaron Lufkin Dennison, de Massachusetts, fue un gran disruptor en el mundo de la relojería del siglo xix, quien en 1849 formó una compañía inspirado en las técnicas de la producción en masa con la que comenzó a comercializar los primeros relojes de fábrica baratos. Sin duda, fue el Steve Jobs de su época en ese segmento, ya que popularizó y masificó el uso de relojes a precios accesibles, pues hasta ese momento habían sido un artículo de lujo.

Dennison fue a la relojería lo que Henry Ford a la industria automotriz. Quería que cada persona tuviera un reloj en su bolsillo. Antes de él se manufacturaban los relojes a mano, uno a uno, y cada pieza era ensamblada por expertos relojeros. Fue el primero en diseñar y fabricar maquinaria para relojes que en aquellos días no existía. Realmente era la mente revolucionaria de un disruptor la que transformó la vida del ciudadano común. Es reconocido como el padre de la producción masiva de relojes, y pudo llegar a producir 50 mil relojes al año, algo nunca visto en aquellos días.

Sin duda, si quieres transformarte en un disruptor y dirigir tu empresa hacia el cambio, debes pensar como Dennison.

> La tecnología será tu recurso para reducir tus costos, producir un producto masivo distinto que impacte en tu mercado y construir un concepto de negocio revolucionario.

Esto te permitirá tener costos bajos, precios bajos y penetrar en mercados masivos para crear economías de escala. Sólo la disrupción podrá transformarte en el líder del mercado donde te encuentres, pero —como ya te has dado cuenta con la lectura de este libro— nunca llegarás ahí mejorando lo que hoy haces, sino *revolucionando* lo que has hecho hasta hoy, centrado en descubrir la solución de los problemas de tus clientes.

Para ser un disruptor debes preguntarte:

1) ¿Pienso diferente?
2) ¿En qué soy único?
3) ¿Tomo por sorpresa al mercado?
4) ¿Resuelvo un problema imperceptible?

1) ¿Pienso diferente?

Si no piensas diferente, repetirás tu pasado
y nunca crearás una disrupción.

Compite contigo mismo

Innovar significa, en su esencia, competir contra ti mismo, contra
tus propias ideas, contra tus modelos tradicionales de pensamiento.

Lo que sabes es lo que te mantiene en las condiciones de hoy. Si
deseas transformar tus ingresos tendrás que hacer lo que jamás
has hecho.

Es decir, lo que no sabes será la solución para construir tu riqueza y el liderazgo en el mercado. Lo desconocido es tu oportunidad. Porque lo que sabes te tiene ganando lo que ganas y no puedes hacer más hasta que revoluciones tu forma de atender el mercado. Por eso, es necesario forzar tu mente para que vea nuevas oportunidades en problemas comunes invisibles de tu mercado. Será necesario que salgas de tu zona de confort; tú y tus ejecutivos de tu empresa.

Necesitas reinventar la cultura de tu empresa. Necesitas aumentar las ventajas competitivas con las que atiendes el mercado, que te lleven a encontrar ideas sustancialmente diferentes para cambiar tu negocio y la relación con tu mercado. No te sorprendas si, forzando tu mente, un día encuentras ideas superiores a problemas cotidianos y aumentas tu comprensión de las necesidades ocultas de tus clientes. Cuando las encuentres será porque te estarás anticipando a las necesidades del mercado.

Para innovar, se necesita repensar lo pensado y pensar en lo que nunca habías pensado. Pensar diferente es cambiar las reglas del juego. Como lo está haciendo la NASA con el diseño de su nuevo prototipo de avión Boeing 797, de dos turbinas de alto rendimiento, que tendrá forma triangular como ala delta, y podrá transportar mil pasajeros. Si les pidieras a tus ejecutivos que diseñen un nuevo producto, piensa si el diseño será o no una extensión mejorada de lo que tienes; o, ¿crees en el fondo que te diseñarán algo único como un avión en forma de ala delta? Lo normal es que un avión sea un tubo largo con dos alas, en las que tienen las turbinas. Este avión de la NASA no es así; es verdaderamente revolucionario en su forma.

Otro ejemplo es Google, que en 2014, se anticipó a los tiempos y diseñó unos lentes Google Glass, un dispositivo de visualización de contenido en lentes convencionales. Estos lentes se diseñaron con la intención de que los usuarios de teléfonos inteligentes dispusieran de información sin utilizar sus manos, permitiéndoles también ingresar a internet por medio de voz.

Tenemos también el ejemplo del piloto austriaco, Felix Baumgartner, quien el 14 de octubre de 2012 ascendió 39 mil metros de altura en una cápsula y luego se lanzó al vacío, cayendo a una velocidad de 1,173 kilómetros por hora —o sea más rápido que un avión, que usualmente cruza el Atlántico a 900 kilómetros por hora—, y soportando una temperatura de 68 grados bajo cero, que ningún avión comercial soporta. Se hizo famoso en el mundo por ser el único que ha logrado esta hazaña y por anticiparse al futuro. Su contribución al mundo de la aviación y a los astronautas de la NASA ha sido extraordinaria. Hacer algo diferente anticipa el futuro y sorprende al mercado de hoy. Por ello es necesario que pienses diferente, que innoves y no sólo mejores lo que haces.

¿Cuándo comenzarán a pensar diferente en tu empresa?

Cuando todos en el mercado pensamos igual, nadie piensa lo suficiente. La pregunta es: ¿cuándo comenzarán a pensar como disruptores tus ejecutivos? Seguramente, cuando estén en desacuerdo con lo existente en el mercado, con tus productos, con la forma de atender a los clientes, incluso con el diseño conservador de negocio. Las empresas que más crecen son las que siempre están insatisfechas con lo que hacen, con lo que sucede dentro de ellas y sienten que ya deben cambiar. Aun teniendo mucho éxito, buscan algo mejor para su consumidor; saben que siempre hay algo más para ellos y deben encontrarlo; no se quedan saboreando las mieles del éxito temporal que tiene toda nueva idea.

Hoy es muy común que el éxito fracase. La temporalidad de una buena idea es cada día más corta. Esto hará que tus ejecutivos estén pensando y repensado, y harán mover la maquinaria del descubrimiento. Porque si construyes equipos de ejecutivos que cuestionen la realidad y eficiencia del negocio comenzarán a pensar profundamente. Es una forma de estar en desacuerdo no con actitud negativa, sino con una positividad constructivo; no sólo para criticar y tener razón, sino para evolucionar.

No es un tema de ego, sino de aplicación de la inteligencia al máximo nivel.

Pregúntate: ¿cómo poder pensar distinto sin ser destructivo, incómodo, negativo y disfuncional? Es a través de la creación de una cultura de confianza y propósito de resolver los problemas de los clientes y no sólo de la eficiencia operativa del negocio, que eso sí lo sabemos hacer con mucha destreza.

Venimos del mundo de la eficiencia, no de la disrupción. Para ello debes crear una cultura de respeto en tu empresa; considerando el respeto como la capacidad de aceptar que los demás pueden pensar distinto a ti. Confianza es cuando tú crees sinceramente en lo que la otra persona dice. Uno confía en los demás cuando hay un interés común.

> Sabes que no habrá malas actitudes a tus espaldas, porque cuando existe un profundo interés común, dañar a la otra persona es dañarte también a ti mismo y al proyecto en común que tienen, que es crear bienestar en tus consumidores.

Se confía, entonces, cuando la gente comparte intereses. Se respeta a las personas de las que puedo aprender, porque cuando todos piensan igual, uno es innecesario. Pon este cartel en tu empresa: «Piensa diferente», y prémialos por ello, motívalos.

Cambia las reglas del juego

Lo más importante de la comunicación es lo que no se dice. Lo más importante de una disrupción es lo que no se ve.

> Para comprender el fenómeno de la disrupción y pensar diferente, debemos considerar que recurrir a la filosofía tradicional ha sido un instrumento fundamental para que podamos modificar nuestro pensamiento en este mundo modernizado.

Cuando la Unión Japonesa de Científicos e Ingenieros invitó al profesor Edward Deming en 1950 para que les diera charlas sobre Control Estadístico de Procesos y Calidad Total, Deming tuvo que echar mano de la filosofía para que los obreros pudieran cambiar sus paradigmas acerca de cómo fabricar en forma distinta y convencerlos de que las cosas no tienen que ser como las hemos venido haciendo siempre. Les enseñó principios de epistemología para que aprendieran a cambiar las premisas. Le decía: «Si crees que la realidad es lo que observas, entonces no hay nada que hacer; por lo tanto, las cosas nunca cambiarán. Pero si lo ves desde otra perspectiva, podrás crear e imaginar algo distinto y mejorarlo». Los ejecutivos solían responder: «el mercado así es, así se comporta, así siempre lo hemos fabricado y es la mejor forma de hacerlo, no hay más. Si las cosas son como son no tenemos la posibilidad de imaginarnos nada». Él les hizo comprender que lo que vemos, no es la verdad sino una interpretación de lo que sucede, y les decía: «¡podemos cambiarlo!».

Por su gran contribución, a Deming se le reconoce en Japón como «El padre de la tercera revolución industrial», y crearon el premio Deming de la Calidad, que aún se otorga.

Immanuel Kant (1724-1804) fue un filósofo prusiano precursor del idealismo alemán, estudioso de Platón, Aristóteles, René Descartes y David Hume. Estudió la fenomenología, método que analiza el mundo respecto a las manifestaciones. Hacer una referencia de este brillante filósofo te puede aclarar cómo las disrupciones son un fenómeno natural que no aplicamos por nuestro costumbrismo e inercia que nos hacen caer en la rutina cotidiana.

Kant nos explicó que todo lo que vemos lleva consigo una interpretación. Decía que todo fenómeno está constituido por el objeto, más la interpretación que le damos.

> No podemos afirmar que la realidad es objetiva y única —decía Kant—, nos faltaría la interpretación subjetiva que le damos nosotros a cada uno de los eventos.

Al interpretarlo, le doy un atributo que otras personas no le dieron, ya sea un objeto o situación. Si la gente tiene la consciencia de que lo que yo observo es sólo el objeto, entonces no puede haber un cambio. Pero tú, como observador del objeto, en realidad, le das unos atributos a eso que observas y eso es lo que se va a transformar.

Eso es lo que esencialmente hace un disruptor: ve en el objeto unos atributos que nadie ve. Decía Kant que si ves una silla, ésta es el objeto con una forma específica y la funcionalidad se la da uno. Por ejemplo, alguien de una tribu que vive en el Amazonas no sabe qué es eso, usará la silla para hacer fuego o algo que le sea familiar a su costumbre.

Cuando Cristobal Colón llegó a nuestro continente y desembarcó en las islas caribeñas, los indígenas no sabían lo que era un galeón, ya que nunca lo habían visto. Cuando lo vieron, pensaban que era un animal marino o una nueva isla; no tenían explicación a lo que veían; no tenían un registro histórico de lo que observaban.

El objeto toma forma cuando uno subjetivamente le da una interpretación y una utilidad, mientras tanto: la silla no es silla. Entonces: el objeto más la interpretación es el fenómeno. Por ello nosotros no aprendemos del objeto en sí mismo, porque entre el objeto y la observación está tu interpretación.

Steve Jobs tenía una mente capaz de tener una visión interpretativa distinta de un mismo objeto, como ningún otro innovador del mundo. Observó una enorme computadora, le vio a ese objeto una aplicación distinta y creó la computadora de mesa; luego la portátil y el iPad.

Un disruptor es como aquel fabricante de zapatos que envió a hacer una investigación de mercado a una pequeña ciudad de África. El investigador encontró que todos caminaban descalzos. Ante esa realidad envió un mensaje a su jefe diciendo que en esa región no había mercado para los zapatos porque todos andaban descalzos. Un tiempo después, otro mercadólogo fue al mismo lugar y ante la misma situación pensó: «aquí hay un enorme mercado, nadie tiene zapatos». La misma situación vista con un lente diferente.

La mente de un disruptor se consolida cuando entiende que la realidad que observa tiene un componente que es el objeto observado más la interpretación que hoy tiene. Entonces la mente comprende que la puede cambiar.

Un disruptor, por definición, ve en la realidad varias aplicaciones de ese objeto; por eso provoca una ruptura en el mercado. Alguien se dio cuenta en algún momento que, si concentrabas energía, hacías calor, y si la disipabas, hacías aire acondicionado. Así le pasó a Mary Anderson, en Nueva York, cuando viajaba en tranvía y decodificó algo que nadie había percibido: un limpiaparabrisas. Elon Musk siempre ve la realidad de una manera distinta; por ello está en varios negocios disruptores y en todos gana mucho dinero. Hoy UPS está preocupado porque Amazon está comenzando a usar drones para entregar paquetes pequeños en los hogares, ya que puede ser una amenaza para su ingreso de paquetería local.

Los disruptores son personas que no usan el pensamiento lógico lineal deductivo de la gran masa de empresarios, sino que son divergentes y asociativos. Porque si operas rigurosamente con la lógica y dices: «Todos los vegetales son verdes, los hombres son verdes, entonces todos los hombres son vegetales» se trata de una afirmación racional irrefutable desde el punto de vista lógico, pero erróneo. La mayoría de los empresarios quieren llegar a conclusiones con la lógica, pensando linealmente, y eso es necesario, pero no es suficiente para una disrupción, porque ella sólo valida, confirma que lo que ves es veraz, aunque no sea cierto.

El método científico —decía Kant— está sustentado en la validez de la conclusión basada en una premisa (hipótesis) y no en la verdad de las cosas. A través de la historia, desde la revolución industrial, la verdad ha ido evolucionando. O sea que tu verdad puede no ser la verdad absoluta hoy. Tu verdad de cómo está constituido tu negocio o tu forma de atender el mercado puede ser lógico, pero equivocado, y no te deja crecer. Buscarás la explicación en los problemas externos del país: la economía, el contrabando, la inseguridad, los chinos, Donald Trump; y no verás que la causante es tu forma tradicional de manejar tu negocio.

Para construir una disrupción tendrás que conocer la lógica con que interpreta tu consumidor tus productos y tu empresa, para que comprendas si eso es lo que quieres dar o necesitas cambiar tus productos para modificar su percepción.

La razón sólo te lleva a un dogma que no cuestionas; por lo tanto, continuarás con tus hábitos de pensar.

> Debemos poder cambiar la percepción que tenemos de los productos y servicios que vendemos para evolucionar y crear una disrupción.

Entonces, para cambiar el fenómeno que observas, debes dar una visión diferente, y analizar los tres componentes:

1. El objeto.
2. La percepción del objeto.
3. La interpretación que la persona le da.

Porque el consumidor percibe el fenómeno —tu producto o servicio—, más la experiencia personal que él experimenta con tu producto. Eso en forma repetitiva crea un paradigma que nunca te atreves a cambiar.

Dile a una empresa de taxis que cambie el paradigma y diseñe un Uber; a Hewlett Packard que diseñe un negocio como Dell; a la librería Gandhi que haga un negocio como Amazon; a Sanborns Café que haga un negocio como Starbucks; a Zapatería Tres Hermanos que diseñe un negocio como Price Shoes, y así sucesivamente. Nunca podrían, pues tienen una percepción «de la silla» que no les permite cambiar sus hábitos. Hasta que finalmente acepten cambiar o alguien los supere en el mercado, los cambie y los desplace, dirán: «Creo que tenemos que hacer algo distinto».

Decía Maquiavelo: cambiar las cosas en el orden establecido es difícil, porque hay mucha gente que lo defiende. Cuán difícil fue cambiar la idea de que un paciente no sanaría con el simple sangrado. ¿Cuánto tiempo llevó que los médicos se lavaran las manos cuando cuidaban a un herido? Sólo hasta que los ingleses llegaron a Asia y vieron que los japoneses se lavaban las manos antes de tocar a un herido de guerra. Cuando tienes una premisa, todo lo ves de acuerdo con tu referente histórico y hábitos de conducta. Hasta que comprendes que la silla tiene muchas funciones; hasta que ves que el mercado puede ser atendido de manera distinta y que tu producto puede ser transformado para que el cliente lo vea más atractivo.

Cuando adquieres una mente disruptora, no significa que siempre acertarás, sino que además tendrás que incorporar su interminable forma de pensar ante los obstáculos. Estos tienen la capacidad de reaccionar ante el fracaso, tienen sentido de urgencia y rectifican para hacer que las cosas finalmente funcionen. Como rectificadores que son, los disruptores van corrigiendo el curso de las cosas todo el tiempo, midiendo el mercado y triunfan cuando encuentran algo que resuelve un problema que antes no tenía solución. La mayoría de los empresarios —y más aún los emprendedores— los veo que inician una idea y fracasan y dicen: «me equivoqué», y no hacen nada, sólo cierran el negocio o abandonan el proyecto para más adelante. En las grandes empresas he visto cientos de proyectos abortados porque no funcionaron. Eso es muy triste y absurdo a la vez, ya que va en contra del principio de la mente disruptora, que es obsesiva, imparable y correctora todo el tiempo hasta que funcione el proyecto que emprendieron.

Los disruptores tienen una actitud espartana ante la vida, y no ceden hasta que funcione su idea y triunfen.

Henry Ford intento 22 veces antes de salir al mercado con el Modelo T. La disrupción es persistencia y perseverancia en tu visión de renovación. Nos acostumbramos, por muchos años, a ver que la ventana del tranvía se llenaba de nieve hasta que a Mary Anderson se le ocurrió resolver ese problema.

Como ya te he dicho, no todo el mundo es un disruptor, muchos pueden ser innovadores, pero pocos pueden ser disruptores. La innovación mejora, pero el disruptor soluciona problemas invisibles. Espero que puedas pensar filosóficamente distinto. Recuerda que tú no eres un físico, eres un empresario, un hombre de negocios en busca de oportunidades. Por ello, no pienses sólo racional y linealmente con tu negocio; transfórmate en un fanático descubridor de valor para tus clientes a través de los problemas que ellos viven. Abócate a hacerles la vida más fácil; que sea sencillo hacer negocio contigo; resuelve problemas para que tu cliente viva mejor su relación comercial contigo. Evoluciona tus productos y servicios, y transfórmate en una empresa diferente, única, revolucionaria y disruptora del mercado. Recuerda: no debes innovar para mejorar; debes innovar para cambiar las reglas del juego del mercado y crear una ruptura en la cadena de valor que jamás haya sucedido en tu giro de negocio.

2) ¿En qué soy único?

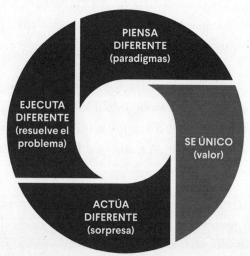

Si eres único habrás encontrado un vacío
en el mercado que nadie ha cubierto aún.

Pregunto:

- **¿Qué tienes que ofrecer que nadie, en el mercado en que te encuentras, hace?**
- **¿Qué enloquece a tus clientes?**
- **¿Tienes una empresa que toma por sorpresa al cliente porque siempre tienes nuevas soluciones?**
- **¿Tus clientes son atendidos como nadie en el mercado?**
- **¿Nadie te iguala?**
- **¿Te renuevas consistentemente siempre?**
- **¿Es tu servicio tan poderoso que se ha transformado en el producto del producto?**
- **¿Tus clientes reconocen el servicio como un valor superior a tus productos y por ello te prefieren?**

PREGÚNTATE

¿Qué más debemos hacer para crear valor y no caer en un *commodity*?

Si te ven como un *commodity* es que eres igual que la competencia; por lo tanto, tendrás que competir por precio aun si tu producto es superior, de mejor calidad y con más garantía. Pero como no se percibe diferencia alguna, no te lo pagarán; y si tus vendedores tampoco lo ven, estos venderán con descuentos o promociones y el cliente no verá ninguna diferencia más que tu precio, porque no tienes valor intangible ante los ojos del cliente.

¿En qué somos únicos?

¿Qué hacemos por el cliente que nadie hace?

¿Qué nos hace inigualables?

¿Qué hace mi servicio que nadie iguala?

¿Nuestros clientes son atendidos como nadie?

¿Nuestro valor en el mercado es tan superior que el cliente acepta pagar más por lo que hacemos por él o se concentra únicamente en el precio y nos prefiere?

¿Qué no hago que si lo hiciera el cliente lo vería como un valor agregado tan importante que aumentaría nuestras ventas significativamente?

¿Qué estoy dejando de hacer que si lo hiciera tendría una ventaja en el mercado que nadie podría igualar?

Ser único te permite tener una ventaja, pero ésta debe ser de altísimo impacto para el consumidor; de lo contrario, jamás te dará el éxito que esperas.

Hay muchos empresarios que hacen cosas únicas, pero que no sirven para nada. La razón es que el cliente no le ve valor a ese distintivo. Crear algo único que el consumidor no percibe como algo valiosísimo es una pérdida de tiempo. Podrá mantenerte en el mercado, pero no genera una demanda sustantiva. Sólo es aceptado por un grupo particular. Pero eso no es disrupción; eso es una mejora que te hace ver diferente, pero no atractivo para el consumidor en general. No es un tema de nicho específico acotado; por el contrario, es un nicho global para todos los consumidores.

Escucho decir a muchos jóvenes emprendedores que tienen algo único, pero el mercado aún no lo acepta.

El valor único debe ser construido con base en el consumidor, no con base en el vacío que existe en el mercado.

Como te comenté anteriormente, una disrupción resuelve un problema que es significativo para el consumidor. Significa que la ausencia de ese producto o servicio no garantiza ningún éxito si no resolvió un problema del mercado que sea percibido fácilmente por el consumidor. No olvides: ausencia no significa disrupción; se necesita, además, que el cliente perciba y conceda un alto valor al componente de solución que le da el producto o servicio.

3) ¿Tomo por sorpresa al mercado?

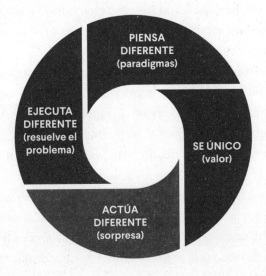

Si no te diferencias, eres uno de los demás.

Que te vean diferente es consecuencia de un conjunto de actividades que debes realizar para impactar al mercado. La disrupción no es producto de un solo componente; es la conjunción de varios elementos que lo hacen diferente y único. La diferencia la logras cuando tomas una serie de pequeñas acciones que en su conjunto conforman un valor sustantivo para el cliente.

Tres cosas básicas que debes hacer para que tu impacto sea notorio

1. **Pensar diferente.** Con el propósito de crear un nuevo concepto para tu negocio, deberás preguntarte lo siguiente: ¿cuál deberá ser nuestro negocio a partir de hoy? Para ello, tienes que cambiar tus paradigmas tradicionales acerca de la definición de lo que haces. El secreto es tu cambio de paradigma.

   Por ejemplo, Federal Express pasó de ser una empresa de paquetería a una redefinición de empresa de logística, y hoy ha expandido sus servicios también a importación, despachos aduanales y servicio *door to door* para empresas globales.

2. **Actuar diferente.** Necesitas experimentar siempre para ir mejorando lo que haces y la forma en que resuelves los problemas de tus clientes. Tu sistema comercial deberá cambiar radicalmente. Necesitas de la tecnología para revolucionar tu mercado y sorprender a tus clientes. Estás ante clientes que están más informados que tú y deberás hacerlos sentir únicos y atendidos como nadie. La diferencia tiene que ser enorme, sustancialmente grande para que sea percibido fácilmente por el cliente.

   Starbucks lo logró actuando de una forma inusual. Esta empresa ha seducido a sus consumidores que han respondido incondicionalmente a un trato consentidor. Esta empresa humanizó el servicio, se desempeña a través de lo humanitario. Pero su valor es muy evidente y no tiene que ser explicado; se percibe a simple vista.

3. **Ejecutar diferente.** El momento de la verdad será cuando ejecutes ante el cliente algo que sea totalmente impactante para él. El valor agregado de tu empresa deberá ser el producto que el cliente compre.

   Necesitas verte diferente en el mundo de las semejanzas. Ésta es la guerra de la eficiencia operativa que tienen FedEx,

UPS, DHL y Estafeta; cualquiera de ellos es muy eficiente ejecutando. Hoy todos nos vemos iguales con productos que se parecen. Necesitas ejecutar diferente y en forma eficiente para mantenerte en el mercado y triunfar. Si no te ves diferente, tendrás que competir por precio y sangrar tus utilidades como muchos hacen. Incluso, aunque tengas un buen producto, si no ejecutas eficientemente, será visto como un *commodity* y tendrás que vender precio.

4) ¿Resuelvo un problema imperceptible?

¿Qué cosa no has creado hasta hoy que si lo hicieras enloquecerías a tus clientes? No sólo debes comunicar, sino saber conectar con el consumidor. Si conectas vendes.

Debemos hallar nuestro nuevo lugar en el mundo de los negocios.

Para enloquecer a tus clientes necesitas dominar la esencia de su pensamiento. Comprender lo que el consumidor podría necesitar que le permitiera vivir mejor con tu producto y que le resulte una solución novedosa a un problema imperceptible. Sería un hallazgo para ti interpretar las tendencias, la tecnología y las corrientes del nuevo consumidor moderno. Sería como el Santo Grial de los productos o servicios, que revolucionaría el mercado para siempre.

> Es necesario que generes una intersección con la lectura de la necesidad no consciente del consumidor y la tecnología actual para que, combinándolas, crees un producto revolucionario inimaginable para los cánones de pensamiento del consumidor y del empresario convencional.

Por ejemplo, en 1941 el ingeniero suizo Georges de Mestral descubrió lo complicado que resultaba desenganchar de sus pantalones los cardos cuando caminaba por las montañas suizas. Se puso a observar a través de un microscopio los cardos y descubrió que tenían unos ganchos que se adherían fuertemente a la tela de sus pantalones y al pelo de su perro. Entonces se abocó a la tarea de inventar un sistema con dos cierres, uno con gancho y otro con fibras, y así nació el velcro que patentó en 1951. O sea, que le llevo varios años consolidar su idea. El ingeniero Mestral tuvo que desarrollar la tecnología para crear algo que no existía, ya que su idea estaba más allá de la misma tecnología para producir algo con esas características.

Lo mismo tuvo que hacer Steve Jobs cuando por cinco años buscó cómo acomodar la tecnología para su idea del iPod. Es decir, crear una disrupción en el producto o en nuevos conceptos de negocio no se aplica de la noche a la mañana. Es probable que tu idea la tengas en la mente, pero debes madurarla con la tecnología o quizás crear la tecnología para que tu idea se transforme en realidad.

Cuando Juan Antonio Hernández abrió Autofin, nadie tenía un sistema de línea de créditos en el mercado para comprar un carro. Si no tenías 30% para el primer pago, no te daban crédito; eso era un problema para el comprador. Él lo resolvió y se hizo millonario. Elektra salió al mercado cuando advirtió que era un problema que nadie le daba crédito a una persona de escasos recursos. También cuando una persona quería una pizza, tenía que ir a un restaurante, esperar porque había mucha gente y eso era un problema, por lo que, pensando en eso, se creó Domino's Pizza. Cuando alguien tenía que enviar un documento muy importante se tenía que hacer a través de una persona que viajara en avión para que llevara el documento y se regresara en el próximo vuelo para garantizar que ese documento importante fuera entregado en forma segura. Ése era un problema, hasta que FedEx lo resolvió. Cuando Jim Rohn se dio cuenta de que las empresas no podían ofrecer trabajo a todas las personas que necesitaban más dinero o que las personas no tenían forma de ganar dinero adicional en su tiempo libre si lo querían, creó el primer negocio de multiniveles Herbalife para resolver ese problema. Otro problema que había que resolver era que la mayoría de las personas de bajo recursos no podía adquirir medicinas, por lo que se crearon las farmacias de bajo costo y de genéricos, como Farmacias del Ahorro, Farmacias Similares, San Pablo, entre otras. Que las personas de bajos recursos tuvieran que viajar entre 20 y 25 horas en autobús para ir a zonas lejanas como Tijuana o Ciudad Juárez era un gran problema, hasta que se creó Viva Aerobus. Cuando se tomó consciencia de que en el país no había cines cómodos ni higiénicos, nacieron empresas como Cinemex y Cinépolis para resolver ese problema. Cuando alguien percibió que sólo se tenía el concepto de que los autobuses de pasajeros eran para personas de limitados recursos y, por lo tanto, eran austeros, poco higiénicos, impuntuales e incómodos, surgió la empresa UNO de transporte para pasajeros que querían viajar cómodamente y atendió ese problema. Cuando alguien identificó la falta de seguridad de los taxis y la falta de uniformidad de sus precios, nació Uber, porque había que resolver estos problemas para el usuario del mundo. Cuando Comercial Mexicana identificó que los supermercados eran ya sólo grandes almacenes austeros, incómodos y llenos de comida, creó City Market para aquellos que quisieran limpieza. Así podríamos continuar enumerando las empresas disruptoras del mundo como Skype, Google, Facebook, Wikipedia, Amazon, Starbucks, Apple y muchas otras que resolvieron un problema al consumidor, y que hicieron que éste enloqueciera por ellas, les fuera fiel y se habituara a comprarlas.

Es decir, la solución de estos problemas crea una motivación inusual en la conducta del consumidor, porque el satisfactor surge de una solución, ya sea accesibilidad, costo, facilidad, comodidad, tiempos, salud, simplicidad, cuidado físico, ego, estatus o cualquier otro elemento que dispare la emoción de compra.

En suma, los factores que motiven a los consumidores no tienen por qué ser sólo de carácter emocional, como estatus, ego, distinción, elitismo, diseño; sino que también hay factores racionales que los pueden motivar, que le hagan la vida más fácil o cómoda, como accesibilidad, precio, créditos, distancias, volumen, rapidez, calidad, disponibilidad, etcétera.

> Es fundamental identificar dos factores, el racional y el emocional, para la construcción de una disrupción que revolucione la actitud de compra del consumidor y se enloquezca por tu producto.

Estas empresas que hemos mencionado revolucionaron el mercado porque resolvieron de alguna manera algo que padecía el consumidor y que éste no había podido identificar como un producto o servicio que había que diseñar o crear. A ti, como empresario o emprendedor, te toca descubrirlo. Pero recuerda: eso no se descubre comiendo en el club de industriales solamente o enviando a un grupo de jóvenes mercadólogos a las calles y a los canales para que investiguen. Eso es para tu colmillo, para tu instinto de negocio y tu experiencia. Por lo tanto, tendrás que remangarte y olfatear de cerca el mercado.

Cuando una persona decide comprar un producto de alto precio como un Ferrari, éste representa todos los factores de la emoción humana: estatus, realización, éxito, ego, distinción, élite, clase. Nadie que compre un Ferrari estará interesado en el torque del motor o en las distancias entre el eje de la transmisión o cuántos cambios de aceite necesita al año. Cuando mucho, le interesarán los caballos de fuerza, para subir la adrenalina cuando le digan que puede llegar a cien kilómetros en ocho segundos, si le gustan los motores poderosos o el excitante sonido de su motor.

Como ya dije, para construir una disrupción que enloquezca se requiere de una gran sensibilidad para identificar las tendencias tecnológicas y las posibles necesidades ocultas del nuevo consumidor. Por ello, en capítulos anteriores reflexionamos acerca del diseño en la disrupción, el cual cada día tiene más influencia para despertar la atracción por un producto o servicio; incide, además, en que el consumidor lo prefiera por encima de otro, independientemente del precio.

> Te reitero que, si creas un producto diferente, pero no dispara la emoción de compra y enloquece la neurona de tu consumidor, no es una disrupción, es una mejora que te sirve quizás para mantenerte o mejorar tus ventas.

Si eres de los empresarios que buscan mantener el volumen de ventas y aumentar 5 o 10% tus ventas, con que innoves, mejores, lances nuevos productos cada año y abras más canales será —en el mejor de los casos— suficiente para que continúes creciendo orgánicamente; sin embargo, no estarás resolviendo un problema imperceptible para el consumidor.

CAPÍTULO XIV
LA DISRUPCIÓN Y LAS EMOCIONES

Si te emociona verlo...,
imagínate tenerlo.

LOVEMARK, EL MUNDO DE LAS EMOCIONES

Cada día es más complejo atraer la atención de los compradores porque vivimos en un mundo saturado de productos y, paradójicamente, éstos, por sí solos, cada vez tienen menor impacto en la decisión final de su compra.

Un mercado saturado crea en los consumidores una percepción de semejanza entre la enorme avalancha de productos nuevos. En consecuencia, se le dificulta ver las diferencias sustantivas entre uno y otro; no las distingue porque la mente las percibe como parecidas.

La mayor evidencia de esta epidemia de similitud es, por ejemplo, ir a una tienda departamental e intentar decidirse por un nuevo televisor. Son tantas las opciones que ofrecen que todos nos parecen semejantes, así que si el vendedor no te explica la diferencia, pues ésta te será imperceptible, si es que hay alguna. Ve cómo los chinos nos han inundado de productos similares a los de marcas reconocidas; a simple vista son idénticos, con pequeñas diferencias, casi imperceptibles. Así nació y triunfó Zara, sin ser china, que tomó los diseños de última moda y los confeccionó a muy bajo precio. Nos dio la última moda al precio que todos podemos comprar.

Por esta uniformidad 80% de todos los productos que salen al mercado fracasan en los tres primeros meses. Es que éstos no impactan, no motivan o seducen al consumidor, aunque sean únicos y distintos; no despiertan el interés o no resuelven una necesidad imprescindible para el consumidor.

> Como seres humanos, cada día, se nos acentúa más nuestra actitud tribal. Nos gusta pertenecer a grupos con gustos similares; con preferencias que nos unan como usuarios, que nos hagan pertenecer a un grupo selecto de la sociedad

con ciertos rasgos, ya sea usar un producto de lujo, tener una motocicleta Harley Davidson, manejar un determinado carro o usar un reloj Rolex. Las empresas que comprenden este principio de pertenencia tribal comprenden que tienen que atender las fibras sensibles de sus clientes para atraerlos hacia su producto ante la avalancha de productos en el mercado. No es una tarea fácil, pero es la tuya, si quieres ser el líder del mercado.

Para ello, se diseñan cuidadosamente productos diferenciados, con características que los distingan y que, a su vez, representen un alto nivel de atracción, y así decir «lo quiero». Si el producto que diseñes no tiene un impacto emocional, aunque sea distinto, te será difícil desplazarlo. Tendrás que invertir mucho dinero en marketing para que el consumidor perciba el mensaje que quisiste dar con tu estrategia.

Si es difícil interpretar el mensaje que quieres dar a través de tu producto, es un error que pagarás muy caro. Lo importante es que el valor de tu producto sea evidente, único, exclusivo, diferente y haga lucir al consumidor entre la masa de gente. El valor agregado no puede estar escondido y no debe ser interpretado; necesita golpear la cara, ser evidente.

MARKETING SENSORIAL. LOS CINCO SENTIDOS

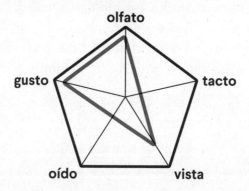

> Los disruptores, cuando diseñan un nuevo producto, consideran los cinco sentidos: olfato, gusto, oído, vista y tacto.

Así que, como disruptor, debes determinar cuál sentido es el que deseas acentuar y qué combinaciones sensoriales quieres mezclar.

Por ejemplo, Colgate Palmolive tendrá que acentuar el gusto, el olfato y la vista en su pasta de dientes. Singapur Airlines se concentró en la vista al pintar todos sus aviones del mismo tono por dentro; los uniformes de las azafatas también lucen igual, y para el olfato mandaron hacer un perfume con olor a lavanda, que combinara con el color que habían seleccionado. La cadena Suisse Hotels contrató a una experta en aromatización ambiental de Alemania para que definiera un aroma acorde al tipo de huéspedes y al perfil del hotel. Luego de una investigación los asesores decidieron hacer un perfume que tuviera un olor fresco que evocara la nieve de las montañas y que representara el dinero suizo. Hoy muchos hoteles, como Hyatt o Marriott, desean que los viajeros de mundo se sientan como en casa, y en su ambiente, al reconocer el mismo aroma en todos los hoteles de los diferentes países.

British Airways utiliza una fragancia conocida como Meadow Grass para refrescar el interior de sus aviones.

La industria automotriz impregna los asientos de los automóviles con un olor a nuevo para que los clientes sientan una mayor atracción. Este olor a nuevo surgió en 2015, en un momento en que Rolls-Royce tenía un problema de ventas de su nuevo modelo. El director de la empresa llamó a varios ingenieros para que hicieran un estudio de este modelo y lo compararan con los más exitosos de años anteriores. Cuando terminaron la investigación, los ingenieros coincidieron en que la alta tecnología que tenía ese último modelo era de un nivel inigualable y que no veían nada negativo. Pero uno de ellos dijo: «Lo único que encontré distinto fue el olor —y todos coincidieron—. Los anteriores olían a lana pura, que hoy no usamos; los otros modelos estaban revestidos de cuero y ahora usamos en algunas partes pasta de cuero; antes se usaban maderas preciosas, y hoy se usan combinaciones de material sintético, por todo eso huele distinto». De inmediato el director les pidió que integraran un grupo de ingenieros químicos para que igualaran el olor de los Rolls-Royce exitosos. A partir de ese día todas las armadoras del mundo copiaron este concepto e integraron el aroma a nuevo en todos los autos que se venden en el mundo; sus asientos tienen hoy un fuerte olor a nuevo que hace que los compradores se enamoren del interior y se sientan distinto. Hoy, muchas personas compran carros nuevos sólo por la maravilla del aroma a nuevo, ya que si compran uno usado tendrá el olor del dueño anterior, y no es lo mismo.

Los expertos en marketing sensorial han asumido un papel muy relevante, dado que en este mundo en que los productos te invaden de forma avasalladora como oleadas, una tras otra, la pregunta ha sido: ¿cómo me distingo en este mar de millones de productos?

No hay duda de que la vista es un factor clave para la compra: los colores, las imágenes, las curvas de las modelos, como diosas griegas, o los cuerpos nórdicos de los modelos, en los perfumes y fragancias. Con el tiempo se ha comprobado que la vista no tiene tanto poder como el olfato y el sonido, que son muy poderosos.

Steve Jobs dedicaba mucho tiempo al diseño, al color, al tacto de sus computadoras. Cuando lanzó el modelo Air, fue una verdadera revolución. Esta computadora era muy fina y liviana, y emitía un sonido especial al abrirla que la hacía muy atractiva.

> Las empresas disruptoras han comprendido que no sólo los logotipos son importantes para tener recordación, sino que también el marketing sensorial y el diseño forman parte de la motivación de compra.

Como ves, los sentidos son de vital importancia para ayudarnos a interpretar el mundo que nos rodea, pues desempeñan un papel importante en los impulsos de compra.

En la telefonía, hemos visto cómo el sonido, el tacto, lo visual, lo liviano, tienen una gran relevancia. Por otro lado, una cosa es que te muestren una foto de una deliciosa dona de Krispy Kreme y otra que la veas y la saborees. Cuando en la publicidad de Coca-Cola, que tiene «la chispa de la vida», aparecen las chispas y los sonidos de Navidad, asociados al color rojo del traje de Santa Claus y del logotipo de Coca-Cola, nos hacen sentir alegres.

> De todos los sentidos, el qué más estimula por ser el más primitivo del ser humano es el del olfato. No hay como el olor para saber si algo te gusta.

La atracción hacia alguna persona mucho tiene que ver con su olor; si coincide contigo sentirás más atracción por ella. El olor despierta la atracción casi en forma instantánea.

En una de mis conferencias hablé mucho sobre este tema y un editor de libros infantiles me envió una copia de su última colección de libros para niños con aroma; era un perfume muy agradable, y me contó que la gente decía que al abrirlo lo primero que percibían era el olor; sus ventas mejoraron.

Ésta es la explicación de por qué, desde que yo era muy pequeño, veía que los supermercados siempre ponían en la entrada una panadería: el olor atraía las personas. Hoy, en algunos países europeos que son muy buenos para el pan, como Francia, bombean por sus tuberías aroma de pan recién hecho y estimulan a que la gente que compre más.

Porque si hueles pan, te lo imaginas; si hueles carne asada, también te despierta el apetito. Por ello, muchos restaurantes ponen el aroma de carne asada en su aire acondicionado, para que ese olor te incite a entrar cuando pases por la puerta. El sutil aroma de un café recién hecho también te hará entrar a comprar uno, si pasas por una cafetería, pues el olor te lo hará visualizar y originará el antojo.

Hay olores que nos recuerdan a nuestra infancia como el talco Johnson; el Vick Vaporub para el pecho; el anís, cuando tenías gripa; el olor de una goma de borrar o de los libros nuevos te pueden remontar a tus primeros años de escuela. El olor de la vainilla es muy femenino y cuando se rocía en el área de ropa de mujer impulsa la compra.

En uno de mis viajes a Cancún, ingresé a una tienda con el propósito de comprarme un nuevo short de baño. En cuanto entré oí un sonido de spray y un aroma salado y fresco. Mi curiosidad, que siempre me delata, me llevó a descubrir que detrás de la puerta había un rociador de agua salada para crear el ambiente de mar. Está por demás decirte qué compré.

Cualquiera que sea tu negocio, si eres una empresa que vendes jabones o champús como Grisi, por ejemplo, te preocuparás por los colores, por el tacto del empaque y, por supuesto, por el aroma del producto. Lo primero que hace un comprador con un jabón es olerlo; o sea, el tacto de la envoltura y el aroma deciden la compra en un abrir y cerrar de ojos.

No me podría imaginar que una salsa de tomate Ketchup fuera blanca y se vendiera mucho. Como tampoco me imagino comerme un cereal de Kellogg's sin que haga ruido. El sonido, además del sabor, es lo que determina que me lo coma. Por ejemplo, las motos Harley Davidson patentaron el sonido de su motor para que otras marcas no se lo copiaran.

Podríamos encontrar miles de ejemplos y seguir describiendo la importancia que tiene el marketing sensorial hoy en día. Es necesario que si tú deseas ser distinto y único en el mercado no sólo diseñes algo que no existe, sino que debes contemplar aspectos sensoriales para que tenga mayor atracción en el momento en que el cliente lo vea, lo huela, lo oiga o lo sienta.

No hay un solo empresario disruptor que no contemple el diseño, así como el aspecto sensorial, tal como lo tenía defini-

LA DISRUPCIÓN Y LAS EMOCIONES | 219

do en su mente Steve Jobs, y su sentido de perfección y estilo, al cual le invertía miles de horas antes de lanzar un producto al mercado.

Un empresario interesado en el olor de su producto cuida los detalles más finos del aroma y el diseño. Cuántas empresas lanzan al mercado una nueva lata de chícharos con cebolla y morrón sólo porque no hay nada así allá fuera. Aún hay empresarios que tienen la suerte de continuar viviendo de sus viejos modelos de negocio, pero no se imaginan que pronto desaparecerán, como sucedió con muchas empresas como Kodak, Polaroid, Blockbuster y miles más que todos recordamos, que de tener ingresos millonarios pasaron a desaparecer en menos de 10 años.

En el futuro, la mayoría de las tiendas tendrán su aroma distintivo. Los centros comerciales, los aviones, la ropa que compres, tu sucursal bancaria, tu cine, tu restaurante preferido tendrán colores y aromas que te seducirán. El mundo sensorial tomará la delantera y formará parte de la mente de los disruptores. Ya no sólo estarás invadido de mensajes subliminales o logos, sino de mensajes que invadirán tus sentidos.

> Recuerda que la emoción surge cuando tocas el botón sensorial del consumidor y el impulso de compra se dispara.

La descarga de la adrenalina es hoy la piedra angular de las disrupciones y de las motivaciones de compra del consumidor de este mundo globalizado. El secreto de un disruptor no es que la gente quiera un producto, sino que lo desee. Cuando ese deseo surge el precio pasa a segundo, tercero o cuarto lugar. Primero está el deseo de tenerlo.

El zapatero que se hizo millonario con una suela roja

Un personaje disruptor del mundo de la moda, que ha entendido perfectamente cómo llegar con sus productos a las fibras emocionales más profundas de la mujer, es el diseñador de origen francés, Christian Louboutin. Siendo un joven becario, comenzó a diseñar zapatos para las bailarinas del famoso cabaret Folies Bergère, en los ochenta. Ahí fue cuando centró su atención en el andar de las mujeres con sus zapatos de tacón, y se dio cuenta de que éstos revelan la feminidad de la mujer aún más que su maquillaje.

Este creador de zapatos —considerados los más sexis y deseados del planeta— abrió su primera tienda en París en 1991. Hoy tiene más de 30 en el mundo y vende más de dos millones de zapatos al año, que tienen un precio de entre 2 mil y 12 mil dólares cada par; además, tiene una lista de espera de seis meses, en promedio. En su empresa fabrican entre 10 y 20 pares exclusivos al mes, que le piden clientes selectos, como Madonna o Nicole Kidman, y que son verdaderas joyas de artesanía.

Louboutin se transformó en el mejor representante del marketing sensorial en su producto. Él dice que cuando una mujer se prueba un zapato hay un ritual que se repite sin excepción: se los prueba y camina directo al espejo; se mira de arriba abajo; mira sus curvas y se siente feliz. Entonces mira sus zapatos, pues éstos reafirman su figura. Este creador afirma: «mis zapatos dan felicidad, por ello no hay nada que explicar cuando los compran».

Y, efectivamente, sus zapatos son auténticos objetos de deseo y de colección; son una adicción porque su objetivo es que las mujeres se sientan sexis. «Con mis zapatos se emocionan, se sienten distintas», dice, y lo ha logrado gracias a que ha revolucionado el diseño de los zapatos de la mujer, con tacones de casi 18 centímetros de altura (7 pulgadas) y suelas rojas. Las suelas rojas, su sello distintivo, se han popularizado en todo el mundo. El rojo se le ocurrió porque es el color preferido de las mujeres para las uñas y los labios. Es un convencido de que cuando una mujer desea un zapato, el precio pasa a segundo lugar.

Su concepción del calzado femenino es integrar en él todas las emociones posibles para conquistar a la mujer, y lo ha logrado magistralmente.

Con este ejemplo podemos darnos cuenta de que es necesario que tú, como empresario, reclutes diseñadores y expertos en el tema sensorial para que puedan construir integralmente un conjunto de sensaciones que estimulen la voluntad de comprar tu producto. Ahí es donde se construirá el valor agregado que inconscientemente el consumidor percibirá. No tendrá que ser explicado, pues saltará a la vista, se sentirá y hará que la diferencia sea tan notoria que el consumidor podrá aceptar pagar más o preferirá el tuyo entre el conjunto de alternativas que tiene.

> En el mundo de la similitud tu producto deberá diferenciarse y lucir distinto si quieres triunfar. No se trata sólo de ser el único.

▍CREA VALOR EN EL PRODUCTO

*Si no creas valor en el mercado,
más vale que tengas el mejor precio.*

En un viaje que hice a Las Vegas me encontré con un negocio de hamburguesas muy particular. Es un restaurante diferente, fundado por el empresario Jon Basso, quien desarrolló su tesis de graduación de la universidad con un concepto de negocio llamado Ataque al Corazón (*Heart Attack Grill*). «Por nuestro sabor vale la pena morir», dice su eslogan.

En este restaurante, con tema de un hospital, a los clientes se les dice «pacientes»; las órdenes son «recetas médicas», y en el menú te anticipan que sus hamburguesas extra grandes te pueden provocar un ataque al corazón: «Hamburguesa de *bypass* sencillo», «*bypass* doble», «*bypass* triple», etcétera, que significa que están preparadas con una, dos, tres y hasta ocho carnes de alta calidad.

Cuando llegas te ponen una bata como si fueras a ingresar a un hospital; ves familias completas con sus batas. Atienden meseras vestidas de enfermeras; hombres que hacen de doctores; hay una ambulancia en la puerta para llevarte al hospital. En la entrada te reciben, advirtiéndote que sólo se admite efectivo, por si te da un infarto antes de que pagues y te vayas sin pagar.

Si pesas más de 150 kilos puedes comer todos los días todas las hamburguesas que quieras durante todo el día, ya que con esa gordura seguramente morirás de todas maneras. La hamburguesa de cuatro carnes está en el Libro de los Records Guinness como la que contiene más calorías del mundo, pues ¡tiene 9 mil 982 calorías!

Lo cierto es que el dueño quiso crear un concepto distinto, único, de un producto muy tradicional en Estados Unidos, la hamburguesa. La pregunta que debes hacerte es: ¿este negocio vende hamburguesas? Si lo piensas bien, eso es lo que se comen, pero ¿qué es lo que realmente está comprando el cliente? No hay duda de que la experiencia de haber pasado un momento divertido y distinto con tu familia. Más alegre, entretenido, donde comes enormes hamburguesas de alta calidad, con todo tipo de condimentos.

Pero la razón por la cual entraron no fue la hamburguesa, sino por el atractivo diferenciador que tiene este tipo de restaurantes. No hay duda de que este empresario comprende todo lo que hemos hablado sobre una innovación disruptiva a través de un concepto de negocio distinto, para vender un producto muy tradicional. En suma, lo que la gente compra es el valor que le da el nuevo concepto de negocio, que es totalmente nuevo y único, y el medio para lograr que eso suceda es la hamburguesa. El producto central, que es la hamburguesa, se transforma en un medio y no en el fin para ir a ese restaurante. Si sólo vendiera hamburguesas, tendrían que venderlas al precio tradicional de un McDonald's, y competirían por precio, no por valor.

> Pensar diferente no significa necesariamente cambiar el producto. Requiere que tu mente diseñe una estrategia que revolucione tu mercado, se concentre en agregar algo que el consumidor no tiene y lo motive significativamente.

Muchos que descubren una disrupción han iniciado sus ideas a la inversa de lo tradicional para encontrar la solución. Es decir, se centran en todo lo que sí tiene el consumidor y que ese modelo de pensamiento los lleve a través de la reflexión y el análisis para encontrar el vacío que existe en el mercado. Su nueva idea tendrá que ser de enorme atractivo para el usuario o no tendrá éxito, aún si el producto es bueno. Es el descubrimiento de un vacío en el mercado, que necesita tener un atractivo enorme que nadie aún había descubierto hasta ese momento.

Con la sobresaturación de productos que hay hoy en día, paradójicamente, el producto ha pasado a segundo plano como motivador de compra y comienza a no tener el valor absoluto que por tantos años tuvo en el momento de la decisión de compra. La razón por la que el producto ha perdido esa cualidad que tuvo en la época de nuestros abuelos es porque tenemos un exceso de opciones. El cliente está asediado por millones de productos similares o iguales.

Piensa por un momento cuántos nuevos productos, parecidos a los tuyos nacieron en los últimos cinco años. Seguramente muchos. Enumera cuántos nuevos competidores han nacido alrededor de ti en los últimos cinco años. Seguramente muchos. En el futuro, tendrás muchos competidores más; tu mercado será más complejo aún. Consecuentemente, los productos necesitan tener un valor intangible, atractivo y emocional, para apoderarse de la mente de tu consumidor.

Productos en el mercado no faltan, sino que sobran. El cliente no deja de comprar por falta de ellos; al contrario, está inundado, está sobreofertado. En consecuencia, todos se parecen. Cuando surge un producto que se parece a otro, la mente del consumidor lo ve como igual; por lo tanto, exigirá precio, descuento, plazos adicionales y tu producto se transformará en un *commodity*, que no puede venderse a un valor superior a la media del mercado. No destaca, ni hace que el usuario se distinga; al revés, lo masifica y eso es exactamente lo que no quiere un cliente cuando compra un producto.

> En este mundo inundado de cosas similares,
> tú no puedes vender productos; tienes que vender significado.

¿Qué le dice tu producto al consumidor? ¿Qué mensaje recibe de tu producto? ¿Lo masifica o lo distingue de la manada? ¿Se distingue por saludable, porque cuida al consumidor, porque hay un beneficio evidente para el comprarlo? ¿Es evidente la diferencia de calidad con el resto de productos que hay en el mercado?

Observa cómo ha crecido en los últimos años el estudio del neuromarketing; hoy es necesario analizar los estímulos que disparan a una mente inundada de productos similares al que tú tienes. Necesitan de tecnología para analizar el cerebro del consumidor. Una camiseta de color negro valdrá unos tres o cuatro dólares en el mercado. Pero si una camiseta negra con el logo de Nike vale entre 30 y 40 dólares se debe a que lo que estás comprando es el logo que te representa al usarla. Es decir, Nike no vende camisetas, vende el significado que su logo tiene para el cerebro del consumidor. Nike ha sido la empresa que ha logrado distinguirse, vendiendo un producto *commodity*, como los tenis. No hay nada más simple que los tenis o una camiseta. Sin embargo, su publicidad, acompañada de un diseño exquisito y muy detallado, ha distinguido a quien lo usa, ya que representa a personas con una personalidad y carácter distinto: triunfadores, ganadores, campeones, deportistas, atletas. Ése es el valor que compra la gente. Nike es la marca de más valor en el segmento que cubre: se calcula que tiene un valor de 10 mil 700 millones de dólares. Eso nos revela que la gente se siente atraída por el significado de la marca.

CAPÍTULO XV

CÓMO CREAR RIQUEZA EN EL MERCADO

CONOCE EL MERCADO AL QUE TE DIRIGES

Creando riqueza en los negocios

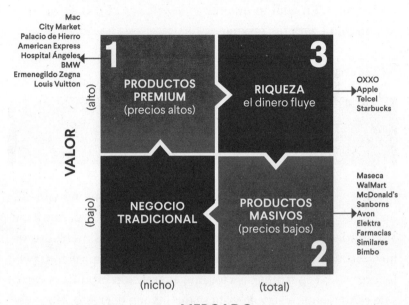

Cuando pretendas diseñar un nuevo y revolucionario producto hay dos criterios para que puedas crear una correcta innovación disruptiva. El criterio es preguntarte: ¿para qué mercado deseo crear y qué valor deseo entregar? ¿Pretendes mejorar para alejarte de tus competidores o quieres revolucionar su mercado? Steve Jobs solía decir: «No innoves para mejorar, innova para cambiar las reglas de juego». Son dos formas de pensar que te llevan a destinos distintos. ¿Quieres ser el mejor de tu colonia o ciudad, o pretendes ser el mejor de tu país o del mundo? ¿Quieres convencer a tus consumidores o quieres conquistar al consumidor del mundo? ¿Quieres ser mejor que tu competidor o quieres revolucionar la mente del consumidor? ¿Quieres aumentar tus ventas o quieres conquistar el mercado total?

Para definir tu estrategia de innovación, es necesario que concentres tu mente en el mercado en el que te quieres enfocar. Para ello es necesario que definas si quieres diseñar para atender un mercado de nicho o un mercado masivo. ¿Qué mercado quieres atacar? ¿En cuál te quieres especializar? ¿En cuál ves más oportunidad para tus productos?

Mercado de nicho

> Por lo general, los mercados de nicho se especializan en cierto segmento de consumidor que acepta pagar más por el producto que le ofreces, pues su uso lo separa del resto de los consumidores.

Es un tipo de cliente que busca calidad, distinción, individualidad y que tenga una marca reconocida, que sea una garantía de alta calidad; de lo contrario, no le interesará. Los mercados de nicho no se enfocan en que mucha gente los use; prefieren pertenecer a un segmento selecto. En general, son productos caros y de calidad, que a simple vista se distinguen del resto. No se requiere explicación de los detalles para que identifiques la calidad y distinción del producto.

Los mercadólogos se refieren a tribus que quieren ser distintas de la manada. Un reloj Rolex, por ejemplo, es caro, se ve caro, su uso te distingue, es lujoso, su calidad salta a la vista. Sólo con verlo se nota lo distinto que es, y te hace ver que perteneces a otra clase, y eso es el valor que compra un cliente de este segmento.

La fuerza del valor intangible, el significado de utilizar un producto de este nivel y que te separe del resto de los seres humanos, es la clave de estos productos. Este tipo de mercado no pretende volúmenes, busca mucha utilidad por el valor que entrega. Son empresas que logran el volumen con más sucursales o con tácticas de globalización. Son estrategas exquisitos que conocen lo más fino de una estrategia de marketing y publicidad.

Cuadrante 1: negocios y productos de nicho de alto valor

Algunas de las empresas que se encuentran en este segmento son Apple. Ermenegildo Zegna, Hugo Boss, Louis Vuitton, Polo, BMW, City Market, Hospital Ángeles, El Palacio de Hierro, Prada, Montblanc, American Express, Dolce & Gabbana o Ferrari, entre otras. Todos ellos han logrado construir una marca, porque sin marca no tienes posibilidad de crecer en este segmento.

Creando riqueza en los negocios de nicho

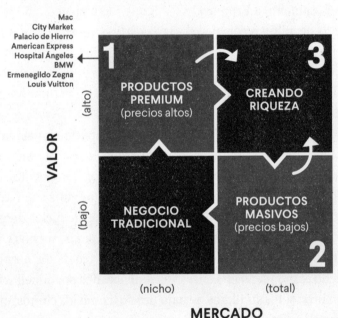

El nombre tiene un significado muy importante, incluso sólo con observar su logo.

Estas empresas no pretenden conquistar el mercado masivo de bajo precio. La gente que busca este tipo de producto necesita recibir alto valor que lo distinga o no compran. Es como viajar en clase premier.

Cómo crecen los mercados de nicho

Los mercados de nicho se caracterizan por ser segmentos reducidos del mercado. El segmento que busca este tipo de productos pertenece a clases socioeconómicas media alta, alta y muy alta. Por lo tanto, si estas empresas pretenden crecer necesitan expandir sus fronteras o saturar eficientemente todo su país. Las empresas de nicho no trabajan por colonias o ciudades; trabajan en países y fuera de sus fronteras. Su estrategia es la saturación geográfica; ese es su punto de partida. Ricos hay en todo el mundo y van por ellos.

Seguramente a Ermenegildo Zegna se le hizo pequeño Italia; cuando decidió crecer, necesitó expandirse a otros países para generar volumen. Nunca se le ocurrió incursionar en el mercado masivo de alto volumen, porque hubiera perdido su esencia de exclusividad. Louis Vuitton salió de Francia a buscar nuevos consumidores por la misma razón.

Cuando un negocio de nicho no encuentra en su país la expansión suficiente, busca nuevos horizontes; eso ha sucedido con la mayoría de los productos de alto valor. La globalización ha sido el recurso estratégico para crear una organización exitosa y de gran capital. Por lo tanto, las empresas de nicho siempre se globalizan o saturan todo su país, para no ser pequeños y vulnerables en el país que los vio nacer. El peligro de los negocios de nicho es que, si no crecen, se ven amenazados por aquellos que hacen productos similares de bajo precio, como los chinos, quienes son expertos en ello.

Cuadrante 2: negocios y productos masivos de bajo precio

Las empresas que están enfocadas en productos de bajo precio para el mercado masivo necesitan de una enorme infraestructura para generar economías de escala. Requieren de canales de distribución masivos y de centros de distribución que les permitan atender hasta el rincón más alejado del país.

Creando riqueza en los negocios
mercado masivo

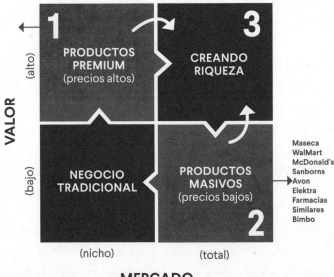

Maseca
WalMart
McDonald's
Sanborns
Avon
Elektra
Farmacias
Similares
Bimbo

Algunas de las empresas de este tipo son Maseca, Walmart, Sanborns, Elektra, Coppel, Famsa, Farmacias Similares, McDonald's, Farmacias del Ahorro, Farmacias San Pablo, Federal Express, Autofin, Bimbo, Volaris e Interjet, y la mayoría de los bancos que conocemos.

Este tipo de empresas son únicas en tener la capacidad de producir volúmenes muy altos a bajo costo, pues al competir en precio y tener márgenes razonables recurren al volumen y a una integración vertical para disminuir sus costos de materia prima y depender lo menos posible de otros productores, ya que los intermediarios no agregan valor, sino un costo que les perjudica.

Los negocios de mercado masivo aplican la estrategia *downstream;* es decir, necesitan controlar el origen del costo de la materia prima para controlar los costos y el precio final.

Por ejemplo, el grupo Bimbo tiene harineras, distribuidoras de camiones y de autos, y muchos negocios más que pertenecen al mismo grupo, pero son sus proveedores.

La maquiladora Kaltex, que cuenta con 12 mil empleados, produce tela, ropa para vestir, blancos para el hogar; está integrada verticalmente, controla la lana y el hilo, y lo fabrican para luego producir sus telas. Venden los productos que manufacturan en sus tiendas Robert's y otras de la competencia y distribuidores en todo el país. Exportan a más de 15 países.

Mexichem, dirigida por Ricardo Gutiérrez, la empresa más grande del planeta de tuberías de PVC, controla la fabricación de la materia prima para sus tubos. Cuentan con 44 fábricas en 23 países.

Cinépolis, dirigida al mercado masivo, es una empresa dedicada a la exhibición de películas; es la más grande de México y Latinoamérica, y la cuarta a nivel mundial con 3 mil 187 salas en 97 ciudades, y con 28 mil empleados. La familia Ramírez, por años, se dedicó a la construcción de centros comerciales, para más tarde integrar sus salas de cine en esas plazas comerciales.

Sukarne ha crecido enormemente; pasó de ser un negocio de ganadería a ser distribuidora de carne. Venden un millón de cabezas de ganado: las procesan, las distribuyen en 12 países y tienen 74% de la distribución de carne del país. Es decir, controlan el segmento de consumo masivo.

Cómo crecen los negocios de productos masivos

Estas empresas no sólo se concentran en mercados masivos, sino que también producen para todos los segmentos que puedan atender. Es decir, producen variedad de productos para atender todas las necesidades particulares del mercado masivo. Como, por ejemplo, Bimbo, que tiene más de 100 marcas, con 10 mil productos distintos; llega a 2.5 millones de puntos de venta. Coca-Cola atiende a más de 200 países, con 400 marcas registradas; necesita estar en todos los rincones del planeta.

Son empresas que todo el tiempo están adquiriendo empresas para alimentar con más productos el canal de distribución que tienen conquistado. Dado que su fortaleza es el canal de distribución y se encuentran en todos los rincones del país o del planeta, necesitan cada día más productos complementarios para atender integralmente a sus clientes cautivos. Ellos dicen: «Ahí están los clientes, ¿por qué no venderles otras líneas?».

Estas empresas no dejan espacio libre; evitan que alguien se atreva a entrar en sus canales. Son verdaderos zares en sus negocios. Son empresas muy sensibles al precio; es decir, los precios pueden cambiar muy rápido y, si ellas no cambian al mismo ritmo, pueden ser parte de la historia en un abrir y cerrar de ojos. Ésa es la razón por la cual compran negocios en todo el mundo; se alían y se expanden para crear masa crítica y cerrar filas en precio, costos y calidad en los mercados donde se encuentran. Por ejemplo, la aerolínea Volaris invertirá 9 mil millones de dólares para comprar 80 aviones adicionales y así captar un mayor mercado.

Cuadrante 3: empresas con productos de volumen pero también con alto valor agregado

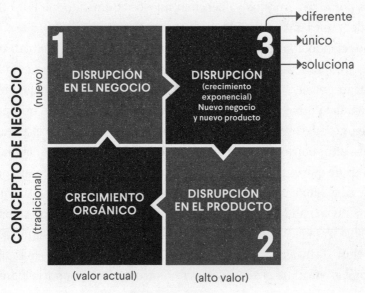

Las empresas que se encuentran en este perfil de alto volumen y alto valor son verdaderos privilegiados del mundo de los negocios. Todas las empresas anhelan algún día estar en esta posición tan beneficiosa, ya que no sólo venden grandes volúmenes, sino que también los venden a un precio alto. Es la posición del mercado donde los millones de dólares fluyen fácilmente, pues tienen muchos consumidores que aceptan pagar el precio más alto por el producto que quieren.

La utilidad de estas empresas es enorme, así que el dinero fluye en gran cantidad. Por lo general, estas empresas no tienen problemas de flujo de efectivo y tampoco se les acercan muchos competidores que pudieran arrebatarles su lugar en la cumbre de la noche a la mañana. Empresas como Microsoft, que vende su software Windows al precio más alto que pueden al mercado masivo. La gente lo compra sin quejarse. No tiene un competidor que le pueda arrebatar su lugar.

Los celulares iPhone de Apple tienen una imagen y un valor en el mercado tan altos que a sus competidores les cuesta alcanzarlos. Telcel también tiene una posición privilegiada desde la que puede cobrar lo que quiere sin que el mercado pueda cambiarlos por otros. Aunque ya acechan nuevos competidores. Por otro lado, nunca había existido una empresa como Starbucks, que está induciendo a las personas a tomar un café que jamás habían tomado o no tenían el hábito de hacerlo, y no les importa cuánto pagan por ello. Con más de 15 mil tiendas en todo el país, bien surtidas y ubicadas en lugares estratégicos, Oxxo tiene una posición poderosa en el mercado que le permite cobrar el precio más alto, por lo que no hay quien lo iguale en ese ramo. No hay duda de que es una empresa que creó una disrupción, ya que a nadie se le había ocurrido competir contra una miscelánea. Aunque hoy no es válida esa comparación, su origen así fue; hoy se han transformado y han evolucionado como un negocio de servicio, e incluso de transacciones bancarias. Cemex cobra el precio más alto por sus bolsas de cemento, lo que en otros países no podría lograr.

Cómo crecen los negocios de productos masivos y con alto valor para el mercado

La mayoría de las empresas que tienen esta posición única para vender masivamente al precio más alto son disruptoras. El crecimiento de estas empresas no puede ser lento. Radica esencialmente en una expansión masiva muy rápida, ya que tienen un producto disruptivo o un diseño de negocio disruptivo. Saben que tienen que acelerar el crecimiento, ya que muchos capitalistas pueden invertir y crear negocios similares si no evolucionan de inmediato y saturan el mercado por completo. No pueden dejar algún espacio sin atender. No pueden dejar ningún espacio sin atender. Evolucionan su producto, lo mejoran, lo fortalecen y buscan dar más servicios a los clientes cautivos que aceptan pagar caro por un producto masivo. Son empresas que por haber tomado por sorpresa al mercado se han posicionado de tal forma que se alejaron de cualquier competidor. Se transforman en los referentes del mercado. Por ejemplo, los que abran una cafetería dirán que abrieron una cafetería como Starbucks, o una compañía de taxis dirá que es como Uber.

Como ya dijimos, los primeros en salir al mercado serán los beneficiados porque tendrán los mejores márgenes de utilidad y una fuerte imagen de marca, ya que el consumidor no había tenido antes un producto similar y, por lo tanto, acepta pagar más por él.

Esa posición la tienen los juguetes armables de Lego, una idea extraordinaria que inició en Dinamarca en 1932, y que aún no ha podido ser igualada o mejorada. Cualquier producto nuevo de este tipo que salga al mercado tendrá como referente a Lego.

Ese privilegio se lo ganaron los ancestrales productos disruptores como Gillette, pañuelos Kleenex, Jeans Levi's, muñecas Barbie y muchas más que todos conocemos.

ERRORES MÁS COMUNES DE LAS EMPRESAS CUANDO SE SALEN DEL CUADRANTE DE NICHO

En mis más de 35 años como consultor muchos de mis clientes se me han acercado a comentarme: «he perdido el mercado», «el consumidor ya no nos ve como antes», «tenemos más competidores que antes, muy agresivos», «los chinos nos están quitando el mercado», y lo que he observado con frecuencia es que los empresarios, con el fin de solucionar estos problemas, han caído en la tentación de bajar el precio para compensar la agresividad comercial de los nuevos competidores.

Es muy frecuente ver productos que por años tenían un posicionamiento de nicho, de imagen de marca, de precio alto, ser devastados por nuevos jugadores. Ante la presión que reciben, en lugar de haber innovado rápidamente para crear nuevos productos de más valor o agregar valor complementario a su producto tradicional, lo que hacen es bajar el precio e incursionan en esta jungla del precio donde se encuentran muchos competidores nuevos, viejos o chinos.

Para bajar sus precios entran en una lucha, una verdadera carnicería de precio contra precio, que sangra sus utilidades, pues no están construidos para ese mundo masivo de bajo precio.

> Algunas empresas pierden su mercado de nicho de alto valor y de bajo volumen con buena utilidad, porque se involucran en el mercado masivo. Los nuevos competidores los hicieron caer en la trampa de bajar el precio para mantener el volumen, pero de ahí jamás logran salir y se estancan para siempre, perdiendo ventas y utilidades.

Se quedan enredados en la trampa mortal del precio bajo porque, además de su falta de infraestructura, no son líderes en costos, no están integrados verticalmente y tampoco tienen una red de distribución que desplace sus productos masivamente. Por el contrario, los distribuidores buscarán un producto barato de fácil desplazamiento en lugar de uno caro.

La empresa que se bajó de su pedestal del precio alto se queda estancada en la guerra frontal del precio, imposible de ganar. El día que tomaron esa decisión de entrar en el mercado masivo sentenciaron su caída. Su estrategia masiva los posicionó de inmediato en el producto genérico y no de alto valor, como hasta entonces habían sido. Es el último de sus días por venir. Todo porque aumentaron los competidores y disminuyeron sus ventas.

El error de estas empresas es no haber innovado en la creación de nuevos productos de mayor valor para compensar el cambio del mercado. Por ejemplo, esa estrategia innovadora de protección la han aplicado por años con la muñeca Barbie, que tiene cientos de modelos para crear un dique de contención contra el precio, sin importar que los chinos u otros imitadores produzcan una muñeca parecida. Para lograr esto, ofrecen al mercado Barbies desde 10 hasta 100 dólares.

Así que, en lugar de haber bajado su precio, estas empresas deberían haber rodeado su producto estrella de muchos productos de nicho de alto valor para compensar la caída de ventas y no caer para estancarse en el mercado masivo. También tendrían que haber entrado en nuevos canales, con nuevos productos de alto valor, para defender su mercado de nicho. En mi experiencia, he observado que cuando toman consciencia del problema y me llaman como consultor para apoyarlos y salir adelante, ya es muy tarde. El mercado se ha saturado de competidores y el consumidor ya tiene otros productos sustitutos. Así, el crecimiento de estas empresas nunca más regresa al nivel que tenían: si no reaccionan rápidamente en muy corto tiempo necesitarán tomar otros caminos.

Dijimos que el secreto de un disruptor es mejorar todo el tiempo, mejorar por el resto de sus días. El día que se quede en su zona de confort, desaparecerá del mapa la gran empresa que construyó; se esfumará de la noche a la mañana.

Ése fue el caso de los gigantes Kodak, Polaroid y Xerox.

EJERCICIO 4
ALGORITMO VALOR

Reúne a tu equipo de trabajo y pregúntale:

- ¿Cómo rediseñamos nuestros productos, empaques, presentación para que se vean distintos y diferentes al resto de nuestros competidores?
- ¿Qué cosa es costumbre en nuestro negocio que ya debemos eliminar y reinventar para atraer a los clientes?
- ¿Qué es invisible a nuestros ojos que ya es obsoleto, simple, poco atractivo o poco útil para el mercado?
- ¿Qué podemos cambiar de nuestros servicios, entregas, empaques o de servicio postventa que se transforme en un servicio integral para nuestros clientes?
- ¿Cómo podemos hacerle la vida fácil a nuestros clientes: cómo pueden comprar más rápido, más fácil, más cómodo y más económico?
- ¿Qué es costumbre en nuestra empresa que no agrega ningún valor a los clientes?

- ¿Qué emociones no despierta nuestra empresa, productos o servicios que es urgente cambiar para sorprender y apantallar a los clientes?
- ¿Qué del marketing sensorial debemos integrar en nuestra empresa?
- ¿En qué negocio estamos: en mercado de nicho o mercado masivo o mezclamos ambos mercados?
- Si elimináramos el producto estrella o iniciáramos nuevamente el negocio, ¿qué valor le daríamos a los clientes que hoy no les damos?

ALGORITMO CONCEPTO DE NEGOCIO

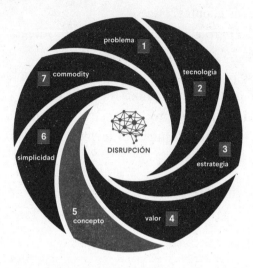

Lee el capítulo XVI

Descubrirás cómo construir una disrupción al rediseñar el concepto de tu negocio con el propósito de revolucionar tu mercado. Conocerás las empresas que han creado disrupciones muy exitosas sin tocar el diseño de su producto, cambiando la forma de atender al consumidor.

Analizarás los cinco conceptos centrales que he descubierto en mi investigación de empresas disruptoras y cómo puedes incorporar más de uno de ellos en tu negocio: concepto financiero, concepto de producto, concepto de servicio, concepto de expansión geográfica, concepto tecnológico.

Descubrirás qué tipo de empresas han integrado un nuevo concepto a su negocio y cómo la mayoría no tuvo que cambiar sus productos y, más bien, modificaron la forma de llegar al consumidor y resolver un problema del mercado que hizo al consumidor preferir su producto por encima del precio y de los años en su mercado.

Identificar un nuevo concepto, te permitirá crear tu disrupción y hacer crecer tu negocio como nunca antes.

CAPÍTULO XVI

REINVENTA TU CONCEPTO DE NEGOCIO

En el futuro habrá
dos tipos de empresas:
las rápidas y las muertas.

DISRUPCIÓN EN EL DISEÑO DE NEGOCIO

Como consultor de empresas he sido responsable de rescatar negocios muy cerca de la quiebra o de la crisis. En ese proceso indagatorio he encontrado varios elementos que han sido para mí piezas clave para mantener su estabilidad o incitar su crecimiento.

En etapas iniciales me enfoco en definir con sumo detalle, como si fuera neurocirujano, el *concepto de negocio actual de la empresa*. Con frecuencia, he encontrado que la mayoría de los empresarios, cuando intentan definir su empresa, lo hacen centrándose en el producto que fabrican o lo que les compra la gente. Me dicen: «Tenemos distribuidoras de carros. Nuestro negocio es el servicio». «Tenemos hospitales, estamos en el negocio de la salud.» «Tenemos zapaterías, somos comerciantes.» «Tenemos un negocio de paquetería, estamos en el negocio de entregas, y servicio.» Así, sucesivamente, los empresarios se ven a sí mismos definiendo su negocio en relación directa con el producto que entregan. Con el tiempo, he concluido que esta costumbre proviene de épocas de cuando el producto era lo único que había en el mercado y pocos lo tenían. En consecuencia, si la empresa vende zapatos, ropa, muebles, comida, casas, concluyen que a eso se dedican. El problema al definir la empresa en relación con el producto acota su visión estratégica y no les permite ver más allá de los límites de lo que el producto es o hace. Relacionan entonces empresa-producto. Otros intentan definirla según el tipo de mercado o producto y les llaman *servicio* o *atención de clientes*. Pero no van más allá de esas definiciones que son muy cortas desde el punto de vista estratégico del mercado.

Al estudiar cientos de empresas de las que necesito interpretar el pensamiento de los fundadores o directores, descubro que hay diversas formas de ver su negocio con las que podrían hacer crecer la empresa exponencialmente. Por definición: «la forma de ver un problema es el problema».

Es decir, si logras definir tu negocio correctamente, éste crecerá exponencialmente, porque recuerda que tienes que competir con miles de productos semejantes al tuyo y con muchas formas o canales para poder adquirirlos.

> Si construimos nuestras empresas alrededor de nuestra concepción mental de lo que hacemos o de los productos que vendemos o producimos, ahí nos quedamos el resto de nuestros días, sin poder crecer como queremos.

Como he comentado a lo largo del libro: «la tecnología ha llegado para reinventar las empresas y cambiar los hábitos de los consumidores». Ésta ha transformado la motivación de compra del consumidor así como la forma en que el empresario necesita plantear la propuesta de valor al mercado. Como sabemos, el mercado se saturó de competidores y de productos similares que atienden las mismas necesidades. La mente del consumidor ahora está expuesta a múltiples opciones; esto transformó el mercado en un hueso difícil de roer, porque se ha tornado insensible a las ofertas, pero muy sensible al precio o al valor que ofrece la empresa a través de sus productos.

Ante este panorama, debemos ver el tema por partes: por un lado, tenemos el precio; por otro, el valor que ofrece tu producto, y por otro, los costos que tienes. El comportamiento de estos tres elementos son la «palanca» que te ayudará a construir la disrupción en tu negocio.

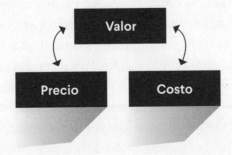

- Los que *redujeron costo y agregaron mucho valor* al cliente están vendiendo al precio que quieren y están teniendo utilidades muy importantes.
- Los que *redujeron costos y bajaron sus precios* también están haciendo mucho dinero, porque han escalado sus mercados globalizándose, creando volumen y valor.

Esta complejidad del mercado me llevó a concluir que las empresas deben definirse de acuerdo con el modelo que les permitirá llegar en forma de:

a) Bajos costos o de alto valor.
b) Mercados de nicho o mercado masivo.

Estas dos líneas de pensamiento me llevaron a descubrir que existen cinco tipos de conceptos de negocio, cuya aplicación produce una disrupción enorme en el mercado, aun sin que se cambie o modifique el producto o servicio que se ofrece. Éstos son el concepto disruptor financiero; concepto disruptor de producto; concepto disruptor de servicio; concepto disruptor de expansión geográfica, y concepto disruptor tecnológico.

Con estos cinco conceptos —que analizaremos a detalle— he podido definir el corazón estratégico de las empresas. En las empresas disruptoras no he encontrado aún una que integre todos los conceptos; sin embargo, es frecuente que integren dos o tres de ellos para crear una disrupción en el mercado.

Con el tiempo he confirmado que existen muchas empresas que han cambiado su concepto de negocio y se vuelven disruptoras de mucho éxito, manteniendo sus productos tradicionales.

Algunas de estas empresas que tuvieron éxito con productos o servicios que ya existían —quizás realizaron algunos cambios, pero el producto no inició de cero; lo que inició de cero fue el concepto disruptor del negocio— son las siguientes, muchas de las cuales ya hemos mencionado a lo largo de estas páginas:

- Farmacias Similares
- Farmacias del Ahorro
- Farmacias San Pablo
- Farmacias Guadalajara
- Apple
- Dell
- Price Shoes
- Andrea
- Cklass
- Domino's Pizza
- Autofin
- Alden
- Amazon
- Uber
- Starbucks
- Café Punta del Cielo
- Oxxo
- 7Eleven
- Elektra
- Famsa
- Coppel
- Alsea
- Cinépolis
- Cinemex
- Sukarne
- Bimbo
- Airbnb

Podría enumerar muchas más, pero la idea que quiero en este momento transmitir es que todas ellas han sido muy exitosas, continúan creciendo y no paran de hacer dinero. Ellas crearon una disrupción que les ha permitido crecer exponencialmente.

> Lo fundamental de mi descubrimiento es que hay empresas que no tuvieron necesidad de inventar sus productos para ser disruptoras, ni crearon un nuevo producto, en algunos casos transformaron el que tenían y con ello lograron cambiar su mercado para siempre. Son empresas disruptoras que se enfocaron en el diseño del negocio. Todas integraron nueva tecnología como el recurso clave para su implementación y gestión.

Mi descubrimiento me ha llevado a la premisa de que las disrupciones en los negocios no necesariamente son tecnológicas, estrategias de marketing, de publicidad, o la reinvención del producto, como lo señaló, en 1997, Clayton Christensen, pionero en introducir el término «disrupción en el mercado». Mi análisis de investigación y práctica de tantas empresas que asesoro y he asesorado a lo largo de los años indica que puedes no tocar tu producto y ser un disruptor, triunfar y hacer mucho dinero.

Por ejemplo, empresas como Farmacias del Ahorro, Similares o San Pablo, enlistadas arriba, no tuvieron necesidad de reinventar el producto; no modificaron la aspirina o el Melox, pero triunfaron con un modelo de negocio que cambió radicalmente su naturaleza en el mercado: compras a la hora y el día que quieras (abren 365 días del año, las 24 horas del día) y la entrega a domicilio. Además, puedes encontrarlas en muchas zonas de una misma ciudad y en muchas ciudades del país, por lo que yo llamo a esta disrupción de negocio: *expansión geográfica*. Este modelo de negocio ha acabado, casi por completo, con las farmacias locales.

Tal como indiqué anteriormente, este tipo de disruptores también han integrado los conceptos de servicio y financiero.

Farmacias Ahumada, que se iniciaron en Santiago de Chile, han salido de compras por Latinoamérica. Rompieron con el concepto del negocio de barrio, así como del farmacéutico de la esquina, que atendía detrás de un mostrador. Vemos así que la típica empresa familiar se ha transformado en un conglomerado de negocios globales. Muchos de ellos son fabricantes de medicamentos genéricos, que también distribuyen a otras farmacias. Es un cambio disruptivo sin precedentes, ya que fabrican, venden y revenden múltiples productos personales, cosméticos, de cuidado de la piel, aseo personal, medicina natural, belleza, para bebés, alimentos y bebidas, salud sexual, etcétera. Este modelo los posicionó como farmacias que venden con descuentos, ya que, dado su volumen y economía de escala, su precio es más competitivo.

Otro tanto sucede con Farmacias del Ahorro, Guadalajara o Similares, que abren una nueva farmacia cada dos o tres días. Algo inimaginable en el pasado, hasta que crearon esta disrupción en ese segmento de negocio.

Empresas como Elektra, Famsa o Coppel, no tuvieron que cambiar sus productos, sino que venden lo mismo que todos, pero de un modo distinto que resuelve el problema de los clientes. Otro ejemplo es Alsea, una empresa dedicada a la operación de restaurantes, que no cambió sus productos, sino que creó un nuevo concepto de franquicias de comida rápida que no existía en el mundo. En general, todos ellos y otros más concentraron su innovación en el concepto disruptor de negocio, no de producto.

Todos ellos tuvieron una reducción radical en los costos de operación, asimismo, algunos negocios redujeron sus precios y otros los elevaron.

LOS CINCO DISEÑOS DISRUPTORES DE NEGOCIO

Las preguntas claves para enfocarte en la disrupción de tu negocio son: ¿a qué se dedica tu empresa?, ¿en qué eres experto?, ¿cuál es el concepto de negocio?, ¿qué has dominado con los años? Las respuestas caen siempre dentro de los cinco conceptos de negocio disruptivo.

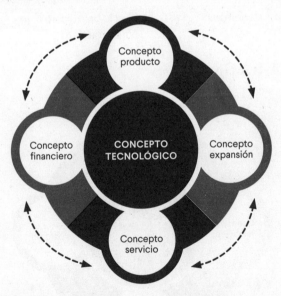

Después de respondernos esto, habrá que definir dónde invertir, qué cambiar, qué tecnología aplicar y qué adaptaciones necesitan los productos, el servicio, el sistema de distribución, la logística, los inventarios, las ventas y el sistema de precios. La atención a estos conceptos estará condicionada con una *estrategia de simplificación* en toda la organización, que explicaré en el próximo capítulo.

En las siguientes páginas examinaremos con detalle cada uno de estos conceptos disruptores de negocio, y mi visión estratégica de varias empresas nacionales y del mundo.

Los cinco diseños disruptores de negocio	Palancas que usan para tener éxito
1. Disruptor financiero	Precio bajo, costo bajo Valor: accesibilidad
2. Disruptor de producto	Precio bajo, costo bajo Valor: emocional
3. Disruptor de servicio	Precio bajo, costo bajo Valor: experiencia
4. Disruptor de expansión geográfica	Precio bajo, costo bajo Valor: saturación geográfica
5. Disruptor tecnológico	Precio bajo, costo bajo Valor: distinto

1) Disruptor financiero

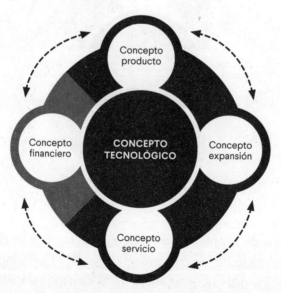

Creando accesibilidad al consumidor

> Cuando construya un carro que responda
> a las necesidades de las multitudes, reduciré mi precio.
> **Henry Ford**

> En 1905 el primer Ford lo vendían a mil dólares.
> En 1920, 50% menos e incrementó 700 veces
> su volumen de venta.

El pionero descubridor del concepto financiero de los negocios fue, sin duda, el escritor C. K. Prahalad, consultor, de origen hindú, de grandes empresas en el mundo que, en 2004, escribió su clarificador libro *La oportunidad de los negocios en la base de la pirámide.*

En su libro se preguntó por qué no es posible crear un capitalismo incluyente que permita a las clases de menores recursos ingresar al mercado del consumo. En aquellos días, estaba convencido de que la solución no era continuar haciendo lo mismo, refinando el modelo del pasado. La tesis de Prahalad era que la base de la pirámide proporciona una oportunidad enorme si se cambia la relación de las empresas tradicionales con los consumidores que disponen de recursos limitados. Decía que el secreto no era atender de manera más eficiente a un mercado de clase media, como siempre fue el paradigma de las empresas en todo el mundo.

Una vez que a los industriales y empresarios les quedó claro el enfoque hacia el enorme mercado de bajos recursos, las oportunidades se hicieron evidentes para muchas nuevas y tradicionales industrias. Los empresarios comenzaron a fabricar productos alcanzables para la base de la pirámide y fueron atendidos también con mayor respeto, incluso los banqueros ofrecieron sus servicios financieros.

Las empresas comenzaron a tener un compromiso más activo en su marketing, con el fin de conquistar un mercado abandonado por los industriales. Prahalad tenía razón y hoy, gracias a su visión, han surgido cientos de empresas que se han acercado al concepto disruptor financiero, como medio para atender a más consumidores de este nivel, lo que ha sido un negocio con enormes ingresos y grandes utilidades.

La innovación en este concepto ha creado una oportunidad de crecimiento para empresas que antes nunca hubieran imaginado la enorme oportunidad que existía en este sector. La base de la pirámide permaneció invisible por cientos de años. Muchas empresas que hacían jabones, como Procter & Gamble, por ejemplo, no producían jabón en polvo, ya que decían que ese segmento de mercado no tenía acceso a lavadoras; sin embargo, hoy sí lo producen gracias al enfoque financiero. Procter & Gamble reaccionó y hoy tiene productos también para este segmento. Así sucedió con miles de productos que cambiaron sus empaques y tamaños, porque no habían visto la oportunidad en ese mercado.

A ningún mercadólogo, estratega o empresario se le había ocurrido, hasta ese momento, mirar la enorme oportunidad que existía en este segmento. Millones de dólares potenciales pasaban desapercibidos. China, India, Brasil, México, Rusia, Indonesia, Turquía, Sudáfrica y Tailandia juntos representaban —cuando Prahalad escribió su libro, en 2004— 3 mil millones de consumidores potenciales y un consumo aproximado de 12,500 billones de dólares, que representaba en aquellos días 90% del PIB de los países en desarrollo. La cifra era mayor que el PIB del Japón, Alemania, Francia, el Reino Unido e Italia juntos. En suma, no era un mercado nada despreciable, pero había estado en la oscuridad porque los industriales estuvieron enfocados en producir sólo para la clase media y clase alta del mundo.

La explicación en aquellos días era que para atender ese segmento se requería una infraestructura de distribución que no tenían. Les era muy difícil hacer llegar los productos a zonas geográficas alejadas, ya que estas empresas habían sido diseñadas para atender las grandes urbes. Las pequeñas ciudades y zonas lejanas se las cedían a los productores locales, que sí podían tener la logística adecuada para esos pequeños volúmenes de compra de la región. Sin embargo, el internet y las nuevas redes de comunicación rompieron con ese paradigma, e hicieron que este mercado emergiera de manera inesperada.

Los chinos fueron muy visionarios ya que fueron los pioneros en producir para el segmento popular. Durante mucho tiempo estuvieron sin competencia: vendiendo productos de baja calidad y a bajo precio; aún hoy continúan siendo dueños de ese segmento, pero con productos de mejor calidad. Los bancos también despertaron de su limitada visión del mercado y diseñaron, con éxito, instrumentos para ese tipo de consumidores.

Las empresas que construyen su negocio en el concepto financiero tienen el propósito de vender volumen a más clientes, a quienes se les hace más cómodo pagar en pequeñas cuotas, porque no pueden pagar su compra de contado. Para estos negocios, su producto es la tasa de interés que cobran por los artículos que venden, que son el medio con el que logran que su concepto de negocio financiero opere y crezca.

> Las empresas que incursionan en el concepto disruptor financiero son aquellas que resuelven la barrera de compra por el precio para generar líneas de crédito o rentas con opción a compra con el propósito de generar un volumen masivo de compra.

Su estrategia es utilizar sus productos como el medio, con pagos accesibles, para que la mayor cantidad de la población de ese mercado adquiera un bien que nunca obtendría si no fuera por este sistema. Los productos se constituyen entonces en el recurso necesario para lograr ingresos a través del financiamiento.

Estas empresas, por lo general, constituyen un sistema financiero, llámese banco o financiera, que les permite articular planes muy atractivos para el mercado de escasos recursos. Su producto es la tasa de interés que cobran por los artículos que venden; de esta manera pueden mover su dinero con una rentabilidad mayor que la que les proporcionaría el sistema financiero establecido. Con este modelo para atender el mercado masivo, que por tantos años se dejó a la deriva, se han constituido empresas millonarias.

Nuevamente te propongo que reflexiones si tu negocio puede incursionar en este concepto de negocio financiero, que le permita llegar a más clientes en todo el país, ciudad o región, sin la limitación económica o la objeción al precio, creándole una solución a tu cliente para que pueda adquirir tu producto de manera más accesible.

En resumen

Las empresas que aplican el concepto disruptor financiero tienen los siguientes rasgos:

- Ven al producto como el medio para lograr su cometido, que es ganar a través del crédito; su producto es la tasa de interés.
- Es un negocio que permite acceder a la gran masa de mercado consumidor que necesita adquirir productos económicamente accesibles.
- El concepto necesita siempre nuevos productos financieros, ya que ése es en el fondo su producto.
- Se requiere de muchos puntos de venta para atender a la mayor cantidad de gente posible.

Algunos ejemplos de disruptores financieros

Banco Grameen

Conocido como el banco para los pobres, fue fundado en la India, en 1983, por Muhammad Yunus, a quien se le concedió el premio Nobel de la Paz en 2006 «por sus esfuerzos para incentivar el desarrollo social y económico desde abajo». Yunus diseñó los conceptos de microcrédito y microfinanzas, que les son otorgados a pequeños emprendedores de escasos recursos que no califican para ningún sistema bancario de la India. Así, Yunus demostró que las personas de muy escasos recursos pueden trabajar para su propio desarrollo económico, siendo emprendedores.

Elektra

Un pionero en nuestro mercado en este concepto financiero del negocio fue Elektra, que cuenta con 2,600 tiendas de electrodomésticos y su propio banco, Banco Azteca.

Comenzaron promoviendo los pagos semanales, ya que muchos clientes de este segmento cobran por semana. Si le dicen a este tipo de consumidor que pagaría 20 pesos semanales por adquirir un artículo, le es más fácil calcular si puede o no comprarlo, además de que lo percibe como un pago pequeño.

Elektra se ha expandido a varios países de Latinoamérica, apoyándose en sus canales de televisión para crear su imagen. Además, el perfil del consumidor en Centroamérica y en algunos países de Sudamérica es similar.

Famsa y Coppel

Luego surgieron otras empresas competidoras con Elektra, como Famsa, que tiene 350 tiendas en México, y Coppel, que tiene mil 149. Esta última empresa ha tenido un crecimiento sustancial, ya que adquirió las 51 tiendas Viana. El mercado es enorme y continúa creciendo.

Autofin

Un buen exponente de este perfil de concepto financiero ha sido Autofin. Sus fundadores, Juan Antonio Hernández y su hermano, cambiaron radicalmente las agencias de automóviles por un concepto financiero de negocio. A ningún distribuidor de automóviles se le había ocurrido crear un negocio financiero a partir del negocio de las distribuidoras de autos.

Los antiguos y tradicionales distribuidores automotrices, que por años hicieron mucho dinero, nunca vieron la oportunidad de transformar una distribuidora en una financiera que les permitiera aumentar sus ventas y llegar al mercado masivo. Sólo se dedicaban a vender automóviles y así siguieron. Hasta que surgió Autofin, empresa que creó una disrupción que la transformó en uno de las más importantes en el ramo automotriz de multimarcas, vendiendo unas 3 mil 200 unidades al mes.

En una reunión que hace años tuve con ellos me comentaron que su concepto de negocio nació cuando comprendieron que un automóvil era una necesidad social, no un lujo o estatus. Basado en esa premisa, creó el autofinanciamiento. Comentaron que su negocio proporciona «acceso a un bien»; es decir, al automóvil. Su negocio no son los autos, sino el crédito que nace con la premisa que acabo de describir; es decir, la tasa de interés. El automóvil es sólo un medio para el diseño de negocio financiero que crearon. De hecho, su negocio no sería rentable si vendieran de contado, debido al bajo margen de ganancia que tiene la venta de contado en el piso de venta. Para soportar su estrategia financiera crearon su propio banco con el propósito de financiar sus operaciones. Ahora que su concepto de negocio está consolidado, incursionaron en el autofinanciamiento inmobiliario y en la hotelería, y tienen planeado entrar a la fabricación de automóviles chinos.

Con este concepto de negocio resolvieron el problema que tradicionalmente tenía quien quería comprar un auto: debía contar con 30% del valor de la unidad para dar el enganche; eso se eliminó y crearon un canal más accesible, que ha hecho que Autofin crezca como ningún otro negocio del ramo.

ARA / HIR

Empresas como ARA o HIR, y otras constructoras de viviendas, también utilizan este concepto financiero de negocio, que les permitió en algún momento de gran auge vender más de 20 mil casas al año.

Las empresas que incursionan en el concepto financiero logran penetrar en el mercado masivo de bajo precio; así, los clientes logran obtener sus bienes a través de pequeños pagos. Muchas empresas que comprenden este modelo adaptan su negocio para proporcionar a sus clientes la facilidad de adquirir sus productos a través de financiamiento. Algunas empresas industriales se han transformado en financieras de sus productos. Por ejemplo, General Electric, que se dedica a la venta de turbinas de avión, financia sus ventas a través de su Banco GE.

Price Shoes / Andrea

Son dos empresas de venta de calzado por catálogo centradas en el concepto financiero. A través de vendedores independientes, que venden zapatos en pequeñas cuotas, se ha podido crear un enorme negocio que ninguna zapatería tradicional podría imaginarse.

Cklass es otra empresa que está en el mismo ramo. Estas empresas han construido sus imperios y han podido expandir su mercado en forma ilimitada con el concepto financiero, eliminando con ello la limitación del precio, ya que el cliente puede pagar en pequeñas cuotas.

Ryanair

Michael O'Leary, director ejecutivo de esta empresa de aviación de bajo costo, líder en Europa, predice que pronto los pasajeros podrían volar gratis, si los grandes centros comerciales le pagaran a la aerolínea para llevarles a los pasajeros hasta sus tiendas. La aerolínea se podría transformar en una empresa de marketing, ya que transportan 119 millones de pasajeros al año. Nada mal para aquellas empresas que deseen alcanzar a estos millones de clientes que tienen cautivos por varias horas en el avión y en el aeropuerto. Además, podrían compartir ingresos con los aeropuertos. Este disruptor dice que las oportunidades de negocios e ingresos alternos son innumerables, aparte de la venta de los boletos.

2) Disruptor de producto

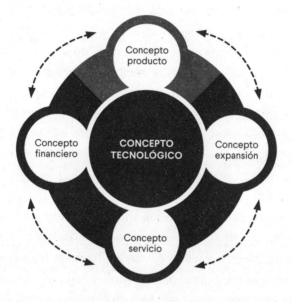

Creando emociones en el consumidor.

Cuando el consumidor se apasiona por un producto el precio pasa a segundo lugar.

En un mundo saturado de productos tan semejantes, el consumidor no puede percibir valor. Por lo tanto, comprará sólo precio.

Cuando tu producto no tiene valor evidente se transforma en un *commodity* que no justifica pagar un sobreprecio; así, tendrás que tener el mejor precio si quieres vender. A mis clientes siempre les digo: «Si tu producto no tiene valor, tendrás que tener el mejor precio o no crecerás».

> Hoy, los productos deben causar un nivel de recordación más largo, y para ello, deben invocar la conexión emocional con el consumidor.

Nike ha leído muy bien este proceso emocional de compra que expresa brillantemente en sus eslóganes publicitarios: «Lo vi, lo necesito, lo compro», «Just do it», «My time is now», «Find your greatness». Es la marca más valiosa del mundo, con 26 mil millones de dólares. Además de que tiene 96% del mercado de tenis de basketball. Toda una hazaña.

Cuando Volkswagen salió al mercado mundial, después de la Segunda Guerra Mundial, estaban muy lejos de incorporar ese pensamiento emocional a su empresa. Por el contrario, el Volkswagen fue un automóvil construido con una concepción práctica. La idea era que cada alemán tuviera su carro; eso era todo. No tenía ningún concepto tecnológico que lo distinguiera; no te daba estatus; no apelaba a aspectos emocionales. Su objetivo era que funcionara y fuera económico: «Un auto para cada alemán». Por lo tanto, cuando te veían conduciendo un carro de ese tipo decían que eras un comprador inteligente, porque era un auto con el que ahorrabas mucho y funcionaba bien; no se pretendía nada más que eso.

Ahora, los empresarios han comprendido que no es posible lanzar más productos al mercado de esa manera y esperar que se vendan. Ya hay muchos iguales al tuyo. Hoy no puedes sacar un producto que sólo tenga un sentido utilitario, porque eso lo tienen todos. Ya los líderes disruptores no sacan al mercado un producto que no tenga una sensible conexión emocional con el consumidor. Si creas una conexión emocional, la recordación del mensaje será mayor.

Cuando un producto está diseñado para resolver un problema al consumidor y el consumidor se siente identificado, éste pagará lo que sea por tenerlo. Así ha sido siempre la colección de bolsas para damas Louis Vuitton. Cuanto más caros sean los productos, mayor deseo despierta en las compradoras, porque esperan que las distinga, les dé un perfil distinto sobre las demás, les dé estatus y las aleje de la masa de mujeres que usan bolsas comunes. Hasta el punto de que, si por alguna razón Louis Vuitton decidiera bajar los precios al nivel popular, sus clientas actuales dejarían de comprarlas porque ya no representarían el estilo de vida de las que hoy las consumen. El producto perdería la conexión emocional, así como su distinción, estatus, exclusividad. Serían iguales a todas las bolsas; perderían su valor.

¿Te imaginas por un instante que tus consumidores no te permitieran reducir tus precios por el significado profundo que tiene tu producto en la mente de tus clientes? Sería un gran acierto estratégico. Los franceses se han caracterizado por tener este tipo de sensibilidad en la mayoría de sus productos. Ellos tienen los mejores diseñadores del mundo, la mejor comida, los mejores perfumes, y así sucesivamente. Son expertos en diseñar productos exclusivos y refinados para el consumidor de alto nivel socioeconómico del mundo. Saben identificar las emociones más finas del ser humano. No son buenos para diseñar productos para mercados masivos, pero para lo exquisito, ahí están ellos. Tuvieron el acierto de embotellar el agua Evian, que es una bebida de alto valor y precio en el mundo. Gracias a ellos, hoy el agua es más cara que la leche. Esto es una demostración más de que el cliente paga por el valor, no por el producto.

Los italianos también son muy buenos para el diseño del hombre elegante. Empresas como Ermenegildo Zegna, Hugo Boss, Salvatore Ferragamo, están en este concepto. Ellos venden valores emocionales como el estatus, elegancia y distinción. El consumidor acepta pagar con gusto entre 8 mil y 12 mil pesos por un par de zapatos por lo que representan, tanto para quien los usa como para quien los mira. Te hace sentir bien usar un producto de alta calidad y que los demás reconozcan.

Muchos empresarios aún no logran comprender que, aunque lancen un nuevo producto al mercado, si no consideran la conexión emocional, no podrán venderlo a un precio elevado. Si no lo hacen, la calidad del producto no importará y tendrán que entrar en mercados masivos de consumo de bajo precio.

Vender el producto porque no existe en el mercado es vender tecnología y utilidad; pero si no le da al consumidor ningún sentido de pertenencia emocional, no le generará apego y terminará siendo un producto que se destruirá en el tiempo. Es como si tuvieras una franquicia de Kentucky Fried Chicken y dijeras que vendes «pollo muerto frito» —y, al fin y al cabo, es cierto—, pero nadie compraría un producto así. Lo que compra el consumidor es lo que el producto hace por él, en todos los sentidos; lo que representa la marca y la imagen, el sabor, la apariencia, que sea económico, nutritivo; en suma, todos los satisfactores sensoriales.

El libro *Lovemarks. El futuro más allá de las marcas*, escrito por Kevin Roberts, CEO Worldwide de la agencia de publicidad Saatchi & Saatchi, dice que el amor que tiene el consumidor por las marcas está liderando la nueva lealtad del consumidor por los productos.

El autor considera que, para que un producto despierte el amor del consumidor, debe reunir tres condiciones:

- **Crea misterio.** Inspira. El consumidor se identifica con él. Lo misterioso atrae al ser humano.
- **Tiene sensualidad.** Todo lo que tiene que ver con lo sensorial: sonido, tacto, olor, sabor, es distinto y atractivo.
- **Tiene intimidad.** Apasiona, distingue al que lo compra. No todos lo tienen.

En septiembre de 2004, luego del lanzamiento del libro, la empresa Saatchi & Saatchi obtuvo un contrato por 430 millones de dólares para construir el concepto *lovemarks* en las tiendas JC Penney. Muchas marcas usan ahora este concepto en su publicidad.

> Si tu producto se logra alinear con el alma del consumidor, éste se identificará con él y tus ventas aumentarán.

Para ello necesitas ser un fanático estudioso de tu consumidor.

Según mi investigación en cientos de empresas que he asesorado directamente y que están centradas en la disrupción en el producto, se puede apreciar que éstas se distinguen por ser muy buenas conocedoras de la sensibilidad más profunda del cliente.

> Las empresas disruptoras conocen sus problemas, sus aspiraciones, sus preocupaciones y saben que la solución que le proporcionan llega a tocar la fibra más sensible de su decisión de compra.

Y cuando menciono estos aspectos emocionales del producto, no me refiero solamente a la belleza, motivación, color, gustos o aspectos de diseño, sino también a los factores racionales y tecnológicos que igualmente disparan las emociones y el impulso de compra. Así lo hace la empresa llantera Michelin y también la ingeniería alemana de los automóviles Audi o BMW.

Te invito a que te preguntes si tu producto y tu empresa o comercio puede incursionar en este concepto de producto. ¿Cuánto dominas y entiendes sobre lo que tu consumidor necesita resolver?

No importa el tamaño de tu negocio o empresa, es necesario que comprendas este principio de marketing emocional para conquistar a tus clientes en este mundo moderno saturado de productos. Lo importante es cómo piensas tú, qué te hará despegar en tu negocio. Pregúntate cuánto conoces de los problemas que tienen tus clientes y cómo los podrías resolver; qué les hace falta, qué padecen. Tienes que *saber*, no creer, ni imaginarte, ni opinar, sino que debes ser un experto conocedor de la vida de tus clientes en relación con tus productos. Debes ser un dominador de tu mercado consumidor, pero sobre todo de sus problemas no resueltos por ninguno de tus productos ni por los de tus competidores.

Créeme que no encontrarás estas respuestas alejado de tus consumidores, ni enviando a tu mercadólogo a investigar. Los mercadólogos son gente de escritorio, que llevan muchas estadísticas eficientemente, pero no tiene una mente disruptora. Eso te corresponde a ti, que eres el pionero, fundador y líder de tu negocio.

Algunos ejemplos de disruptores de producto

Leila Velez

Originaria de Brasil, país en que un amplio porcentaje de su población tiene cabello rizado, creó el Instituto de Belleza Natural, una cadena de salones de belleza y productos cosméticos y capilares especializados en cabello rizado. Su primer trabajo fue en McDonald's, más tarde trabajó en Avon. A los 19 años creó una fórmula para desenredar el cabello rizado. Cuando comenzó su empresa fijó su objetivo de mercado en las mujeres con menores ingresos, que son el 70% de las mujeres de su país. Su marca factura 32 millones de dólares cada año. Y tiene 35 salones de belleza, en cinco estados. En un futuro no muy lejano piensa abrir un salón en Nueva York.

Éste es el caso de una emprendedora centrada en una tecnología de producto que resolvió un problema a sus clientes de una manera que nunca antes se había hecho. Como dijimos al principio: si resuelves un problema del consumidor, lo tomas por sorpresa y le atraerá el producto; crearás una disrupción que te hará crecer a una velocidad mayor a la de las empresas o productos tradicionales no pueden.

Harley-Davidson

La moto Harley-Davidson, al igual que la computadora Mac, nació en un garaje. Es un negocio que está centrado en el producto. Los consumidores aman tanto la marca que pueden incluso tatuársela en su cuerpo. No tienen una Harley, la aman. Es una forma de vivir de esa tribu, que usa un tipo particular de producto que todos conocen.

Pregúntate cuántos de estos componentes hay en tus productos.

Jeans

Los jeans nacieron hace 140 años y siguen siendo una atracción para el consumidor. Es un mercado que vale unos 56,200 millones de dólares. Cada cuatro segundos se venden unos jeans en el mundo. Pero el significado detrás del producto es realmente su valor; representa una nueva forma de vestir. Lo importante no es el producto, sino lo que representa. Al principio sólo los usaban los jóvenes, y sus padres no. Hoy todos los usan.

Puedes encontrar jeans de entre mil y 10 mil dólares, hechos a tu medida. Los diseñadores adaptan la apariencia de la tela, el desgaste, o los puedes usar como vienen de origen. Te pueden vender jeans hechos como un trabajo de artesanía, o unos de alta calidad hechos a la medida. Los jeans tocan el alma del consumidor y se adaptan a la personalidad del que lo usa. No hay duda de que los jeans no son pantalones, sino una forma de vida.

En su origen fue un pantalón resistente para el trabajo rudo, que usaban los trabajadores que construían las vías del ferrocarril en Estados Unidos. Hoy representan una forma de vida que seguramente permanecerá por mucho más tiempo o para siempre. Los jeans no se usan, se aman, porque es una forma de vivir.

Starbucks

Es necesario mencionar esta empresa al hablar del concepto de disrupción de producto, ya que ha logrado magistralmente un alto impacto emocional en el joven consumidor, y hoy se ha extendido también a todas las edades.

En mis conferencias suelo preguntar cuánto vale un café en Sanborns o 7Eleven; todos me dicen que un promedio de 18 a 25 pesos. Cuando pregunto cuánto se gastan cuando van a un Starbucks, me dicen que 40, 60 o hasta 80 pesos. Así que les pregunto: ¿porque las personas aceptan pagar en promedio 100% más por un café en Starbucks? ¿Por qué no van a Sanborns o a 7Eleven, si gastan la mitad? Las respuestas que obtengo son: «En Starbucks te llaman por tu nombre», «puedes estar todo el tiempo que quieras», «te da estatus o nivel», «tengo internet», «lo tomo como a mí me gusta», «el ambiente que hay». Pero nadie hace referencia al café; es decir, no dicen: «el café exquisito, único, el sabor, la calidad, el aroma». La razón por la cual no lo expresan es porque Starbucks ¡no vende café! El café es lo que tú te tomas. Lo que compras son todos los adjetivos emocionales que expresan. Starbucks conectó magistralmente con la mente del joven y su modelo de vida y, en consecuencia, éste se volcó incondicionalmente, sin considerar el precio. Por eso Howard Schultz, presidente de Starbucks, es un verdadero genio del *lovemark*.

Starbucks es algo único, exclusivo, que conecta con una necesidad inconsciente del consumidor; éste enloquece y lo compra. Y, como ya te he dicho, cuando al ser humano le gusta un producto, el precio pasa a segundo plano.

Es decir, el concepto de disrupción de producto tiene que llevar al consumidor a identificar en segundos el significado que tu producto tiene para él. Si Sanborns Café decidiera vender el café a 46 o 60 pesos, igual que Starbucks, seguramente no vendería ninguno. Es que Sanborns Café sí vende café y nadie paga tanto sólo por un producto *commodity* como el café.

Así que, repito, lo que compra el consumidor de un producto, tiene que ver con los valores intangibles que rodean y visten al producto. Las empresas disruptoras que se diseñan a partir del concepto de producto se enfocan en resolver un problema para sus clientes y consumidores, de tal forma que despierten el impulso emocional en ellos al encontrar en el producto una solución de alto valor. Espero que algún día Sanborns Café lo comprenda. Mientras tanto ningún joven millennial se asomará a un Sanborns Café.

Tablet

Cuando Steve Jobs lanzó su tablet al mercado marcó un impacto sin precedentes en los consumidores. Muchos pasaron días durmiendo en las calles para comprar ese producto, que emocionalmente te dice: «eres único, eres distinto, nadie lo tiene, hace lo que ninguno; te verán actualizado, moderno, poseedor de lo último en tecnología». Éste es un producto que satisface una necesidad que ni el mismo consumidor sabía que tenía, y cuando tomó consciencia de ello, enloqueció y estuvo dispuesto a pagar cualquier precio por la tablet.

Todo lo que tenga que ver con el aspecto, el diseño, la apariencia o el estilo impactará directamente en las emociones del consumidor. Todo eso lo tiene Starbucks, una moto Harley, unos jeans, y otros productos más, hasta el punto de que el consumidor enloquece por y con ellos. Y luego, cuando se han gastado mucho dinero en obtenerla, conseguir una tarjeta de descuento.

Sin importar qué tipo de producto tienes, te pregunto: ¿cuánto de esto que he explicado tiene tu empresa con tus clientes?

Michelin

Las llantas Michelin, consideradas las mejores del mundo, son muy seguras; sin embargo, la empresa tiene un compromiso permanente con sus consumidores, a nivel mundial, en pro de la seguridad vial. Su logo del hombre gordo, formado de llantas, nos habla de las capas protectoras de sus llantas bien fabricadas.

En su calendario 2017, ya no presentó chicas con poca ropa, como siempre lo había hecho, sino que esta vez iba dirigido a estimular las emociones. No es casualidad que esta empresa apele a los sentidos para estimular las emociones del consumidor. Michelin nos confirma que no se debe apelar a las emociones sólo por estimular el placer, o para hacer sentir único o distinto al consumidor, sino, en el caso de las llantas, dirigirse al temor de que tú o tu familia pudieran tener un accidente. En este caso, la seguridad y la tecnología dirigida al impacto emocional se tornan en la clave de la decisión de compra de este tipo de llantas y no de otras cualquiera.

Blendtec Blender

Las licuadoras Blendtec son famosas por su poder para pulverizar cualquier tipo de productos, incluso platos, teléfonos celulares, latas, y todo lo que pongas dentro del vaso de la licuadora. Las demostraciones en televisión confirman que sí son capaces de destruir lo que sea, lo que garantiza la eficiencia y calidad del producto. El consumidor queda convencido y compra la licuadora con confianza.

Otro ejemplo que apela a la confianza es Energizer, una empresa de pilas que en su publicidad muestra a un conejito rosa de juguete que funciona y sigue funcionando, mientras que a los demás juguetes se les ha terminado la batería. Estas pilas garantizan una larga duración y el cliente siente confianza; esto es un efecto importante para tomar una decisión de compra.

En suma, los aspectos tecnológicos que dan seguridad, garantía, y confiabilidad estimulan el impulso de compra del cliente porque siente seguridad.

Whisky Johnny Walker

Johnny Walker ha posicionado el concepto del producto. Se distingue por la de calidad, innovador, exclusivo, con un espíritu creador como muy pocas marcas. Su calidad y estilo lo convierten en un producto distinto. Exalta la calidad premium en sus más de 10 tipos de whiskies. Con 100 años de existencia, ha apelado a los aspectos sensoriales, como la botella cuadrada, etiquetas inclinadas para visibilizar su nombre. Está posicionado en el nivel más alto de la sociedad, lo que distingue a su consumidor.

Nespresso

«¿Nespresso, *what else*? (Nespresso, ¿qué más?)». No hay nada como un Nespresso: «El mejor café del mundo, Nesspreso», dice el eslogan de la marca en su sitio de internet.

Nespresso ha acertado en darle al consumidor un café fácil de hacer, rápido, sin complicaciones y que además otorgue estatus. Más simple, imposible. Tiene todo lo que un consumidor moderno necesita, porque «es el mejor café con el mejor sabor». Por ello, eligieron como su imagen a George Clooney, un actor distinguido, bien vestido, que elige y consume cosas únicas y de calidad; por eso toma Nespresso. No es necesario ser un experto para preparar un café de lujo que te hará sentirte distinto.

Nespresso es la marca comercial de Nestlé Nespresso; como te darás cuenta, crearon una empresa paralela, no integrada a la infraestructura comercial tradicional de Nestlé. Todo un acierto en la creación de empresas paralelas, que atiende al mercado de élite y no al masivo que es lo que tradicionalmente había atendido Nestlé con sus múltiples productos.

Si en el futuro quieres producir algún producto diferente a los que tradicionalmente tienes, toma el ejemplo de Nestlé, para que no integres tu nuevo producto a tu sistema tradicional de empresa.

En resumen

Las empresas disruptoras de producto tienen los siguientes rasgos:

- Cubren nichos de mercado y tienen productos y servicios de muy alto valor.
- Sus productos son de precio alto y calidad superior.
- Sus productos son casi una joya de colección, o así los percibimos.
- Atienden el ego y las emociones de las personas.
- El servicio es superior, distintivo, único y exclusivo.

3) Disruptor de expansión geográfica

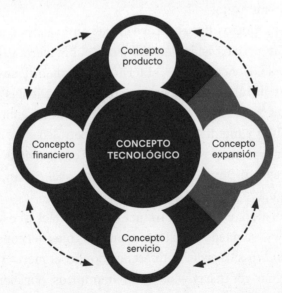

Creando saturación geográfica.

Un producto para todas las personas,
de fácil acceso y comodidad.

El concepto de negocio centrado en la expansión geográfica generalmente lo usan las empresas que atienden mercados masivos con productos *commodity*, de márgenes de ganancia reducidos. Hay también algunas empresas con productos de nicho de alto valor diferenciado y precio muy elevado que usan este concepto.

En un capítulo anterior ya explicamos que los *commodities* son productos de demanda natural, funcionales y similares a otros productos, que se surten sin una distinción cualitativa o diferenciada en el mercado.

Estos productos tienen proveedores en cualquier parte del mundo. Sus precios están determinados por la oferta y demanda del mercado. Generalmente, el término *commodity* se refiere a recursos naturales; por ejemplo, productos agrícolas como la soya, el arroz; metales como el hierro, aluminio, cobre u oro; combustibles y fuentes de energía como petróleo, gas, carbón o electricidad; productos cárnicos, y algunos otros artículos de primera necesidad como azúcar, café, té, sal, aceite, pan, leche, e incluso agua.

Sin embargo, cualquier producto —no sólo los que acabo de mencionar— se puede transformar ante los ojos del consumidor en *commodity* si pierde su diferenciador en el mercado, como las medicinas genéricas —los multivitamínicos, por ejemplo, se pueden comprar de cualquier marca a un precio muy reducido—, la ropa, los zapatos, los cinturones, etcétera.

> Las empresas que diseñan su estructura para desarrollar su negocio en el concepto de saturación geográfica son aquellas que comprenden que están en un segmento de negocio de alto volumen y que su dinero y negocio está determinado por la economía de escala.

Es decir, si no hay volumen, no hay negocio. Por lo general, compiten en un mercado cuya característica es la alta saturación, donde hay muchos jugadores con productos similares en cada esquina; por lo tanto, necesitan el volumen para salir adelante, generar ingresos y crecer —como Coca-Cola, que está en más de 200 países y que su producto necesita estar incluso en el rincón más apartado del mundo, si quiere continuar siendo el líder del segmento—. Su segmento, volumen y rotación no les permite subir los precios a discreción.

Por lo tanto, son empresas que todo el tiempo buscan integrarse verticalmente para reducir sus costos, ser eficientes operativamente y controlar el precio en el punto de venta. De lo contrario, si tuvieran que intermediar sus productos con bajos costos, nunca tendrían un precio competitivo al final, en el punto de venta, para atender un mercado masivo y poder escalar.

Son empresas que frecuentemente buscan nuevos proveedores más económicos, con mejor calidad, en cualquier parte del mundo, que les permitan atender a un mayor volumen de mercado posible cada día.

> Como lector puedes pensar que el concepto de expansión geográfica es sólo para grandes empresas, pero no es así. Las empresas pequeñas también pueden lograrlo, si están muy atentas a su empresa y a su mercado.

Si tu mercado es sensible al precio será necesario tener disponibilidad de producto con un servicio superior, ya que hay muchos productos sustitutos en el mercado. Además, como el mercado no te permite subir tus precios, aunque tus costos aumenten, necesitarás incrementar el volumen de ventas. Porque si tu negocio no es escalable, no tendrá futuro. El incremento de ventas no lo vas a lograr haciendo más promociones, sino buscando más mercados o productos para vender más.

Si tienes un solo negocio de venta de productos de consumo, el principio que quiero compartir es que, en un mundo saturado de negocios que venden productos *commodity* —de consumo popular— como el tuyo, puedes tener posibilidades de incursionar en el concepto de saturación geográfica. Puede ser una opción de crecimiento significativo dado que es muy difícil que tu negocio continúe creciendo, como antes lo hizo, en tu zona tradicional. La competencia crece día con día y satura tu zona de productos similares.

Así que, ya sea que tengas una tienda o seas un distribuidor de productos *commodity*, tendrás que aumentar los puntos de ventas y diversificarte con más productos si deseas continuar el ritmo de crecimiento que tuviste en tus orígenes. Tu crecimiento no vendrá a través de tu negocio tradicional, que ha sido tu mina de oro, ya que seguramente, con el tiempo, el nicho se ha saturado y todos quieren tus clientes. No tienes que ser un gran conglomerado para aplicar este concepto; tienes que comprender el principio que rige la saturación o expansión geográfica y aplicarlo a tu tamaño de negocio. Necesitas hacer una disrupción de tu negocio, para que escales tu venta, y eso sólo se logra si aumentas los puntos de venta, y diversificas tus productos para dar una solución integral a tus clientes, como muy bien lo comprendió Oxxo. Si Oxxo hubiera pensado, como muchos comerciantes del país que conozco, tendrían una tienda en cada gran ciudad solamente, y en algunas ni se asomaría. Ése es el modelo antiguo de crecimiento de los negocios: crecer en forma orgánica en el mostrador, año tras año. Pero ése no es el que requieres para un mercado como el de hoy. Ante esa realidad, es necesario que reflexiones si tu empresa o comercio puede aplicar el concepto de negocio de saturación geográfica para crear una disrupción en tu negocio tradicional y crecer al ritmo que estabas acostumbrado.

Un día, en una de mis conferencias, una emprendedora me comentó: «Tengo un negocio de jugos y frutas, llevo 10 años con él, me va bien, pero mis ventas no aumentan y los costos suben. Y además, no crezco». Mi respuesta fue la siguiente: «El secreto de un negocio de jugos es el segundo negocio de jugos o el tercero que tienes que abrir. Necesitas crear economías de escalas, aun en negocios sencillos como ésos. Es imposible aumentar las ventas en la esquina donde te encuentras, porque seguramente ya hay más competidores ahí y ya la zona dio lo que tenía que dar. Debes tener la actitud de expansión geográfica: satura tu colonia, tu ciudad, tu región o tu país. Si lo piensas bien, todo el país es tu mercado».

Pensamos con mentalidad de escasez y no nos vemos con varios productos, varias sucursales o distribuciones. Debes ser consciente de que los productos *commodity*, que no tienen mucho valor distintivo para los clientes, requieren economías de escala para garantizar tu crecimiento. Piensa: ¿eres un pez grande para la colonia en la que estás y necesitas crecer en unidades, productos o canales de distribución? ¿Tu negocio es escalable? Entonces tienes que hacerte un experto en el concepto de negocio de expansión geográfica. Así lo han hecho la mayoría de las farmacias del país; como no pueden subir sus precios y ganar más por sus productos, han abierto nuevos puntos de venta o han creado franquicias para expandirse. Las farmacias también han entrado en el modelo de *upstream*, que explico abajo, fabricando sus propios productos genéricos para controlar el precio en los puntos de venta.

Es tan simple el principio de saturación geográfica que te invito a pensar que si fueras un taxista sería difícil generar más ingresos. Es casi imposible; no puedes duplicar el precio o duplicar la cantidad de viajes. Como es un negocio en un mercado que no te acepta altos precios, debes concluir que el negocio de un taxi es tener un segundo y un tercer taxi; conozco quien es dueño de 100 Uber. Si estás en un mercado sensible al precio, masivo, no tienes más opción que imitar a los grandes empresarios que comprenden que no hay dinero si no hay expansión de tu negocio en nuevas unidades de venta, ya sea en zonas o en nuevos productos para varios segmentos. Tu obsesión debe ser multiplicarte; de lo contrario, quedarás estancado y sin posibilidad de crecer y expandirte esperando que el mercado cambie. Y eso nunca sucederá. Tú debes provocarlo.

Upstream y downstream

El modelo estratégico *upstream* y *downstream* es muy utilizado por las empresas que persiguen el volumen. El *upstream* es el modelo de búsqueda del origen de los costos. A partir del producto, hacia arriba, buscan integrar su cadena productiva, ya sea comprando o asociándose con empresas o proveedores que produzcan la materia prima para su producto y que tengan eficiencia operativa.

Por ejemplo, si fueras fabricante de telas, tu *upstream* sería incursionar en fabricar tu propio hilo; si te subes más, sería adquirir la lana directamente en el campo; luego, fabricar el hilo y la tela. De esa manera tendrías el control del costo del hilo, del tejido y de la tela, permitiéndote tener precios muy competitivos en tus puntos de venta.

China ha sido para muchos empresarios el *upstream*, porque pueden comprarle materia prima a un precio muy bajo. Su vulnerabilidad es que no tienen el control de la calidad, si es que se busca una buena calidad. Pero esto último depende del empresario.

El *downstream* para una empresa de telas sería tener tu propio canal de tiendas en vez de sólo venderlas a los mayoristas y que ellos se encarguen de distribuirlas y venderlas al consumidor final.

Algunos ejemplos de disruptores de expansión geográfica

Mexichem

Mexichem es un grupo mexicano de empresas químicas y petroquímicas, líder en el mercado latinoamericano, que exporta a 50 países, cuyo propietario y genio estratega es Juan Pablo del Valle.

Este grupo ha construido su mercado alrededor de la fabricación de tubos de PVC y sus derivados. Atiende a los sectores de la construcción, agua potable, alcantarillado, etcétera, y tiene una facturación de casi seis billones de dólares anuales.

Ha buscado adquirir otras empresas, en países como Brasil, que le permitan tener la materia prima, derivados industriales y productos terminados para la fabricación del PVC al más bajo costo, y así controlar el precio del mercado en el *downstream*; es decir, en el punto de venta, cerca del cliente.

Estas empresas poderosas. cuando logran controlar el origen del costo, pueden incluso venderles materia prima o producto terminado a sus competidores directos y con ello logran controlar el precio del mercado, porque se convierten en líderes. Así ha sucedido con Mexichem, que es hoy una de las empresas de la industria química más grandes del mundo, gracias a sus arriesgadas y acertadas decisiones para mantener el liderazgo absoluto en este segmento.

Sukarne

Sukarne, una empresa de productos cárnicos. Ha utilizado la disrupción de expansión exitosamente. Se trata de una empresa cuyo producto *commodity* es la carne; logró constituir una organización que hoy es ejemplo de una estrategia bien articulada para un producto masivo y de enorme distribución.

Jesús Vizcarra Calderón, quien funge como presidente de la compañía, es uno de los 100 empresarios más importantes de

México. Esta empresa cuenta con una planta de 10 mil empleados, y desplaza un millón de cabezas de ganado al año; exporta a 12 países (Estados Unidos, Canadá, China, Japón, Corea,
Vietnam, Hong Kong, Liberia, Congo, Costa de Marfil, Rusia y
Chile) en cuatro continentes, y factura 2 mil 900 millones de
dólares. En los últimos 20 años ha tenido un crecimiento de 20%
y ahora tiene 74% del mercado de exportación de carne de res.
Hoy en día, se han extendido a la carne de cerdo y pollo.

Esta compañía creó una cadena de producción y comercialización, muy bien implementada, a través de la distribución
directa. Su *upstream* se trató de transformar la industria de la
carne en México y en el mundo, controlando desde la compra
del ganado hasta la entrega del producto ya empacado para el
consumidor. Con su estrategia de *upstream,* decidieron entregar
el cuidado y cría del ganado joven a los pequeños ganaderos.
Tienen el control del grano de alta calidad con que alimentan a
sus animales, y cuentan con centros de animales de engorda y
plantas de producción de alimentos, así como centros veterina-
rios. Además, su área de investigación estandariza la vida útil de
la carne en el anaquel.

El *downstream* lo atienden con centros de distribución para
mayoristas, como carnicerías, restaurantes, tiendas y supermercados. El consumidor recibe el producto empacado de origen, en
todo el mundo.

Sukarne es un caso de dominio total de un modelo de negocio
que, para atender el mercado masivo, logró controlar el origen
del costo con estrategia de *upstream* y llegar al consumidor final
con una estrategia *downstream*. Sukarne es uno de los ejemplos
de control de la estrategia del concepto de negocio de saturación
geográfica para un mercado masivo. En pocas palabras, ha llevado la mejor carne a gran parte del mundo, controlando todo el
proceso para que el producto llegue al consumidor al mejor precio. Eso se logra con un dominio de la estrategia del *upstream*.

Bimbo

Su genialidad estratégica es conocida por todos. Bimbo produce 10 mil productos y cuenta con 129 mil colaboradores. Es un líder absoluto de la distribución masiva del pan. Igual que Sukarne, a Bimbo se le hizo pequeño el país y salió al mundo a buscar economía de escala y tener más volumen.

En una entrevista que tuve hace algunos años con Daniel Servitje, brillante estratega, me dijo: «Nosotros nos dimos cuenta en un momento de que éramos un "pescado" muy grande para una pecera pequeña». Es decir, el mercado de México ya se le estaba haciendo chico. Esa forma de pensar y ese lenguaje sólo son de aquellos genios estrategas que intuyen que deben globalizarse porque la esencia de su negocio es la expansión geográfica por excelencia. Saben que no deben depender de los vaivenes económicos y políticos de un mercado tan incierto como el de México. Liderar el mercado de Sudamérica, Estados Unidos, China, India, África y parte de Europa, no ha sido una tarea fácil, pero sí brillantemente articulada. Bimbo es un dominador del modelo estratégico de *upstream*, así como del principio que exige ser una empresa de saturación de zonas, regiones y países. Bimbo no va a probar a los países; va a ganar.

Oxxo

Oxxo es otra empresa muy exitosa en el concepto de negocio de saturación geográfica. Oxxo, una cadena de tiendas de conveniencia, fundada en 1978, es propiedad de Femsa. Tiene 14 mil tiendas en México y 37 en Colombia, en las que se atiende a un promedio de 11 millones de clientes diariamente; tiene siete veces más tiendas que su competidor más cercano que es 7Eleven; y es la que más vende por metro cuadrado en el país, por encima de Chedraui y Walmart.

Es un negocio que nació con el propósito de distribuir sus marcas de Cervecería Cuauhtémoc, Coca-Cola y Jugos del Valle; sin embargo, hoy distribuye incluso productos farmacéuticos y ha incorporado servicios bancarios. Actualmente cerca de 70% de sus utilidades provienen de transacciones bancarias como ATM; cobro de servicios públicos; pagos de tarjetas de crédito; recargas telefónicas; envíos de dinero y retiros, y hasta pequeños préstamos —con un acuerdo que tuvo con Bancomer, Scotiabank, Santander e Inbursa—. Comercializa también la tarjeta de débito Saldazo, de Banamex-Visa. El costo de apertura de una sucursal bancaria varía entre 3.5 y 8 millones de pesos, mientras que el costo de un intermediario como Oxxo es de sólo 10 mil a 15 mil pesos y Oxxo tiene más de 14 mil puntos de venta, incluso en lugares en donde no hay suficientes sucursales bancarias, por lo que ellos pueden hacer esas transacciones, como parte de su infraestructura. No nos extrañaremos de que algún día incursione en el negocio financiero.

Oxxo comprendió que su negocio era de economías de escala y tenía que incursionar en el volumen para poder triunfar —ya que el mercado no le permite subir los precios discrecionalmente, aunque es la tienda más cara de su segmento, ya que es un negocio de conveniencia de alto valor para el consumidor— y lo ha logrado. Se dio cuenta, inteligentemente, de que el nivel socioeconómico bajo necesitaba ser atendido igual que cualquier otro segmento del mercado. Esta empresa no quería ser vista como muchas misceláneas tradicionales: con surtidos limitados; instalaciones poco higiénicas y nada atractivas, y con una atención como tienda de pueblo, como lo fue en sus orígenes.

> Muchas empresas tienen la percepción de que a la clase socioeconómica baja hay que atenderla con servicios de baja calidad, que no requiere lujos. Viven aún con ese paradigma obsoleto y poco inteligente, ya que no han comprendido el avance y el cambio que han tenido los niveles de exigencias de los consumidores de todos los niveles socioeconómicos.

Las empresas de transporte de pasajeros, por ejemplo, así funcionaron por muchos años hasta que surgió la empresa UNO, que cambió el concepto, con horarios de salida regulares, autobuses de lujo, cómodos, limpios y con sanitarios, para ese segmento de mercado que utilizan autobuses en lugar de aviones. Fue la primera en descubrir esa oportunidad, que ahora ha sido imitado por sus competidores.

Oxxo no sólo apostó al concepto de negocio de saturación geográfica, sino que también, como empresa inteligente, decidió diversificarse, porque comprendió el mecanismo natural de este concepto de negocio de crecer vertical y horizontalmente en el mercado, y lo han hecho magistralmente bien —así como lo hizo Bimbo—. Hoy han decidido incursionar en varios tipos de negocios; por ejemplo, con gasolinerías, con Oxxo Gas, farmacias Yza y restaurantes Doña Tota, entre otros negocios nuevos. Nunca descansarán.

Lala

Lala inició sus operaciones en 1949. Es la mayor compañía de productos lácteos de Latinoamérica, con operaciones en México, Guatemala, Nicaragua, Costa Rica, Honduras y El Salvador, y está liderada por Eduardo Tricio, quien es el presidente del consejo, además de accionista de Aeroméxico y de Citibanamex.

Lala se encuentra entre las 10 primeras empresas públicas a nivel mundial, diversificada en zonas y en productos, con 25 marcas en la categoría de lácteos.

Es una empresa que continuará creciendo por ser una clara representante del concepto de negocio de expansión geográfica, aun cuando diariamente surgen competidores, como Coca-Cola que incursionó en el ramo lechero, comprando Santa Clara. Por ello, crecen en zonas geográficas y en nuevos productos todo el tiempo, pues necesitan tener sus productos en todos los rincones del país. Como hemos comentado, ya no puedes ser el empresario más grande de tu colonia o de ciudad, sino que necesitas multiplicar tus puntos de venta o pasarás momentos muy difíciles.

The Home Depot

The Home Depot es una empresa minorista estadounidense de mejoramiento del hogar y materiales de construcción. Llegó a México en 2001, cuando adquirió la empresa Total Home, que tenía cuatro tiendas en el país. A partir de ahí, su crecimiento ha sido vertiginoso. Hoy, esta empresa cuenta con 18 mil artículos, en sus 121 tiendas en los 32 estados de la República, y tiene una plantilla de 16 mil asociados. Además, invertirá 2 mil millones de pesos más en seis nuevas tiendas.

Su negocio de venta en línea representa 1% de su volumen, pero quieren llevarlo a crecer a 15%. Te invito a que evalúes si tu negocio necesita incursionar en economías de escalas y cómo el *e-commerce* te puede complementar.

Farmacias del Ahorro, Similares, Benavides, San Pablo, Farmacias Guadalajara

Farmacias del Ahorro abrió sus puertas al público en 1991, y hoy cuentan con mil 600 establecimientos con más de 12 mil colaboradores, y proyectan tener 2 mil 600 farmacias en los próximos dos años. Atienden a la mayor parte del territorio nacional, y su objetivo es entrar a los cuatro estados que les faltan: Colima, Sinaloa, Sonora y Baja California Sur.

Farmacias Similares nació en 1997, con la finalidad de entregar «productos y servicios de salud a los estratos más desprotegidos del país», y actualmente es una de las empresas líderes en venta y distribución de medicamentos genéricos, con sus más de 6 mil sucursales en México, El Salvador, Honduras, Guatemala, Costa Rica, Ecuador, Perú, Chile y Argentina.

Farmacias Benavides abrió su primera farmacia en 1940, aunque desde 1912 operaba como Botica del Carmen, en Monterrey, Nuevo León. Actualmente cuentan con mil 193 sucursales en 203 ciudades de 24 estados del país, atendidas por más de 10 mil colaboradores. Tiene planeado abrir 100 nuevas sucursales por año. En 2014 la empresa fue adquirida por Walgreens.

Farmacias San Pablo inició sus operaciones en 1936. Actualmente cuentan con más de 100 sucursales. Desde 2017 incursionaron en el comercio electrónico, que proyectan que en el mediano plazo represente 10% de sus ventas globales.

Farmacias Guadalajara abrió su primera farmacia en 1942. Hoy tienen más de 1,800 sucursales, en 370 ciudades de 28 estados del país. Cuenta con una plantilla de 38 mil colaboradores.

Este tipo de negocios, como las farmacias, saben ahora que el principio que rige un producto masivo con precios competitivos es, en esencia, un excelente servicio. Las Farmacias del Ahorro se centraron en el diseño de un software que les permitiera tener la logística bajo control, porque si necesitas una aspirina efervescente a las tres de la mañana, no puedes decir que «el proveedor no me surtió esta semana». Eso es jugar a que tienes un negocio; no es uno en serio. Éstos son negocios de logística que requieren de tecnología para procesar miles de productos y dar el mejor servicio porque el producto debe estar el día, la hora y en el momento en que el cliente lo necesite. Éstas son las condiciones de las empresas que concentran su estrategia en el concepto de disrupción de expansión geográfica.

Vidanta

Daniel Chávez Morán, presidente y fundador del grupo Vidanta, opera uno de los grupos hoteleros más grandes del país. Tiene 23 establecimientos, con más de 7 mil habitaciones en hoteles como Mayan Palace, The Grand Bliss, Ocean Breeze, The Grand Mayan, Sea Garden, y otros. Ha vendido más de 2 mil residencias de vacaciones en México. Su empresa maneja el mayor operador de campos de golf: Vidanta Golf.

Fue reconocido en 2015 como uno de los 100 empresarios más importantes de México en el área de turismo. Invertirá 2 mil millones de dólares en su expansión a cinco años. Ésa es la típica actitud de un dominador del concepto de expansión geográfica: nunca dejan de invertir para fortalecer su principio de economía de escala.

Te invito a que reflexiones en este perfil de empresarios que comprenden por principio que están orientados a un mercado masivo, con precios competitivos, y necesitan un alto nivel de servicio. Pero la clave es el desarrollo de más unidades o sucursales que te permitan aumentar tus ventas.

Grisi

La empresa Grisi, que comenzó hace 154 años como una botica en el centro de Ciudad de México, ahora exporta a 25 países. Como toda organización cuya naturaleza y oficio es de expansión geográfica, se diversifican lo más posible para atender a su mercado cautivo o a los canales donde están consolidados, para crear economías de escala.

Esta empresa pasó de ser una botica a una empresa de champús, jabones con aromas naturales — adquirió la marca Maja—, medicamentos, suplementos alimenticios y productos de receta médica. Su mayor ingreso es de 55% y proviene de sus exportaciones a Estados Unidos.

Expansión geográfica en empresas de nicho

Las empresas que fabrican productos de nicho de alta calidad y precio muy elevado para el mercado premium —como Ermenegildo Zegna, Louis Vuitton, Hugo Boss, Massimo Dutti, Montblanc, Dolce & Gabbana, entre otros—, también han aplicado este concepto de negocio de expansión geográfica.

La razón por la cual estas empresas de segmento socioeconómico elevado, con poca sensibilidad al precio, deciden incursionar en el mundo global es porque el mercado en sus países se les hizo pequeño para el segmento socioeconómico más alto, exigente, al que ellos se dirigen localmente (eran un pez grande en una pecera pequeña). Es decir, ya no podían escalar más sus ventas con un producto de nicho en sus países y decidieron salir a conquistar el mercado internacional para crear economías de escala.

Comercios

La aplicación de la estrategia del concepto de saturación geográfica también la hemos visto en aquellos comerciantes que decidieron crecer a través de los centros comerciales. Cada centro comercial que se abre, es lugar en donde ellos abren otra tienda.

Si observas con atención, las marcas se repiten una y otra vez en cada centro que se abre en el país. La posibilidad de diversificación y generación de economías de escala se la proporcionan los desarrolladores de estos centros. Han encontrado, de esa manera, una aplicación del modelo de saturación geográfica.

Para que te des una idea, México es el país que tiene más centros comerciales de toda Latinoamérica, con 584 centros comerciales. Esta cifra abre un amplio panorama para aquellos que comprendieron que necesitan escalar para compensar los reducidos márgenes que hoy tienen con un mercado saturado por miles de productos de consumo iguales al suyo. Se pueden encontrar tiendas como Prada, Zara, Adidas, Aldo Conti, Alfilo Italy, Bershka, Devlyn, Crabtree & Evelyn, Cuadra, Florsheim, Julio, Mango, Martí, +Kota, Nike, entre otras, así como las tiendas ancla como Liverpool o El Palacio de Hierro, que son las tradicionales. Todas ellas comprendieron el concepto de negocio de saturación geográfica y ahí las encontramos siempre, no fallan. Así lo comprendió también la panadería La Esperanza, no así La Balance ni Elizondo.

Pregúntate: ¿mi empresa de nicho puede aplicar este concepto de negocio y crear una disrupción como tal? Piénsalo.

En resumen

Las empresas disruptoras de expansión geográfica tienen los siguientes rasgos:

- Son negocios que se sostienen con el volumen de ventas.
- Diversificación geográfica.
- Necesitan tener logística para controlar sus inventarios.
- Requieren inversiones en infraestructura de distribución masiva.
- Son expertos en reducción de costos con *upstream*.
- Tienen márgenes para ser competitivos.
- Toda reducción de costos la transfiere al consumidor para reducir su precio y generar más volumen.
- Cuanto más diversificados, mejor.

4) Disruptor en el servicio

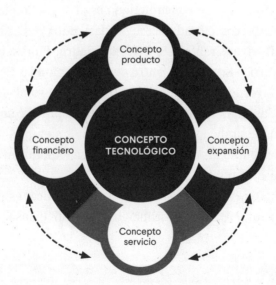

Creando valor único al consumidor.

Sentirse único, exclusivo, diferente y sorprendido por los detalles y calidad del servicio eleva el nivel emocional de las personas.

Cuando la organización está diseñada para que la experiencia en el servicio sea única, diferenciada y con un gran valor percibido por el cliente, entonces es cuando sabe que ha diseñado un negocio cuyo concepto está centrado en el servicio.

Este tipo de empresas ha logrado que el servicio se transforme en el valor más atractivo y motivacional, por encima del producto. Es una experiencia de carácter intangible, ya que el servicio se transforma en el elemento determinante de la atracción del cliente.

El servicio es el producto del producto. Lo intangible se mimetiza y se convierte en el valor tangible que atrae la sensibilidad del cliente y el producto pasa a segundo plano. En realidad, el producto es sólo el medio por el cual el servicio se construye.

El servicio tiene la peculiaridad de que la misma gente que trabaja en la empresa es la que construye la popularidad y su marketing. Es decir, ellos son el recurso que tienes para construir tu marca y consolidar tu servicio, como el producto que la gente compra. Toda empresa que está en este concepto mide minuciosamente su nivel de servicio.

La mayoría de los empresarios que tienen conceptos antiguos de venta de productos, se concentran en tener una buena voz al teléfono, atender rápido una llamada o tener un call center para sábado y domingo hasta las 12 de la noche. Realmente, estos empresarios están muy lejos de tener una empresa cuyo concepto sea la disrupción en el servicio. Sin embargo, algunos empresarios como Richard Branson, y muchos más, son muy minuciosos y detallados al momento de construir su negocio de servicio. Disney, por ejemplo, es una empresa que es un icono en el concepto de servicio, e incluso da conferencias y cursos para mostrar cómo construyen el servicio para sus clientes.

El tratamiento del servicio intangible, conceptualizado como producto tangible, produce un impacto enorme en la decisión de compra porque nuevamente apela a las emociones más profundas del consumidor. Tratas al cliente como único y diferente y lo sorprendes constantemente con ideas revolucionarias, para que su relación con tu empresa sea fácil y cómoda, y con velocidad de repuesta a los problemas. Ésta puede determinar tu vocación de servicio o sólo demostrar que estás interesado en venderles, en su dinero y aumentar tus ventas y no hacer que el cliente viva una experiencia única.

Analiza si tu negocio puede aplicar los principios que rigen las empresas que construyen su organización centrados en la disrupción en el servicio; es decir, que traten el diseño del servicio como si fuera el producto que el cliente compra. Tu producto puede ser un *commodity* y no tener una diferencia sustantiva con los demás, pero el volumen y el precio estará determinado por lo que recibe el cliente en su relación con tu empresa.

No confundas el servicio como un valor intangible porque entonces no habrás comprendido en absoluto de qué se trata este nuevo mundo empresarial, donde todos hacen lo mismo que tú. Si llegas a ignorar estos consejos o malentenderlos, tendrás que caer presa de la guerra de precio, víctima de una miopía de este concepto disruptor de servicio.

Algunos ejemplos de disruptores en el servicio

Hoteles Marriott

Marriott es una cadena hotelera en la que todas las personas que entran en contacto directo con el cliente tienen incentivos, incluso los porteros y maleteros, ya que son el motor del concepto disruptor en el servicio. Esta empresa comprende que no puede dar el mismo servicio para todos; por ello, ha creado 16 tipos de marcas distintas de Marriott, para cada segmento de mercado en los que desean incursionar.

Esta cadena de hoteles también integra en su estrategia el concepto disruptor de expansión geográfica, ya que su expansión por el mundo le construye una economía de escala sin la cual no podrían haber crecido y constituido un negocio multimillonario.

Domino's Pizza

No hay duda de que el impacto provocado por Domino's Pizza, entregando su producto en 30 minutos, tuvo un efecto motivacional enorme, al darle al cliente lo que más necesitaba: rapidez, comodidad y calidad, que nadie en el mundo le había entregado. Es decir, si quieres incursionar en el concepto de servicio de alto valor, puedes instrumentar elementos que resuelvan un problema muy atractivo para tu consumidor, como la entrega de una pizza en 30 minutos. Este factor de servicio fue el elemento detonante para la preferencia del consumidor; no la pizza en sí misma.

Domino's no vende pizzas, vende un extraordinario servicio diferenciado, comodidad, atención y el instrumento para lograr tan acertada estrategia de servicio es su pizza. La pizza es lo que te comes; el diseño del servicio es la razón por la cual compras. Domino's no cambió la pizza para tener éxito en el mercado, sino que fue el tiempo de entrega el que causo un enorme impacto disruptor en el consumidor. Como buenos estrategas, construyeron un pequeño proceso de producción en sus tiendas; construyeron cajas especiales, que antes no había en el mercado, e introdujeron una moto en el proceso de entrega; todo para que los 30 minutos se cumplieran. A pesar de que ya no hay una obligación de 30 minutos, de todas formas, los consumidores tenemos en la mente que son los más rápidos del mercado. No hay como ver futbol en tu casa, con tus amigos, con una pizza y una cerveza.

Una idea simple de altísimo poder. Como ves, para hacer dinero no tienes que ser Einstein y crear la Ley de la Relatividad, sino que tienes que resolverle un problema al consumidor que le dé un alto valor y lo motive a la compra. Una moto y una pizza pueden ser suficientes.

McDonald's

McDonald's es otro icono del concepto de servicio de un producto muy popular y *commodity*, como una simple hamburguesa. Haber diseñado el servicio de recibir una hamburguesa, unas papas y un refresco en cinco minutos, en todo el mundo por igual, es un diseño de genios que crearon un concepto de servicio que ha enloquecido al consumidor. McDonald's es un verdadero icono de la calidad de un servicio.

La velocidad fue al, igual que la pizza de Domino's, el elemento detonador de su éxito. Al consumidor no le importa si el producto es saludable o no, si nutre o no; lo que importa es que en cinco minutos tenga su hamburguesa. Ése es el verdadero valor de McDonald's: la velocidad con la que recibes tu pedido. Esto hace que entres al restaurante. McDonald's también comprendió que sus clientes son los niños; por lo tanto, diseñaron su centro de atracción para que jugaran. Los padres no tienen otra opción más que comerse la hamburguesa.

Desde que el presidente de la empresa falleció de un paro cardiaco, algunos sectores no han dejado de decir que las hamburguesas engordan y no son saludables. Para contrarrestar esa tendencia de desprestigio, McDonald´s introdujo ensaladas que nadie come. El consumidor va a McDonald's a comer sabroso, barato y rápido; quien quiera comer algo saludable irá a un restaurante de ensaladas. Finalmente, el consumidor ordena: «quiero lo que me gusta, no vengo a buscar salud».

El armado tan detallado del servicio ha logrado que McDonald's continúe con su éxito en el mundo, pues ese valor intangible hace que el producto pase a segundo plano: barato, rápido, sabroso y punto. Este concepto le ha permitido ser la empresa más grande del mundo en restaurantes con 36,258 restaurantes, cifra impresionante.

Cinépolis

Cinépolis es otra empresa que ha logrado, a través del servicio, atraer al usuario. Cuenta con 3 mil salas en 10 países y 119 mil clientes los visitan. Sin lugar a dudas, el servicio en Cinépolis gira alrededor de las películas. Las grandes compañías productoras de películas como Warner Brothers, Columbia Pictures o Metro-Goldwyn-Mayer no han cambiado; continúan haciendo sus películas igual que en los últimos 50 años. Pero la razón por la cual los espectadores acuden a Cinépolis es por el magistral diseño del negocio del cine como un centro de entretenimiento, con las salas más cómodas del país, en las que puedes comer una gran variedad de golosinas y botanas y disfrutas el impresionante sonido y la imagen impecable.

Nuevamente pregúntate cuál crees que sea el negocio de Cinépolis. No hay duda de que nació como una sala de proyección de películas para transformarse en un centro de entretenimiento, y eso es lo que disfruta la gente.

Ir al cine hoy es un verdadero espectáculo, ya que hay incluso salas 3D, o salas interactivas, con butacas que se mueven y rocío de agua para dar más realismo a una película. Como lo que te ofrecen es el servicio, lo que consumas será caro, pero a nadie le importa, porque lo que obtienes es mayor que la película que vas a ver. Es el diseño, el ambiente, la comodidad, el lugar que conforma todo el paquete del producto y ello es muy atractivo para el consumidor. Y aunque cada boleto cueste entre 60 y 150 pesos nadie dirá que es caro, como tampoco parece caro pagar casi 100 pesos por un paquete combo de palomitas y refresco. El valor intangible que recibe el cliente es tan evidente que los precios pasan desapercibidos. Es un diseño magistral de satisfacer al consumidor, dándole placer a los sentidos.

Es probable que en tu empresa, los clientes se quejen de que subes los precios o de que vendes más caro. Seguramente lo dicen porque su percepción es que no tiene valor lo que les ofreces o lo perciben como un producto normal y no como un servicio con valor único, diferente, de calidad y eficiencia altas que nadie ofrece en el mercado. Todo esto logra darlo Cinépolis.

Pregúntate si tu servicio tiene un valor elevado como para que tus clientes paguen un sobre precio sin chistar. Si no es así, no tendrás otro camino más que vender precio, competir frontalmente con tus competidores y ganar poco por unidad de venta.

Existen cines como Cinépolis en todo el mundo, y mucho más sofisticados aún en sus servicios. Te invito a que visites en Toronto el Teatro Winter Garden; en Londres el Hot Tube Cinema; en Indonesia el Blitz Megaplex. Todos ellos son expertos en vender emociones.

Starbucks

Starbucks tiene un concepto de producto por el valor emocional que producen sus instalaciones y lo que hay alrededor de sus productos; además, tiene incorporados los conceptos de saturación geográfica y de servicio. Esta empresa ofrece una eficiencia única que atrae al consumidor: la velocidad de su atención; los elementos como tu nombre; la descripción de tu producto escritos en el vaso; elementos para que cuides la temperatura del café; un revolvedor que se introduce en el orificio de la tapa, para que cuando camines no se salga el líquido, y muchos detalles más que componen su servicio.

El secreto de un servicio como el de Starbucks se basa en los pequeños detalles, en lo más insignificante, que causa una gran diferencia en su conjunto. A diferencia de McDonald's, cuya idea de servicio es que el cliente pida, coma y se vaya, en Starbucks el servicio está diseñado para que se quede todo el tiempo que quiera —y los dos conceptos de servicio, a pesar de que son opuestos, funcionan para el consumidor.

A Starbucks vienes a disfrutar un café, a relajarte sentado cómodamente en un sillón, a escuchar la música. No es casualidad el enorme valor que tiene esta organización —que cuenta con 17 mil 800 locales en 50 países, y cuyos ingresos increíbles alcanzan los 10 mil 710 millones de dólares—, ya que ha revolucionado el servicio de un producto muy antiguo, pero entregado de forma única y magistral.

Virgin Atlantic

La aerolínea Virgin Atlantic es otra empresa centrada en el concepto de servicio como ninguna otra. Ha sido innovadora, sorprendiendo a sus clientes con innumerables detalles de servicio que crean un conjunto de atenciones que se distinguen por encima de cualquier competidor.

Esta empresa inició sus operaciones en 1982, con un Boeing 747 de segunda mano, y hoy tiene más de 40. Nada mal para su fundador Richard Branson, quien desconocía por completo el negocio de la aviación, pero que es un genio para servir a los consumidores de las más de 600 empresas de distintos giros que ha fundado en todo el mundo.

Sus aviones cuentan con clase económica, premium y primera clase. La primera clase cuenta con limusina para llevar al pasajero al aeropuerto. Tiene el Virgin Club House, con servicios de masaje, tanto a bordo como en la sala de espera. Sus aviones tienen una barra para disfrutar de sus bebidas favoritas. Incorporó una nueva flota de taxis Virgin, que te llevan a su terminal, y en el camino puedes documentar y recibir tu pase de abordar. Pero si vas en automóvil, cuando entras al estacionamiento del aeropuerto sólo tienes que ingresar tu clave de pasajero para que te entreguen el pase de abordar ahí mismo. También dispone de taxi motos para aquellos pasajeros que generalmente tienen poco tiempo y necesitan llegar a tiempo al aeropuerto.

Podría continuar enumerando la enorme cantidad de servicios que Richard Branson pone a disposición de sus pasajeros.

Todos ellos tienen el propósito de que sus consumidores se sientan especiales y atendidos, como si fueran únicos. El boleto, como puedes ver, no es el producto; éste es, más bien, el servicio. Los aviones tiene horarios como cualquier otro, pero sentirte distinto es la clave de este genio emprendedor, considerado como uno de los disruptores más grandes del mundo de los negocios.

En resumen

Los disruptores en el servicio tienen los siguientes rasgos:

- Diseñan servicio único, diferenciado.
- Sorprenden al cliente con su calidad en el servicio.
- Deben ser muy diferenciados en lo que hacen.
- Tienen que cuidar los más mínimos detalles.
- Piensan que el detalle es la clave del concepto.
- Buscan dar al cliente un nivel superior que los distinga y los haga sentir únicos en cada compra.

---

5) Disruptor en tecnología

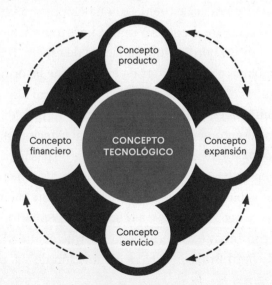

Creando disrupción base cero.

La tecnología es el instrumento nacido para hacer la vida fácil, simple y cómoda de los seres humanos del mundo.

> Las empresas que construyen su concepto de negocio centrado en la disrupción tecnológica encuentran la posibilidad de sustituir un producto tradicional de un día para el otro, utilizando una nueva tecnología que les permite diferenciar su negocio de una manera sustancial.

Las empresas centradas en el concepto de disrupción tecnológica resuelven problemas al consumidor, creando un enorme valor. Por ejemplo, FedEx que, con el uso de la tecnología, pudo dar un servicio que el correo tradicional jamás dio.

La particularidad de las empresas que adoptan la tecnología para atender el problema de un negocio es que tienen un efecto devastador en los negocios tradicionales que por años tuvieron el liderazgo en su segmento. Las empresas que usan un modelo antiguo, con tecnología o diseño tradicional, se ven sorprendidas por una que aplica el internet o la tecnología digital, por lo que generalmente no tienen tiempo de respuesta, y no pueden reaccionar con la misma velocidad.

Por eso, a las disrupciones en tecnología suelen llamarles *aplicaciones asesinas*, ya que eliminan casi por completo, o no dejan que crezca ya, la empresa tradicional, como es el caso de Uber con los taxis.

Por ejemplo, desde el año 2000, las nuevas tecnologías han afectado a los periódicos y a la televisión; y a pesar de que éstos han creado plataformas, no pueden compensar su caída.

Empresas como Televisa han respondido muy lentamente a una tendencia que hace más de siete años se ve venir; no es fácil reinventar un dinosaurio cuando tienes que saltar como una gacela a un nuevo negocio con tecnología que no dominan.

Si comparas las gráficas de crecimiento de estas disruptoras y las de decrecimiento de los negocios tradicionales verás que es alarmante la caída de estas últimas en los últimos años. El mundo de la tecnología nos está invadiendo y tarde o temprano alcanzará a casi todas las empresas que existen. Te invito a que reflexiones detenidamente si existen en tu negocio los recursos tecnológicos que te permitan reducir costos; incrementar la velocidad de entrega, respuesta y solución de los problemas con tus clientes; resolver los problemas de pedidos, nuevos clientes o incremento de ventas que te permitan comunicar de forma más efectiva y en tiempo real a costo muy bajo o cero; o incluso reinventar tu negocio, de tal forma que te transformes en una estructura distinta a la que actualmente eres.

Por ello es que desarrollé en capítulos anteriores la innovación destructiva que, como ya vimos, es una aplicación devastadora y letal para el competidor tradicional de un segmento. Es necesario que analices esto, para que el disruptor seas tú, y no seas el objetivo de un competidor que ya vio la oportunidad de sacarte de la jugada con tecnología.

Algunos ejemplos de disruptores en la tecnología

Amazon

Amazon y Ford se aliaron para lanzar las plataformas Alexa y Echo en noviembre de 2014. Con estas plataformas, los usuarios podrán dar instrucciones a sus nuevos automóviles inteligentes o a algunos elementos de su casa inteligente: «enciende el auto», «revisa la batería», «abre la puerta de la casa», «enciende las luces», etcétera. También la Ford integró Apple CarPlay y Android Auto para el sistema de entretenimiento de sus autos. Es tecnología al servicio del usuario.

Las empresas disruptoras en tecnología tienden a pensar como el consumidor, y realizan actividades para que el usuario no tenga que realizarlas. Eso es una disrupción. Amazon es un exponente de que la tecnología puede hacerte ganar millones, como lo hizo con la venta de libros a un precio normal en el mercado, ya que trabaja con los inventarios de los proveedores y la gente paga con gusto.

Pixar

Pixar Animation Studios es un estudio cinematográfico de animación por computadora. Es un verdadero mundo de fantasía fundado en 1979 y adquirido en 1986 por Steve Jobs. En 2006, la adquirió Walt Disney por 7 mil 400 millones de dólares. Esta empresa ha ganado 16 premios Oscar, ocho Globos de Oro y 11 premios Grammy con sus películas; y todo por incorporar una tecnología que nunca se había aplicado en el cine. Su avance continúa a un costo muy reducido por película, pero con un altísimo valor visual.

Uber

He hecho comentarios sobre esta empresa a lo largo del libro, ya que es un ejemplo claro de cómo el uso de una nueva tecnología puede crear un negocio y eliminar por completo a los jugadores tradicionales de ese rubro. Este negocio es sólo una herramienta de software que, sin tener una flotilla de autos, ni choferes o telefonistas, se ha convertido en la empresa más grande de taxis del mundo.

La disrupción creada por Uber los posiciona de una forma distinta, ya que la tecnología elimina de tajo la infraestructura tradicional del servicio de taxis. Esta empresa ha sido diseñada gracias a la aplicación de tecnología digital y algoritmos para dar orden lógico a las solicitudes del servicio, con lo cual logró un negocio con costos muy reducidos y con precio relativamente alto.

Airbnb

Airbnb es hoy la empresa hotelera más grande del mundo, aunque no posee ninguna infraestructura. Sin embargo, cuenta con más de dos millones de camas y rentan un promedio de 8 millones de camas al año.

Gracias al uso de la tecnología y sus algoritmos los huéspedes pueden reservar un alojamiento (recámara, casa o departamento) a precios bajos, ya que los conecta con personas que tienen un espacio para compartir. De esta manera, ambos, huésped y anfitrión, se benefician mutuamente. Los grupos hoteleros como Hyatt, Marriott, Holiday Inn, etcétera, tienen que construir una infraestructura, contratar empleados y servicios, pero Airbnb no necesita nada esto, por lo que su costo de operación es infinitamente más bajo que cualquier cadena hotelera del mundo.

Tecnología, Entretenimiento y Diseño (TED)

TED es una organización sin fines de lucro dedicada a «las ideas dignas de difundir» y que podrían cambiar el mundo. Inició hace 25 años, promoviendo cuatro días de conferencias en Los Ángeles, California. En su conferencia anual, que es gratuita, invitan a pensadores e innovadores de todo el mundo para que comuniquen sus ideas durante 18 minutos cada uno. Algunos de sus exponentes han sido Bill Clinton, Al Gore, Richard Branson y Bill Gates, entre otros. Esta organización también ha creado el premio anual para la persona que más haya influido con sus ideas y que se pondrán en práctica en el mundo.

TED ha sido una organización disruptora en el mundo de la comunicación, formando una comunidad con los innovadores más importantes, cuyas aportaciones en diversas ramas del conocimiento —como las ciencias, arte y diseño, política, educación, cultura, negocios, asuntos globlales, tecnología, desarrollo y entretenimiento— puedan tener mayor trascendencia en el planeta. Lo más sorprendente es que fue una idea que utiliza una tecnología básica que no tiene costo y que está al alcance de todos, pero que a nadie se le había ocurrido.

Wikipedia

Wikipedia es una enciclopedia libre, políglota y colaborativa, que cuenta con más de 46 millones de artículos en 288 idiomas, que han sido redactados por millones de voluntarios en todo el mundo. Casi cualquier persona puede editarlos.

Esta organización sin fines de lucro, cuya financiación se basa en donaciones, logró, a través de la tecnología, eliminar un sistema que se fundó hace siglos. Wikipedia eliminó de tajo la edición en papel de la *Enciclopedia Británica*, que, por más de 220 años, lideró el mundo con su conocimiento compendiado en 32 volúmenes en inglés. Algo parecido sucedió con los libros en línea, que han hecho que las grandes editoriales desplacen su producto a través de internet, sin tener que imprimir y almacenar sus libros en grandes bodegas. Ahora la lectura está a un click de distancia, y no de 200 páginas de papel que hay que ir a comprar a una librería.

Netflix

Netflix es una empresa de entretenimiento online que te permite ver series, películas y documentales a cambio de un pequeño pago mensual. Esta empresa ha dado un duro golpe a las televisoras tradicionales y arrasó con Blockbuster.

Netflix ha llegado para sepultar a muchos que no quieren entender que los clientes no desean ver publicidad mientras ven una película. Además, otorga a sus usuarios la libertad de elegir qué, cómo, cuándo y dónde ver su serie o película favorita.

Global Positioning System (GPS)

El GPS permite determinar la posición de un objeto en toda la Tierra y se ha convertido en un sistema imprescindible de nuestra vida. Hoy se ha incorporado a los celulares y a muchos otros equipos electrónicos.

Es un invento que nació para el rastreo de los navíos militares de Estados Unidos; luego, se usó en la carrera espacial para seguir los satélites alrededor del globo terráqueo y más tarde para seguir el trayecto de los automóviles.

Fue hasta 1994 que se convirtió en un instrumento para la sociedad civil y que nos ha traído un avance inimaginable. Esta tecnología fue un salto cuántico para la navegación. Pregúntate: ¿dónde quedaron los mapas en papel que por tantos años usamos para viajar? Sin duda, fue una gran disrupción.

El primer GPS costaba dos mil dólares y era de un tamaño enorme. Hoy el chip del GPS cabe en la punta de nuestro dedo y cuesta cinco dólares. De esa misma manera impactará la tecnología a tus productos y a tu materia prima en el futuro.

Kodak

Kodak —empresa dedicada al diseño, producción y comercialización de equipos fotográficos— ha sido un caso lamentable de cómo la tecnología destruye las compañías exitosas de antaño.

Esta empresa, en 1996, tenía ingresos por 28 mil millones de dólares y contaban con una plantilla de 140 mil personas. Paradójicamente, 20 años antes, en 1976, Stephen Fest, inventor de la cámara digital, le presentó su producto a Kodak para que le comprara su idea. Los ejecutivos de Kodak le respondieron: «¡Qué nos vienes a decir a nosotros, que tenemos la mejor definición fotográfica del mundo! ¡Esa idea que nos traes es para los niños y ése no es nuestro mercado! Nosotros estamos en el mundo de la química». Veinte años después, en 2012, Kodak entró en bancarrota y fue sustituida por empresas de fotografía y video de tecnología digital.

La fotografía es un caso evidente sobre el uso de tecnología vieja. Kodak no tuvo la perspectiva suficiente de las nuevas tecnologías. Antes, para tomar una foto, necesitabas una cámara, comprar un rollo de película, tomar las fotos y luego llevar a revelarlas a un lugar especializado. Se demoraban varios días para entregarte tus fotos ya reveladas y el proceso tenía un costo muy elevado.

Cuando la fotografía pasó del mundo mecánico al digital, tres cosas cambiaron: la primera, que el costo de las fotografía pasó a ser de cero pesos; la segunda, que cualquier persona puede tomar una foto y no necesita ser profesional para editarla en segundos, y la tercera, que no necesitas álbumes ni muebles especiales para guardar las fotos.

La fotografía digital fue una verdadera explosión tecnológica que cambió de raíz la esencia del negocio. Te invito a que analices si tu empresa podría estar expuesta a su eliminación de tajo por su vulnerabilidad tecnológica o falta de visión, como le pasó a Kodak.

Drones

Los drones son pequeños aparatos voladores no tripulados, manejados con control remoto, y que tienen incorporada una cámara. Son usados para realizar diversas tareas, como exploraciones en zonas difíciles, vigilancia, eliminación de residuos tóxicos, entrega de paquetes, y actividades recreativas, como fotografía, video o juegos de realidad aumentada.

En el momento actual, los drones pueden transportar un paquete de 8 kilos a 10 kilómetros de distancia, pero su tecnología avanza cada año, duplicando la carga, la velocidad y y la distancia que pueden avanzar. En un año transportará 16 kilos; pronto, 32 kilos, y así sucesivamente. Amazon y Domino's Pizza ya están comenzando a utilizarlas para sus repartos a domicilio. Será una competencia para todas aquellas empresas de paquetería en un futuro muy pronto.

Jordi Muñoz, un mexicano originario de Tijuana, Baja California, fue un precursor de esta gran idea. Rechazado por el Instituto Politécnico en tres ocasiones, se fue a Estados Unidos a desarrollarlos. Su empresa, en 2017, producía 10 millones de dólares, y su plan es triplicar sus ingresos en los próximos dos años. Fue un estudiante del Centro de Enseñanza Técnica y Superior de Baja California. Tiene 31 años y es hoy el experto más importante en diseño de drones, con clientes como la NASA, Disney o Boeing.

Es un joven triunfador que se convirtió en millonario gracias a la tecnología. A partir de su iniciativa y de sus diseños, los drones comenzaron a tomar fama y se han expandido en todo el mundo. Un ejemplo de jóvenes genios y triunfadores que en México no se promueven ni se reconocen públicamente.

Impresoras 3D

Estas impresoras crean piezas y maquetas en volumen a partir de los diseños realizados en una computadora. La NASA ya las está utilizando para construir piezas en el espacio. Es la primera vez que podemos duplicar una figura con sólo tenerla en la computadora; antes había que tener un molde para reproducirla, y cuando una pieza era muy compleja, el costo para producirla era muy alto, por el diseño, molde, etcétera. Por primera vez en la historia la complejidad es gratis. Con la impresora 3D no importa cuántos colores necesites o cuánta complejidad tenga la figura; además, puede imprimir 300 tipos de materiales diferentes. En China, por ejemplo, con una impresora 3D construyeron 10 casas de tres recamaras en sólo 24 horas por 5 mil dólares cada una.

El costo de estas impresoras 3D ha bajado de 18 mil dólares a 400 dólares en 10 años, y es 100% más rápida. Todas las empresas de calzado ya las usan; algunos repuestos de avión ya se realizan en los aeropuertos, e incluso la estación espacial ahora tiene su propia impresora 3D para construir piezas de repuesto.

Grafeno

Hay un producto que me tiene muy impresionado: el grafeno. Está hecho del grafito que se usa en los lápices. Este material tiene utilidades ilimitadas por su alta conductividad térmica y eléctrica; es muy flexible, pero al mismo tiempo muy duro, resistente, ligero y transparente; se calienta menos al conducir los electrones; puede crear pantallas flexibles y trasparentes; transporta información 100 veces más rápido, y se autorepara.

Con el grafito se conseguirá que la información se transmita en forma ultra rápida; para construir placas de energía solar; para implantes en tejido humano; puede utilizarse en las baterías por su duración, pues se cargarán 10 veces más rápido; es capaz de generar electricidad a partir de la energía solar, lo que lo transforma en un material muy prometedor. Los dispositivos electrónicos móviles dejarán de ser rígidos, se podrán doblar, plegar, lo que sin duda cambiará los diseños de los celulares que hoy tenemos. Es el material más revolucionario y el más fuerte que existe hoy en el mundo. Considerado el material que Dios nos dio, será el material del futuro.

En resumen

Los disruptores en la tecnología tienen los siguientes rasgos:

- Incluyen la tecnología en sus productos, servicios y en su estructura para mejorar la gestión.
- Son letales con sus competidores y causan un gran efecto que congela las ventas del competidor tradicional.
- Son de bajo costo.
- Tecnología accesible para todas las personas.
- Hacen la vida práctica y simple al consumidor.
- Están centrados en el mercado masivo.

EJERCICIO 5
ALGORITMO CONCEPTO
DE NEGOCIO

Reúne tu equipo de trabajo y pregúntale:

- ¿Qué podemos cambiar de nuestra empresa que pueda sorprender al mercado por la nueva forma de atender al consumidor sin cambiar de raíz a nuestros productos?
- ¿Qué concepto de negocio, que se haya expuesto en el capítulo, puede ser el más factible para nuestra empresa?
- Si integráramos esos conceptos, ¿qué cambiaría en nuestro negocio?, ¿conquistaría a más y nuevos clientes?
- ¿Por qué creemos que el concepto de negocio que elijamos atraería al cliente más que hoy con lo que hacemos?
- ¿Qué cambios internos tendríamos que realizar para tener éxito en esos nuevos conceptos de negocio?
- ¿Qué diferencia sería significativa para el cliente, que lo hiciera sentirse más atraído por nuestro producto o servicio?
- ¿Qué otros mercados conquistaríamos con estos nuevos conceptos de negocio, a pesar de no cambiar sustancialmente nuestros productos?

- ¿Por qué el mercado se volcaría hacia nosotros con ese nuevo concepto?, ¿qué le damos diferente?, ¿cómo estaríamos revolucionando el mercado y en qué estaríamos beneficiando a nuestros clientes?
- ¿Cuál sería la disrupción que crearíamos al cambiar el concepto de negocio actual?

▌ ALGORITMO SIMPLICIDAD

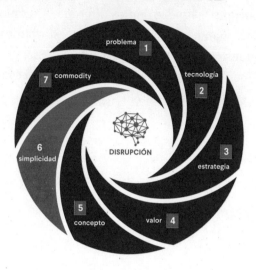

Lee el capítulo XVII

En este capítulo descubrirás qué significa la simplicidad en el mundo de los negocios, en tus productos, en tu estructura de negocio y en la percepción del consumidor.

Sabrás por qué la simplicidad es una pieza clave para la construcción de tu disrupción; además, tendrás las herramientas para hacer crecer tu negocio exponencialmente. La simplicidad será una pieza clave para elaborar tu plan estratégico de negocio, para cambiar los procesos internos y tomar por sorpresa al mercado. Todo con el fin de impactar a tu consumidor.

Conocerás qué debes tomar en cuenta para lograr la simplicidad en tus productos y en tu mercado. Cómo construir la simplicidad en mercados de nicho y en mercados de alto consumo.

Identificarás varios ejemplos de productos para mercados de nicho y mercados masivos que han sido muy exitosos y cómo puedes aplicarlos en el tuyo.

Comprenderás por qué la simplificación es otro insumo fundamental para construir tu disrupción y diferenciar tu producto y tu empresa.

Sin una mente enfocada en la simplificación, será casi imposible que tu disrupción tenga éxito y haga crecer tu negocio.

Aprenderás cómo integrar tu red de distribuidores y consumidores para construir una cocreación y un rediseño de tus productos con el propósito de llegar al mercado de forma distinta e impactar a tus consumidores.

CAPÍTULO XVII
SIMPLICIDAD

Transformar la complejidad
en simplicidad, es la revolución
de los disruptores.

Evita toda complejidad acumulando
cosas, como Einstein aconsejaba:
«Lo más simple posible
pero no simplista».

▌IMPORTANCIA DE LA SIMPLICIDAD

> La simplicidad es hoy la herramienta más potente que existe para el mundo de los negocios, ya que te permite reducir costos, atraer más clientes, nuevos mercados, crecerás más rápido que tus competidores y tendrás un sistema más eficiente y más atractivo para tu consumidor.

No es una tarea simple; requiere de mucho trabajo dentro de tu empresa, pero por sus resultados vale la pena intentarlo.

Cada vez más, las empresas que incorporan la cultura de simplicidad reciben el beneficio de mejorar su rentabilidad, pues sus márgenes mejoran sustancialmente y el nivel de aceptación del consumidor aumenta. La simplicidad puede llevar a tu empresa a tener crecimientos exponenciales, como te mostraré en los ejemplos a los que me referiré. Todos nosotros, por sentido común, sabemos que simplificar algo es bueno para la empresa y para la percepción de los consumidores; éstos se sienten atraídos por aquellos productos que simplifican su vida y les ofrecen soluciones muy atractivas a sus problemas cotidianos.

Por otro lado, recordemos que la complejidad ha sido la trinchera que hemos construido por años en la sociedad y en nuestros negocios. Nos hemos complicado todo, con el propósito de tomar el control y aumentar la eficiencia. Por decirlo de alguna manera, la complejidad es un efecto secundario de nuestra evolución tecnológica; y ha permeado también en las organizaciones de nuestra sociedad.

Con sólo mirar las oficinas de gobierno nos damos cuenta de la complejidad para realizar cualquier trámite por sencillo que éste sea. Cuanto más descubrimos, cuanto más avanzamos, mayor es la complejidad para cumplir con objetivos. Sorprendentemente, muchas innovaciones que existen son resultado de la aplicación de la simplificación. No es que estemos buscando un culpable en nuestra burocracia, pero debemos aceptar la realidad que vivimos. Hacer más complejas las cosas es una actividad a la que estamos acostumbrados; la dificultad surge cuando queremos hacerla más simple. En negocios, los consumidores ven con muy buenos ojos la simplicidad en los nuevos productos y servicios. El cliente ya no soporta tanta ineficiencia y complejidad.

Por ello será necesario que te aboques a crear dicha cultura en tu organización para impactar a tu mercado, ampliar la base de tus consumidores y para que te transformes en un disruptor. Debes pasar de lo rebuscado a lo más fácil para el cliente, ya que todo avance está siempre relacionado con la simplicidad y no con la complejidad.

Si sientes que tu empresa tiene síntomas de complejidad, no estás solo; vienes de una carrera de años de control de procesos, sistema, políticas y procedimientos, todo con el fin de reducir costos, gastos e improductividad. Nos fuimos por la carretera del control, que duró muchos años, pero hoy se nos acabó ese camino. Llegó el momento de crear una disrupción, simplificando todo lo que haces en tu empresa.

En los capítulos anteriores hice referencia a muchas empresas exitosas; ahora llegó el momento de explicarte otro eslabón del origen de su disrupción que detonó su negocio para que fueran exitosos en un mundo saturado de productos y servicios.

Hay muchos casos de negocios que demuestran que simplificar es la piedra angular para llevar a cabo la implementación de una disrupción. En realidad, todos los ejemplos de empresas con crecimiento exponencial, que ya he mencionado a lo largo del libro, son producto de la implementación de una estrategia de simplicidad. Ésta los llevó a ser más creativos e innovadores hasta llegar a ser disruptores en sus productos, en sus costos, en su imagen y en su nueva estructura de negocio.

Te invito a que abras tu mente al aprendizaje de este concepto. Que prestes atención al pensamiento de los líderes que te presentaré. Mi investigación y mis asesorías son las que me permiten presentar ejemplos de las muchas empresas con las que he trabajado en más de ocho países. Espero que tú también hagas lo mismo que ellos y mejores aún más el modelo.

Pretendo ver los puntos de vista de cada líder con el que me enfrento en mis asesorías; reviso cómo y en qué grado aplican la simplicidad y cómo les ha ayudado en su crecimiento y a separarse de los competidores inmediatos. Cada uno es único en su modelo de ejecución; aunque encontrarás en mis ejemplos varias ideas para que puedas comenzar a ponerlas en práctica con tu equipo al cerrar este libro. Si eres una empresa *startup* o eres un joven emprendedor, será más simple, ya que son negocios más operativos y no tienes que lidiar con las culturas arraigadas de las viejas empresas monolíticas.

No es fácil hacer las cosas simples; es todo un cambio de cultura y mentalidad organizacional, pero los beneficios son incomparables. La tarea de un disruptor es transformar los problemas complejos de una empresa y del consumidor común y darle una solución que sea increíblemente simple, distinta, que llame la atención y agregue valor. No olvidemos que lo importante es la percepción de simplicidad que reciba consumidor, pues si éste lo percibe, venderás.

En muchos casos, lograr esa simplicidad para los ojos del consumidor requiere una enorme complejidad. La simplicidad es lo que el consumidor se lleva. Es el valor que él siente que recibe por lo que paga. Imagínate por un instante la complejidad de los algoritmos para tener un sistema como el de Uber. Pero el cliente se lleva un servicio limpio, simple y cómodo. Pocos pueden imaginarse la complejidad de una tablet, pero manejarla es muy sencillo. La gente ve una tablet como una computadora simple de manejar. A todos se nos hace simple encender la luz, pero no vemos lo que hay detrás de esa simple operación.

> No pierdas de vista que tu objetivo es que tu producto o servicio se vea simple para el usuario. La idea es que domines el arte de la percepción y de la realidad.

La simplicidad es, entonces, la clave para que un producto y una organización construyan un gran valor en el mercado y generen más ingresos para el negocio.

SIMPLICIDAD EN EL PRODUCTO Y EN EL CONCEPTO DEL NEGOCIO

Hay dos estrategias de simplicidad que analizaremos para que puedas identificar dónde dar tus primeros pasos: la primera es la simplicidad en el producto, y la segunda, es la simplicidad en el negocio.

Simplicidad en el producto

Existen dos caminos para construir una disrupción que surgen de la simplicidad en el producto: 1) la simplicidad en el producto para el mercado masivo, y 2) la simplicidad en el producto para el mercado de nicho.

Simplicidad en el producto «para el mercado masivo»

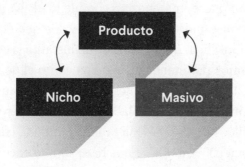

Para ello debes diseñar una estrategia de simplificación que te permita disminuir tus precios y costos para lograr la mayor utilidad posible. Los negocios de mercados masivos se caracterizan por un margen bajo y un alto volumen que lo compense. Para ello, debes simplificar y mantener tus costos a raya para competir con precios bajos y con un diseño atractivo. Steve Jobs nos demostró que la calidad, rapidez, estética y costo pueden coexistir juntos; los ejemplos son el iPhone, la tablet y las laptop. El secreto es no dejar que la complejidad se meta en el camino.

> Toda disrupción en el producto tendrá el propósito de que tu precio se reduzca entre 50 y 70%, aunque sorprendentemente hay costos que se pueden eliminar a cero.

Es muy probable que el nuevo producto no sea igual al original, pero resolverá satisfactoriamente la necesidad de los clientes. Tal como viajar en Ryanair, Easy Jet, Interjet, Volaris o Southwest, donde reducir el precio no significa tener un producto inferior, sino una forma diferente de recibirlo que te permite atender una gama más amplia de clientes y crecer en volumen.

Un producto disruptor debe ser fácil de usar y de comprender; su valor debe ser muy evidente y tiene que manifestar una diferencia notoria con respecto al resto de los productos del mercado. Por ello, la simplicidad se expresa en la funcionalidad de tu producto. No permitas que nadie te diga que la rapidez, la calidad y la reducción de costos no se pueden integrar. Quienes piensen así, son los tradicionalistas que incorporan procesos complejos para resolver problemas del cliente o procesos internos.

Consejos para la simplicidad del producto «para el mercado masivo»

Reducir el precio
1. Quita elementos.
Quitar características al producto actual y concentrarte en lo esencial, es una buena forma de pensar, pues con ello encontrarás más caminos.

Para centrarte en la reducción de precios, debes tener claro la esencia es tu producto. Por ejemplo, si fueras a analizar un carro, lo esencial de éste es que te transporte; es una necesidad social y no sólo un lujo. Con el tiempo, el automóvil ha ido aumentando de precio porque pasó de ser un transporte, como lo conceptualizó Henry Ford, a ser un producto que te ofrece elementos de placer, comodidad, estética, emociones, colores, aromas, etcétera. Las compañías aéreas también pasaron por ese proceso y regresaron a lo básico; por ello, pudieron reducir su precio. Sólo con una mente centrada en la simplicidad, reduciendo permanentemente costos que no agregan valor, pudieron quitar elementos. Dan al cliente lo que ama. En suma, quitan lo que no es esencial y aumentan en diseño o presentación.

2. Quita peso.

En el mundo de la computación, quitar peso es un elemento clave para el usuario, y también significa menos costos. Contiene menos piezas; el empaque será más pequeño, y la transportación más sencilla. Todo esto implica menores costos. Además, si el producto pesa menos, contribuye a que el cliente lo vea con un mayor valor. No nada más en las computadoras es importante reducir peso, también es importante hacer más ligeros los zapatos, las bicicletas, los automóviles, etcétera.

3. Reduce tamaño.

Los costos sin duda se incrementan cuando el tamaño del producto es mayor; si lo haces más grande, se utiliza más material. Esto implica más espacio en las bodegas, en los anaqueles, en los empaques; además, transportas más artículos en cada camión. Lo hemos visto con los teléfonos móviles, por ejemplo, ya que hacerlos más pequeños ha reducido notablemente sus costos.

4. Reduce la variedad de productos.

En el mundo automotriz, como verás, no existen grandes cambios de un año al otro. Sólo pequeños elementos de diseño, pero lo técnico o mecánico se mantiene. De un producto central genérico se construye el resto, lo que significa una reducción de costos en la producción, en las materias primas y en los reprocesos.

Pregúntate si puedes crear un producto genérico y, a partir de ése, construir las pequeñas diferencias para que el cliente lo vea distinto y atractivo.

5. Incluye beneficios de bajo costo.

Ofrecer beneficios de costo bajo y a los que el cliente les dé un valor significativo. Como puntos, premios, regalos o tarjetas de descuentos. La tarjeta de descuento no tiene costo alguno, pero para el cliente tenerla es de un gran valor. Hoy en día, la mayoría de las tiendas las usan, como las farmacias y tiendas de autoservicios; con ellas, el cliente acumula puntos o dinero y lo ve como un ahorro. Al cliente le parece de valor un ahorro de este tipo, ya que de todas formas volverá a comprar. Otros beneficios que se pueden ofrecer son las compras en línea, las entregas a domicilio, dar soluciones y consejos de salud en la página electrónica de la empresa. Agua Bonafont ha hecho un gran trabajo en ese sentido; o Lala, que tiene una universidad. Con este tipo de detalles, el cliente percibe que un producto ya no es sólo el producto en sí mismo, sino que ofrece un valor adicional para el consumidor: «me cuida, se preocupan por mí, me ayudan; no nada más me venden».

Ejemplos de simplicidad en el producto para el «mercado masivo»

La simplicidad actúa en servicios o en productos, y en ambos por la misma razón : tener el mejor precio y un gran valor.

McDonald's

Es un ejemplo de simplicidad. Cuenta con un menú simple: hamburguesas, papas y refrescos; las hamburguesas se cocinan y se presentan exactamente igual en todas partes del mundo y te entregan tu pedido en cinco minutos en los cinco continentes.

Desde sus inicios, Ray Kroc, su dueño, fue reduciendo cada día más su carta de comida, hasta quedar en tres elementos básicos y sus variaciones; automatizó sus procesos para que no tuvieran demoras, errores o diferencia en sabor o tiempos de cocción, con el fin de entregar un producto exactamente igual siempre y en las mismas condiciones.

McDonald's es una empresa centrada en la simplicidad para ofrecer un buen producto al menor precio del mercado. Ha sido la empresa que creó las bases para el negocio actual de la comida rápida en el mundo.

Características de McDonald's:

- **Consistente:** dan una buena calidad siempre; ofrecen el mismo producto todo el tiempo sin ninguna variación.
- **Estética:** el mismo uniforme para todos los empleados, locales de arquitectura similar, limpieza impecable, imagen de marca.
- **Fácil de adquirir:** Servicio muy rápido, sin meseros, sin propinas y sin esperas.

Por ser una línea de producción controlada y eficiente, se pudo transformar en una franquicia y repetir el proceso en todas la partes del mundo. Esto es una ventaja para poder reducir costos de proveedores. Es un negocio simple, limpio, sin distractores, como máquinas vendedoras, o teléfonos públicos, pero con estacionamiento y AutoMac, que es su servicio de comida para llevar, sin salir del auto. Este modelo simple le ha permitido transformarse en una empresa de más de 35 mil restaurantes en más de 120 países.

Pregúntate si en tu tipo de negocio podrás eliminar elementos que no agregan valor y sistematizar tus procesos de venta, de entrega o de servicio, con el propósito de reducir tus precios y atender a una mayor cantidad de clientes que hoy no te compran porque te ves igual que los demás, incluso en precios.

Las empresas enfocadas en ser líderes en precio, cuando reducen costos, transfieren su utilidad al precio con el fin de reducirlo lo más posible todo el tiempo y así generar economías de escala, aumentando su volumen de clientes.

Ikea

Ingvar Kamprad, a los 17 años, fundó Ikea, vendiendo por correo. Cinco años después, comenzó a vender sus muebles.

Su mente enfocada en bajar precios para el mercado masivo lo llevó a la conclusión de que el precio de una mesa estaba en la transportación, porque las patas ocupaban mucho espacio. Por lo que pensó que, si convencía a los compradores para que ellos mismos armaran su mesa, él podría reducir el precio. Ésa fue su genialidad.

Ahí comenzó su imperio de ventas de muebles a bajo precio. Tomó consciencia de que el modelo de reducción de costos era la transportación de los productos de la fábrica a la tienda y que del resto se encargara el cliente. Comenzó a construir cajas planas para que el cliente las pudiera llevar en su auto. Otra genialidad de reducción de costos es que sus tiendas tienen muy pocos empleados; en lugar de que el cliente le pregunte al vendedor, éste elige por sí mismo, pues la empresa diseñó un sistema de información y catalogación para que no haya mucho que preguntar. Además, la visita a Ikea representa todo un día de entretenimiento y de placer, ya que son establecimientos gigantes llenos de restaurantes y entretenimientos para los niños.

Su modelo permitió que los clientes no tuvieran que ir a varias tiendas; ahí encuentran todos los modelos y tamaños de muebles. Así, logró un volumen mayor de ventas por cliente. Sus ventas le han permitido también reducir el costo de manufactura de sus proveedores. Antes de Ikea, el mundo de los muebles era una industria muy complicada, llena de especialistas, en el que los clientes tenían que invertir mucho tiempo visitando varias tiendas diferentes. Ahora todo se encuentra en un mismo lugar y con un excelente diseño.

> Los líderes centrados en precios tienen la particularidad de que jamás bajan la calidad para bajar su precio. Por el contrario, mejoran el diseño, la presentación, el lugar, el ambiente, la comodidad y agilizan sus procesos.

Tradicionalmente, el negocio de los muebles estaba fragmentado: uno producía, otro distribuía y otro revendía. Una cadena de distribución que no agregaba valor, sino costo. Ingvar Kamprad diseñó un modelo de negocio que ofrece a los clientes el mejor precio y un gran valor en el producto y dio organización al momento de compra.

Su modelo tuvo éxito porque logró que los clientes no vieran que era una carga el ensamblar sus muebles. Para ello, redujo sus precios a menos de la mitad, pero también se preocupó minuciosamente por el diseño y el estilo para cubrir el valor emocional. No sólo se esforzó en la funcionalidad, sino también en la forma; eso es la clave en aquellos que se centran en la reducción de precios. Sus muebles no sólo son baratos, sino que tienen muy buen estilo, se compran con los ojos, no nada más con el bolsillo. Él tiene claro que un buen diseño no cuesta más que un mal diseño.

Ingvar Kamprad es un buen ejemplo del reductor de precios a través de la simplificación, cortando costos que no agregan valor al producto y al servicio, y apalancado con un precio muy bajo. Se concentró en muebles fáciles de ensamblar; creó una experiencia en el momento de la compra; erradicó elementos innecesarios en el producto y en el momento de la decisión de compra; y creó productos con un estilo, diseño y arte bien controlado. Como verás con esto, un buen simplificador de precios te ofrece beneficios sin costo adicional.

En suma, Ingvar Kamprad creó paquetes de muebles planos para fácil transportación; una cadena de muebles a nivel mundial, con un crecimiento mayor al crecimiento del mercado de muebles tradicional y un margen de utilidad de 15%, mayor a la media del mercado. Es un negocio donde el cliente tiene que llegar a su casa y ensamblar el producto.

Si tú eres un emprendedor o un empresario con experiencia, piensa si tú puedes realizar cambios de este tipo en tu giro que te permitan ser el líder del mercado en precios y no sólo sufrir por la imitación que todos tus competidores hacen a diario.

Zara

Esta empresa apostó por la simplicidad del producto para atender el mercado masivo a bajo precio. Se concentró en reproducir ropa de diseñadores de moda a muy bajo precio, para que estuviera al alcance de todos los niveles socioeconómicos.

La velocidad de producción le permitió crear una disrupción enorme en el mundo de la moda. Redujo sustancialmente el sistema de producción, tomando el modelo de producción en línea y de bajo costo, que se utiliza en la industria automotriz.

Para elaborar su producto utiliza materia prima de vida útil media. El cliente sabe que no compra durabilidad, pero compra lo último en moda de los grandes diseñadores para lucir bien, muy moderno y actual a bajo precio. Acepta esta calidad media y vestir con el diseño de última moda a un precio muy accesible. No siente que está comprando algo barato, sino a la moda.

A Zara le llaman «la tienda de los jueves», porque ese día llegan las novedades de la semana. La empresa también logró romper con el concepto de estacionalidad de la moda, pues, al tener tiendas en todo el mundo, no desecha su ropa; más bien, la mueve de país en país, según el clima y la estación. El negocio de la moda siempre tuvo costos adicionales por la complejidad que implicaban los saldos de temporada. Zara no tiene el problema de pérdidas por inventario no vendido, ya que puede distribuirlo en sus 7 mil 292 tiendas, en los cinco continentes. Nadie ha podido igualar a esta empresa, a pesar de que muchos copian su modelo de negocio.

En resumen, Zara entrega a sus clientes:

- **Fácil compra:** sus tiendas están diseñadas para comprar fácil, pues son amplias y cómodas; atienden pocos empleados, que en general se dedican a acomodar la ropa y a cobrar; sus anaqueles nunca se ven saturados, sino limpios y simples, para localizar los productos de manera sencilla; cambian productos cada semana.
- **Moda:** sus tiendas tienen un diseño moderno; tienen productos de última moda y de bajo precio, dirigido al mercado joven.
- **Estilo:** sus diseños son reelaboraciones de diseñadores famosos; cuentan con tiendas modernas, algunas muy elegantes, con apariencia de vender artículos de precio elevado.

Tradicionalmente, vestir a la última moda era para clase media y alta, no para el mercado masivo. Zara logró llegar a ese mercado, simplificando el diseño, la confección y la producción en masa de la última moda. Si ves una blusa que Madonna está usando, en cinco días la tendrás en una tienda Zara a la décima parte del precio que ella pagó en una tienda exclusiva en la Quinta Avenida de Nueva York.

Amancio Ortega, presidente del grupo, comprendió cómo simplificar el mercado masivo de bajo precio, donde vendes valor por encima de la temporalidad de su uso. La simplicidad en la ejecución de su idea fue la clave de su éxito: alto valor/bajo precio, el logro de esta simplicidad ha hecho de él uno de los empresarios más ricos del mundo.

Southwest

Ésta fue de las primeras compañías aéreas en experimentar en Estados Unidos el concepto de *low cost*, del mismo modo en que Ryanair lo hizo en Europa.

Southwest se enfocó en simplificar el producto, rediseñándolo casi por completo. Comprendieron el concepto de bajar costos, buscando no dejar asientos vacíos; prefirieron llenar asientos y no sólo vender boletos. Para ello, cambiaron aspectos que impactaron directamente en el precio:

- Rutas de un solo punto para evitar transbordos y costos de transferencia.
- Una sola clase.
- Un solo tipo de avión, lo que reduce costos de mantenimiento.
- No ofrecen comidas, aunque algunos sí la ofrecen con un costo extra.
- Utilizan aeropuertos pequeños alternos; no sólo los grandes.
- Reducción del tiempo del avión en tierra.
- Venta de boletos directamente en línea.

Por años, las empresas aéreas vivían técnicamente en bancarrota. Muchos países no permitieron que sus aerolíneas, aunque fueran privadas, dejaran de seguir dando el servicio. Pero empresas de bajo costo como Interjet, Volaris, EasyJet, Ryanair, Southwest o Viva Aerobus le demostraron al mundo que, al simplificar su negocio, podían ser muy rentables y masivos. Mucha gente que antes no podía comprar un boleto, hoy lo puede hacer.

Empresas como Ryanair imaginan que un día los boletos de avión serán gratuitos debido a que los ingresos vendrán de su decisión de aterrizan en un aeropuerto u otro, haciéndole ganar dinero a éstos. Han considerado que los aviones son un excelente medio de marketing para publicitar productos a los clientes que están sentados durante las varias horas de vuelo.

Simplicidad en el producto para el mercado de nicho

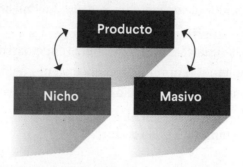

El mercado de nicho es uno premium. Tiene un nivel socioeconómico elevado, busca diseño, estética; que el producto sea único, distinto, de una marca reconocida, de lujo, aspiracional.

El consumidor sentirá que forma parte de una élite de personas que se distinguen al usarlo. Marcas como Louis Vuitton o Dolce & Gabbana son fieles representantes de este segmento de simplificación de producto de precio alto.

Como ves, generalmente, el mercado de nicho ofrece productos de alto margen, de precio y utilidad altos. Es un mercado de menor tamaño que el masivo, pero es poco sensible al precio. Para este objetivo de mercado de nicho, necesitas enfocarte en un producto excepcionalmente mejor, que se vea fino; su distinción y clase deben ser evidentes, para que el consumidor relacione la marca y el diseño con el nivel premium.

Por años, he visto que quienes estaban antes involucrados en este tipo de negocio no escatimaban en invertir para ofrecer un producto exclusivo; ello implicaba una mayor complejidad en su manufactura, materia prima, venta, distribución e incluso en su diversidad de modelos exclusivos.

Hay algunos elementos que los productos de nivel premium usan para tener simplicidad; te doy los siguientes consejos.

Consejos para la simplicidad en el mercado de nicho o premium

1. Crea funcionalidad

El mundo de la computación demostró que la simplicidad permite tener productos de alto nivel. Un ejemplo son los productos de Apple, diseñados por Jonathan Ive, vicepresidente de la empresa estadounidense y quien fue nombrado caballero por la reina de Inglaterra, debido a su contribución a la humanidad con sus revolucionarios diseños. Ive fue el diseñador que creó la iMac, la MacBook Air, el iPod, el iPhone, el iPad y el Apple Watch. Si observas bien, todos sus diseños se caracterizan por la limpieza en el estilo, su simplicidad, su línea, su fácil uso. Incrementó su velocidad de procesamiento; los hizo más pequeños, más livianos, más fáciles de transportar; fáciles de comprar online, en tiendas de autoservicio. Lo más fácil posible.

2. Elimina lo innecesario

Steve Jobs creó productos extraordinarios, fáciles de usar, porque les quitó los botones. Él no quería que sus productos los tuvieran y que tampoco se tuviera que escribir con plumas, sino con la propia mano. Así creó productos como los iPhones o tablets. Él decía que hay que eliminar del producto todo lo que no sea necesario. Su mente de disruptor reducía todo los procesos para ocupar menos tiempo.

La industria automotriz aplica este principio, instalando en los últimos modelos de carros un tablero central electrónico donde se tienen todos los controles y servicios. Incluso el control de todos los dispositivos y equipos de tu casa. Así es como debes pensar si eres emprendedor o empresario. Debes preguntarte qué puedes eliminar de tu producto o servicio para hacer más fácil, cómoda y simple la vida de tu consumidor.

3. Sé rápido

No hay duda de que el fiel representante del éxito de la rapidez fue y será Domino's Pizza, que con sólo entregar una pizza en 30 minutos conquistó el mundo entero. Reitero, una vez más, que su éxito no fue la pizza, sino la velocidad con que se entrega. Es un acto de simplicidad que requirió constituir un proceso de producción disciplinado para poder cumplir con el tiempo de entrega.

La velocidad es un gran negocio en el mundo vertiginoso en el que vivimos. A los clientes les encanta la velocidad porque es un sinónimo de eficiencia, calidad en el servicio y profesionalismo. Ya sea un sastre, una comida o un avión más rápido, que salga y llegue a tiempo, o que sea un vuelo directo; o bien, que no tengas que hacer fila para entrar a un cine; o que te entreguen a tiempo un póliza de seguro.

Ya toqué el tema de Ray Kroc, respecto a McDonald's. Con la mente que traducía simplicidad en velocidad: te entregan una hamburguesa, unas papas y un refresco en cinco minutos, en todo el mundo.

> Si tú haces las cosas más rápido seguro eliminarás pasos innecesarios que no habías considerado cuando estabas en tu zona de confort.

Debes adicionar funcionalidad a tu relación con los clientes y en todos los procesos de tu empresa para ser más rápido; para ello, siempre debes quitar y luego reconstruir. Será necesario que trabajes con prototipos para validar tus nuevas ideas.

Algunas empresas están estudiando el uso de drones como un instrumento de entrega rápida y fácil. El tiempo es un elemento clave para su éxito, principalmente para el mercado premium, pues es más exigente con la velocidad de la atención. No hay como ir a un restaurante y que te atiendan rápido y te entreguen tu cuenta al momento que la pidas; eso es de suma importancia para ti como cliente.

4. Hazlo más pequeño y liviano

Cualquier persona que tenga una computadora ha comprobado que cada día son más baratas, más livianas, más pequeñas y fáciles de transportar. Las computadoras han construido el mercado de las mochilas *backpack*. Todos los jóvenes cargan a su espalda una laptop. Antes, esas bolsas las cargaban sólo los obreros; 100 años después, la juventud de clase media y alta usa esas mochilas para cargar sus dispositivos electrónicos. Así será, hasta que llegue el día que no tengamos que cargar nada, pues todo estará en la nube y no será necesario transportar tanto metal para acceder a la información.

5. Que sea fácil de adquirir

No hay nada más fácil de adquirir que el servicio de un auto de Uber; una habitación en cualquier parte del mundo en Airbnb; rentar un carro por Zipcar; adquirir un boleto en línea para viajar o comprar música por iTunes.

Todo lo que sea fácil de adquirir es muy atractivo para los consumidores de cualquier tipo de producto o servicio. Esto lo está aprovechando Amazon al inaugurar los supermercados Amazon Go, cuyo eslogan es «fácil de comprar y sin filas». Todas las ideas y negocios que diseña Jeff Bezos están centradas en productos fáciles de adquirir. La industria del transporte de pasajeros tiene una oportunidad enorme en este aspecto.

6. Ten variedad de aplicaciones o usos

Si tu producto o servicio puede ser rediseñado para que pueda aplicarse de otra forma o en otras condiciones, será más atractivo que aquellos que tienen una sola función.

En el mundo industrial, es muy común ver productos para funciones muy específicas que cuestan más caro, pero tienen un beneficio adicional. Por ejemplo, los productos para el mundo naval o que se usan frente al mar: el aceite, la pintura, el barniz, el cuidado de sus metales, etcétera. Todo es distinto. Su costo es mayor, pero son productos necesarios y el beneficio es enorme; por lo tanto, tienen mucho valor para el cliente.

La fibra Kevlar, inventada por Dupont, es un producto que tiene una diversidad de aplicaciones y un beneficio único; por lo tanto, su precio será mayor. La variedad de aplicaciones de tu producto puede llevarte a posicionarte en un segmento de mercado no tan competido como el mercado masivo, donde todos los proveedores se encuentran. Te proporciona la oportunidad de otorgar un producto o servicio que otros no tienen.

La empresa de seguros Sisnova proporciona un servicio de seguros médicos preventivos. No sólo te vende la póliza tradicional que todos venden, sino que te ofrece un grupo de médicos que estarán dedicados al cuidado preventivo de tu salud. Ése es un ejemplo de una empresa que se salió del mercado masivo; buscó una aplicación distinta del servicio donde no hay tantos competidores y el consumidor lo prefiere por encima de una póliza tradicional. Ya que esta empresa adicionó un producto que no mejora la póliza, sino que se eleva a un rango superior de prevención que no se había explorado.

7. Cuida la apariencia

Los productos que tienen relación con el placer de usarlo siempre están vinculados con los aspectos emocionales del consumidor.

> Si tus productos comienzan a tener un impacto emocional, tendrás más posibilidad de éxito, y te posicionarás por encima de los productos tradicionales del mercado.

Si estás en un mercado de salud, más vale que tu producto luzca saludable, orgánico, limpio, con elementos que mejoren la salud del usuario, y que tenga estudios que validen y garanticen su calidad.

En el mundo de los productos de nicho, la apariencia es determinante. Deben lucir únicos. De lo contrario, estarás trabajando en la superficialidad del mercado; no agregarás valor. La apariencia hace lucir tus productos más caros, únicos y distintos; todo esto los hace lucir mejor ante los ojos del cliente, y éste sentirá atracción por ellos.

Pero, como ya te he dicho, el genio del diseño, el estilo y la apariencia es y seguirá siendo Apple y es digno de tomarlo como referente. Sus productos son, en primer lugar, apariencia y diseño; después, todos los elementos tecnológicos juntos. El empaque de cualquier producto Apple es parte del producto y de la experiencia de compra. Sus empaques parece que guardan una fina joya de orfebrería.

Las industrias de la perfumería y de las bebidas alcohólicas siempre se han esmerado en el diseño de sus botellas para hacerlas más atractivas. El perfume o la bebida muchas veces son más baratos que el envase que los contiene. En muchos rones, el líquido sólo representa 10% del valor de una botella. Su esmero por la apariencia ha sido su estigma por generaciones, pero hoy este principio se ha generalizado en aquellos empresarios que quieren ser únicos y diferentes en un mercado saturado.

8. Desarrolla servicios complementarios gratuitos

Puedes crear servicios gratuitos que le agreguen valor a tu producto. Por años, los periódicos y las revistas se vendían por suscripción anual. Hoy las revistas y los periódicos ya son gratuitos, buscando sostenerse con sus anuncios, algo que tampoco es sencillo, porque anunciarse por internet, específicamente en Google, es más efectivo que los mismos anuncios publicados en revistas, periódicos o televisión.

> Alrededor de los productos, hay que construir elementos que atraigan y generen valor, y si son gratuitos, mejor.

Tal como te comenté sobre Lala o Bonafont, sus servicios de salud son gratuitos, no tienen ningún costo, pero el mensaje es el siguiente: «Me preocupo por ti». También las entregas gratis a cualquier parte del país es un atractivo. Muchos empresarios aún cobran el envío cuando se rebasa una cierta cantidad de kilómetros.

Uno de mis hijos, que es tenista, compra sus tenis en Singapur y no le cobran el envío. Eso es entender lo que es crear valor y cuidar a un cliente, simplificando el proceso de compra. Tener una tarjeta, que es monedero de ahorro, es un beneficio para el cliente, donde se acumulan puntos o un porcentaje de dinero para su próxima compra. Ésa ha sido una buena estrategia financiera de servicio al cliente de las empresas.

Las empresas constructoras han cambiado la percepción de compra de un departamento; para ello, han utilizado exitosamente esta estrategia de servicios complementarios gratis: integran en el edificio de departamentos todos los entretenimientos posibles, como alberca, jacuzzi, gimnasio, cine, capilla, campo de tiro de golf, paddle, circuitos para trotar, pantallas gigantes al aire libre, pistas de hielo, canchas de boliche, juegos, salones de fiestas, salas de lectura, televisión, tiendas y mucho más. En segundo lugar, te venden el departamento. Todo eso está incluido cuando lo compras. «Cómprame el departamento y te regalo los entretenimientos complementarios» es el mensaje ulterior que recibe el cliente. ¿Quieres más impacto que eso? Estos constructores venden bien, tal como si fueran hoteles.

9. Revoluciona tu diseño

En un mercado tan complejo y saturado de alternativas semejantes, tú, como empresario, necesitas ser distinto. Si deseas ser recordado, debes ser visto diferente y único; debes invocar las emociones del consumidor. El instrumento más poderoso es el diseño de tus productos. A partir de Steve Jobs, el diseño se ha transformado en la profesión más importante para una organización y en una de las mejor pagadas.

El diseño hace que tu producto sea aspiracional, ya que sintetiza todos los componentes que un comprador necesita para adquirir tu producto.

> El diseño jamás debe estar sobre la esencia del producto, porque tener algo elegante, bien diseñado, pero complicado, con muchos pasos o etapas complejas, reducirá el principio de valor que se requiere para el mercado de hoy.

Si aspiras a ser un disruptor, crecer y triunfar en tu negocio, sube a bordo a un buen equipo de diseñadores y surgirá la simplificación. El diseño y el precio bajo no tienen que ser incompatibles. Un buen diseño no tiene por qué ser necesariamente costoso. Debes tener diseño para atraer no sólo con precio, sino con el impacto emocional; no importa si es un par de zapatos, un flamante automóvil, un mueble elegante, un edificio de departamentos o una bicicleta. Si logras una buena conexión con tus clientes, tu marca será recordada.

Debes ser siempre mejor que tus competidores. Esto no siempre te lo proporciona la calidad del producto; la calidad debe estar reforzada por lo estético de tus diseños, pues hasta los camiones de reparto de Coca-Cola o Bimbo se ven impecables. Debes estar un paso adelante de tus clientes en el aspecto, en la forma, en la practicidad, en facilidad de uso, incluso en lo liviano que sólo te lo da un buen diseñador. El equipo de diseño será quien elimine costos innecesarios en tu producto o servicio; lo que no agregue valor será retirado, aunque sean las características con las que iniciaste tu negocio. El diseño hace lucir caro tu producto, tal vez sin que lo sea; ésa ha sido una de las genialidades de tiendas Zara. «Crea algo interesante para tu cliente, para que tu producto se haga viral.»

Algunos ejemplos de simplicidad del producto en el mercado de nicho:

Apple

Tienes el ejemplo de nuestros tiempos, al rey de la simplicidad: Steve Jobs. Ésta fue el arma más poderosa de Apple: la simplicidad. Jobs decía: «Cada año le quitamos algo a nuestros productos y así es como nosotros lo hacemos más fácil». Su filosofía era la reducción progresiva para lograr simplicidad. Les ayudó a distinguirse por sus productos y crear una gama de servicios, lo que posicionó a esta empresa muy lejos de cualquier competidor que se le quisiera acercar.

Apple, con su cultura de simplicidad, continúa en la delantera de su ramo, a pesar de estar saturado de competidores. Sin duda, su campaña *Think Different* (Piensa diferente) motivó una cultura de transformación en toda su organización, en la que celebraban la vida de aquellos que habían contribuido con algo diferente en todas las ramas de la ciencia, el arte, la pintura, la música y la ciencia. Su idea era recordar a esos héroes, pues Jobs también los quería dentro de su organización.

Chanel

La diseñadora Coco Chanel, fundadora de la marca Chanel y del exitoso perfume Chanel Nº 5, se caracterizó por su simplicidad en sus diseños. De ella es la famosa frase: «La simplicidad es la clave de la verdadera elegancia»; por eso, en sus diseños utilizaba colores neutros como el negro y el blanco, principalmente, y liberó a las mujeres de los vestidos recargados y del corsé; fue todo un éxito en aquellos días. Ella nos confirma que lo simple no es algo soso y sin estética, sino todo lo contrario.

Esta mujer es la única diseñadora del mundo que se encuentra en la lista de las personas más influyentes del siglo xx de la revista *Time*. Nada mal para una pionera de la simplicidad.

Louboutin

En un capítulo anterior, te hablé ampliamente de esta marca de lujo. Te dije que el diseñador Christian Louboutin se transformó en el mejor representante del marketing sensorial en la industria del calzado para el mercado premium.

Debes considerar que un zapato es un *commodity*, pero la belleza de los diseños de esta marca no tiene límites, ya que las mujeres que los usan sienten que estos zapatos las hacen lucir más bellas y únicas. Ellas no compran, sino que coleccionan sus zapatos.

Este diseñador es un verdadero revolucionario del mundo del calzado para mujer. Su concepción y su simplicidad del diseño integran todas las emociones posibles para la conquista de una mujer, y lo ha logrado magistralmente al sintetizar su producto en la suela roja y en el tacón altísimo y sexy.

Nespresso

Otro buen representante de la simplificación de un producto para un mercado de nicho ha sido la marca Nespresso, creada por la empresa Nestlé, y de la cual también ya hablé ampliamente en un capítulo anterior.

Todo producto para el mercado de nicho de alto valor o premium requiere que sea simple, sencillo, ágil y práctico de usar y manipular. El que sea simple de usar es uno de los elementos detonantes de los productos premium. Cuanto más simple de usar, más personas lo usarán. Nespresso expresa la simplicidad para hacerte un café de alta calidad; además, todos sus elementos, como las cucharas, tazas y tiendas, están estudiados a su alrededor para que el producto se vea de alto nivel, sientas que consumirlo te da estatus y clase. En su publicidad aparece el reconocido y elegante actor George Clooney, un fiel representante de la distinción y nivel del que consuma este producto.

> La simplificación, en muchos casos, puede permitirte vender más caro y, por las características del producto, el cliente lo paga sin problema.

En conclusión

La simplicidad en el producto:

- Ya sea orientada al mercado masivo o al de nicho, requiere necesariamente hacer adaptaciones en el rediseño del negocio.
- En mi investigación de empresas disruptoras, me he encontrado con crecimiento acelerado y exponencial, en que su éxito no siempre ha sido consecuencia de la simplificación del producto de manera aislada.
- Algunas empresas han crecido rápida y exponencialmente por haber creado una disrupción rediseñando su concepto de negocio, sin haber modificado el producto.
- Lo curioso es que al final persiguen muchos de los propósitos que tiene la simplicidad de productos de mercados masivos o de mercados de nicho, sin tocar el producto, pero sí todo lo que lo rodea.

Simplicidad en el concepto de negocio

En el capítulo VI te describí los cinco conceptos disruptivos de negocios que he identificado en mi investigación sobre las empresas; además, expliqué lo que las ha llevado a tener mucho éxito con su revolucionario diseño disruptor. Lo lograron simplificando su organización, no sólo los procesos, sino rediseñando la forma de llegar, atender o entregar. Esto les permitió dar al cliente un producto simple y con un valor superior, ya sea por el nuevo concepto, por la transformación radical del servicio o por la relación con su mercado. Con ello lograron consolidar el mercado cautivo y conquistar a clientes que jamás les habían comprado.

Para estos empresarios fue más grande la oportunidad de conquistar nuevos clientes «no consumidores» que la consolidación de la cartera que tenían, porque se dieron cuenta de que tenían que atraerlos a través del rediseño del concepto de negocio, sin cambiar el producto.

Te recuerdo los cinco disruptores del negocio, que ya tratamos ampliamente: 1) disruptor financiero; 2) disruptor de producto; 3) disruptor de servicio; 4) disruptor de expansión, y 5) disruptor tecnológico.

La disrupción en los negocios en algunos casos significará transformar tu industria en un modelo distinto. De esta manera, tomarás por sorpresa al mercado, como lo hizo Starbucks. Lo que te permitirá conquistar más mercado para hacer que el consumidor vea tu producto o servicio mucho más simple de utilizar y de adquirir, con un sistema comercial o de servicio único, distinto y cómodo. Esto lo realizaron de manera magistral, como ya te comenté, Amazon, Starbucks y Uber. Estas empresas, con su sistema de simplicidad aplicado al concepto de negocio, cambiaron el valor de tal manera que el cliente lo intercambia por su dinero.

También otras empresas ya mencionadas —como Google, eBay, Autofin, Price Shoes, Oxxo, Farmacias del Ahorro y Cinépolis— han crecido exponencialmente, transformando de raíz la naturaleza del negocio como tradicionalmente operaba, pero sin modificar el producto. Los clientes los prefieren porque su modelo es muy atractivo, cómodo, ágil, conveniente y resuelve una necesidad que estaba oculta en el consumidor.

Consejos para la simplicidad en el negocio

1. Controla la cadena de valor

Las empresas que controlan la cadena de valor se hacen expertas en el modelo de *upstream*. Buscan los elementos que no agregan valor, sino costo, y los compran, se asocian o los controlan con acuerdos comerciales. Si vendes zapatos y te subes a la cadena de valor, finalmente llegarás a ser dueño del cuero, de la curtiembre, del tratamiento de las pieles, del diseño de calzado, de los productores del zapato o del *retail*. Cuanto más arriba subas a la cadena de valor, más control tendrás de tus costos, y cuanto más bajes en el *downstream,* controlarás el precio en el punto de venta. He conocido empresas textiles que fabrican telas que se suben a la cadena de valor; compran la lana en el campo, luego hacen el hilo y después fabricar las telas. Entonces bajan en la cadena de valor hasta tener tiendas donde venden ropa confeccionada con sus telas.

Es un control absoluto del costo y del precio de venta en el mercado. Es decir, que es una buena decisión rediseñar la estructura de tu negocio con el fin de controlar la cadena de suministro del mercado y, por lo tanto, su precio. Como lo ha hecho muy bien Mexichem, Sukarne o Facebook, con tal dar soluciones integrales a sus clientes.

Otros ejemplos evidentes han sido Bimbo, Coca-Cola, las cerveceras o empresarios del calzado, que controlan desde el curtido del cuero a la distribución de los zapatos en el punto de venta.

2. Automatiza

Cuando automatizas un producto o servicio significa que estandarizas los procedimientos de compra del cliente. Empresas como Airbnb, Uber o Netflix, son ejemplos de que el cliente siempre compra igual y en las mismas condiciones. McDonald's hizo lo mismo con su proceso de entrega de cinco minutos en el mostrador en sus restaurantes en todo el mundo. Si recuerdas una de las características de las disrupciones es que se caracterizan por tener un producto o servicio, fácil, cómodo y simple. Debes considerar que cualquier proceso se puede simplificar si logras estandarizarlo. En el área de producción la automatización es y seguirá siendo pieza clave para la productividad y reducción de costos y eficiencia operativa desde la era de la calidad y cero defectos.

3. Crea soluciones integrales

Empresas como Price Shoes, Cklass o Andrea dan una solución integral al consumidor a través de vendedores asociados, generalmente, amas de casa, que compran el producto en un gran almacén y lo revenden. Estas empresas venden de contado y el vendedor corre el riesgo con el crédito que le dará al cliente. El cliente se beneficia con el crédito, las amas de casa que venden el calzado también y ni hablar de las empresas mayoristas. Además, las empresas venden todo tipo de zapatos; no tienen especialización, sino una solución integral de productos, para todas las edades, desde tenis zapatos de vestir, de niños y mayores.

También las empresas de tecnología cada día incursionan más en la solución integral. Es decir, no sólo venden el producto; más bien, dan un servicio postventa, ya sea a través de asesoría, reparaciones, mantenimiento o productos complementarios que se aplican para mejoras cuando usan su producto. Dupont, por ejemplo, no sólo vende sus pinturas; también vende la asesoría de cómo se pintan los automóviles en las armadoras. El secreto de la solución integral adicional al producto es que la solución o asesoría no tiene costo directo como lo tiene el producto. También crea valor en cada venta, que es una pieza clave de una disrupción.

Toyota encontró que el valor más grande de una venta es el servicio postventa. Primero, porque el vendedor ya no ve al cliente después de haber cerrado la venta, pero lo atiende repetidas veces el personal del área de servicio; segundo, que la confianza y credibilidad se construye después de vendido el producto, porque se ayuda, se protege o se atiende al cliente, y se genera un proceso preventivo de posibles fallas.

El área de servicio de Toyota es hoy una de las mejores del mundo, porque se focalizaron en la solución integral al cliente. Otras marcas ya lo han incorporado, pero Toyota fue pionera en el concepto de enfoque en la postventa para mantener cautivo al cliente. La estrategia garantiza ventas futuras al mismo cliente.

4. Aplica la cocreación

La cocreación ha sido el recurso más valioso que usan las empresas que desean aumentar valor en el mercado; mejorar diseño y apariencia; aumentar la eficiencia, y resolver los problemas de los clientes. Y así entregar el producto o servicio tal como el consumidor lo espera.

La cocreación ha construido una nueva relación entre los clientes, proveedores y empleados de la empresa, con el fin de identificar un valor importante para el consumidor, pero en forma permanente y evolutiva.

Las empresas tradicionales tienen expertos en marketing, diseño industrial y tecnología que diseñan y entregan un producto al consumidor; sin embargo,

> las empresas que utilizan la cocreación parten de que los clientes ayudan a descubrir la creación de valor involucrándolos con la empresa y sus productos.

Estas empresas parten de la premisa de que los clientes ya no son unos zombis que sólo aceptan lo que la empresa diseña, sino que los clientes pueden crear su propia experiencia con el producto o servicio. Son empresas que profundizan en la vida y uso del producto que hacen los consumidores. Crean una interacción permanente entre clientes y empleados.

Esto lo hace muy bien la empresa Lego, que se involucra en el más mínimo detalle de cómo los niños usan sus productos.

En suma, es una transformación total de la organización en su relación cliente/organización. Este cambio se está dando porque los consumidores tienen cada día más información, son más inteligentes e informados que antes y están saturados de productos.

Los clientes ya no sólo quieren que un producto tenga una aplicación útil, sino que la empresa cuide de ellos como personas y se involucre en su vida. Por ejemplo, McDonald's se preocupa más por la salud que antes, creando nuevos productos y actividades deportivas para sus clientes. Bonafont, se preocupa por la salud de los consumidores y tiene un sistema para que el usuario cuide su salud integral. Leche Lala creó el Instituto Lala de la Salud, donde ofrece consejos y orientaciones sobre cómo cuidar la mente y el cuerpo. El nuevo lema del cliente podría ser éste: «no sólo me vendas un producto, cuídame como tu consumidor», ya que productos sobran en el mercado. «Haz algo más por mí.»

Empresas como Audi utilizaron este método de cocreación con el cliente para diseñar partes de algunos de sus autos deportivos de dos puertas. El cliente interactúa con el auto, el tablero, etcétera, y se reciben comentarios que serán considerados en el diseño final del producto. La cocreación es un extraordinario recurso para realizar cambios que crean valores sustantivos para el cliente, involucrándolo en el proceso de diseño. O bien, dar la percepción de que la empresa cuida de sus consumidores.

5. Vende directo

Vender directo, evitando canales de distribución, ha sido una tarea que por años ha ido creciendo. Aquellos que han sido representantes de empresas en el extranjero, se les ha llegado a retirar el canal de distribución —después de dedicarse durante muchos años a abrir el mercado y a desarrollarlo— porque el corporativo en su país de origen ve la necesidad de ir directo al mercado. Ese tipo de decisiones se toman generalmente cuando el mercado ya no permite escalar sus precios debido a que nacieron muchos competidores y la empresa necesita ser más competitiva en sus costos para mantener un precio aceptable.

Empresas como Dell desarrollaron un concepto de negocio que les permitió dar un menor precio al cliente final. Su idea de atender directo desde la fábrica al consumidor fue brillante, ya que quitó los canales tradicionales de intermediación. A Hewlett Packard, que era la empresa líder en el ramo, jamás se le ocurrió vender directamente a sus consumidores, ya que estaba diseñada para vender a través de distribuidores mayoristas, medio mayoristas y *retail*. Sin embargo, como vemos, para muchas empresas estos canales tradicionales para desplazar el producto ya no están agregando el valor que antes tenían.

La industria automotriz cada día más se acerca a este concepto de venta directa. La enorme cantidad de competidores y marcas a los que se enfrentan les deja cada día márgenes de ganancia más pequeños, y el mercado les limita los precios. Por ello, muchas armadoras ya hacen las negociaciones directas con clientes que compran grandes flotillas.

> Los productos de primera necesidad deberían ir directamente al consumidor final, ya que la diferencia entre el precio del agricultor y el precio en los grandes supermercados es cientos de veces más elevado.

Alguien deberá idear un modelo como el de Dell para que exista un canal directo de distribución sin intermediarios, que no agregan sino costo al producto, pues los más perjudicados de este modelo con intermediarios son los agricultores y los consumidores, que pagan caro los productos.

Por ejemplo, Price Shoes, Cklass, Andrea, Dell, quitaron todos los canales de ventas para ir directamente al mercado sin el costo directo de tiendas, centros comerciales o distribuidores. Estas empresas tienen la gran ventaja de recibir el dinero antes de entregar el producto. Es un verdadero negocio, estupendo reductor de costos de operación y un buen negocio financiero.

Empresas como Coca-Cola ya venden directamente al consumidor final, pues con sólo una llamada telefónica te surten el producto. El secreto es darte cuenta de que los canales tradicionales de distribución ya no agregan el mismo valor como lo hicieron los últimos 50 años; más bien, agregan costos.

6. Incorpora tecnología digital

La aplicación de la tecnología para sustituir empresas tradicionales o crear nuevas ha tenido un gran impacto en los negocios. Ésta permite reducir sustancialmente el costo de lá operación, incrementar la velocidad y comodidad para el cliente y una transacción más ágil con menos estructura.

Dice Dinesh Sharma: «Estamos ante la "cuarta revolución industrial", quien no lo comprenda perderá el paso y quedará fuera de las nuevas reglas del juego de los negocios». Esto fue lo que le pasó a la *Enciclopedia Británica*, que fue líder en el compendio del conocimiento en 32 volúmenes. Pero llegó Wikipedia, «la enciclopedia libre», a cortar de tajo su hegemonía. La utilización de la tecnología hizo más simple el uso de una enciclopedia; más fácil y práctica su actualización, y daba una serie de ventajas adicionales como la incorporación de nuevas palabras o definiciones por los mismos usuarios. El valor de esta enciclopedia virtual fue tan grande que redujo a cero su costo.

Como ya comenté, Kodak fue otro de los muchos casos en los que la tecnología digital hizo que desapareciera una organización que por años había sido líder del mercado mundial, y así podría enunciarte cientos de empresas muy exitosas por el uso de la tecnología al servicio del cliente y del mercado, como FedEx contra el correo; Pixar contra la producción de películas tradicionales; TED contra la forma tradicional de comunicar avances en el mundo; y muchas otras que he mencionado a lo largo de este libro.

Como vemos, la tecnología puede erradicar empresas que tuvieron hegemonía durante varias generaciones, ya que reducen su costo a cero y su valor para el cliente es muy significativo.

Identifica en tu empresa qué área, producto, canal de distribución o servicio puede crear este impacto en el mercado y reducir tus costos, utilizando tecnología digital. Lo importante es que su aplicación agregue valor; de lo contrario, tu inversión en tecnología puede simplificar y reducir tus costos, pero no ser muy atractivo para el consumidor.

Si logras simplificar el precio con tecnología, si eres el primero y tomas por sorpresa el mercado, deberás crecer lo más rápido posible. Es como estar en el lugar y en el momento correctos, ya que un costo muy bajo, como consecuencia de la nueva tecnología, te permitirá escalar muy rápido en el mercado.

7. Escala tu mercado

Si te transformas en una empresa que tome por sorpresa el mercado —por su simplificación, costo bajo, precios competitivos, productos con buen diseño, atractivos y fáciles de utilizar para el consumidor— puedes correr el peligro de ser el foco a vencer y ser la presa a la que los competidores quieren atacar para quitar tu valor en el mercado por medio de una disrupción. Para ello, es necesario y urgente escalar el mercado, salir de tu colonia, crear sucursales, salir de tu ciudad y conquistar regiones, saturar tu mercado y, si es posible, enfocar tus miras hacia el mercado internacional. Conquista el mundo lo antes que puedas. Así lo hicieron Farmacias Ahumada, Bimbo, Sukarne, Lala, Oxxo y muchas empresas más.

El secreto de crecer con una tienda es tener una segunda tienda, no esperes continuar creciendo con el negocio que te vio nacer. En suma, ya no da más esa esquina que te hizo crecer; debes buscar en otras zonas antes de que entres en crisis, de lo contrario no tendrás capacidad para invertir y expandirte.

> Muchas empresas han dejado de crecer y han perdido el paso porque no se enfocaron en construir economías de escala para compensar los nuevos competidores que saturaron su mercado

> tradicional; quisieron continuar creciendo orgánicamente con el negocio de origen y eso ya no es posible porque el nicho se saturó de muchos otros competidores.

El aumento en el volumen te lleva a compensar tu reducción de precios; tienes menos margen, pero más ingresos al escalar el mercado. Una vez que pruebas que tu modelo tiene éxito debes saturar otras zonas lo antes que puedas. Los competidores tendrán la mira en ti y no te dejarán crecer porque estamos en un mercado de imitadores, llamados el competidor del «yo también» lo tengo.

8. Diseña el servicio como si fuera tu producto

Cuando las empresas manejan su servicio como el producto más importante, por encima del producto tangible que ellos entregan, éste tiene más preferencia que cualquier otro. El consumidor nota una gran diferencia.

Mientras la mayoría de las empresas ven el servicio como lo intangible del negocio, aquellos que lo administran como producto lo ven como el centro de utilidad más importante, ya que reduce costos, evita desperdicios y el producto finalmente cumple con lo pactado en el momento de compra.

Cuando la empresa utiliza el servicio como el producto comprende que: 1) crea un valor agregado muy notorio para el mercado; 2) le facilita la vida al cliente; 3) le resuelve los problemas de aplicación, manipulación o uso eficiente del producto, y 4) el cliente elimina problemas y ahorra con este servicio.

Este proceso no sólo se ha desarrollado en productos de consumo, sino también en el mundo industrial: en productos mecánicos y químicos; en las empresas de pintura de alta especificación; en gaseras. En suma, en todas las empresas industriales que han comprendido este principio de ver el servicio como parte del producto, haciendo que el producto tangible se transforme en la punta de lanza para la venta de un «servicio integral».

Hoy quien no piense en el servicio postventa o en el servicio integral; quien no tenga una infraestructura sólida que dé soporte al servicio intangible administrado como el producto más importante, habrá decidido inconscientemente seguir vendiendo el producto crudo en este mundo sobrepoblado de productos, y tendrá que sufrir vendiendo precio.

Así que, repito, el servicio manejado como producto resuelve problemas endémicos de operación a las empresas: ahorra, reduce costos sustancialmente y genera mayor preferencia en aquellos que lo llevan a la práctica en su mercado. Aquel que lo lleve profesionalmente ganará más dinero porque en el servicio está la utilidad, ya que el producto, en sí mismo, tiene un costo directo que no puedes evitar.

Empresas automotrices han comprendido este concepto y se han centrado en el servicio más que en la venta. Para llevarlo a cabo se debe contar con una infraestructura sólida, ya que no es un proceso tradicional de venta solamente, que ofrece un servicio o tiene un área de servicio al cliente.

Si estudias el caso de la empresa Zappos, que vende zapatos en línea, verás que el producto que venden en realidad es su cultura de servicio. Los zapatos son los mismos que todos, la diferencia está en la manera en que atienden a sus clientes; en que entregan el producto; en la cultura centrada en mejorar todo el tiempo su servicio; se preocupan por sus clientes; viven para ellos. Es una empresa que sorprende al cliente en todo lo que hace; es excepcional y eso capta la preferencia del consumidor.

9. Haz la vida fácil al cliente

Para pensar en simplicidad con el propósito reducir costos y agregar valor, un primer paso que debes dar es que tengas una mentalidad orientada a resolver los problemas de los clientes, haciéndoles la vida más fácil, cómoda y menos costosa. Debes pensar como consumidor y encontrar un valor superior al producto, que le permita vivir mejor a menor precio.

He encontrado que la mayoría de las grandes empresas tienen aéreas en las que delegan totalmente el conocimiento del cliente y del mercado; dejan en manos del ingeniero de producto, de la mercadotecnia o del área comercial el conocimiento del consumidor, y los directivos muy cómodos, desayunando en el Club de Industriales, analizando las finanzas del negocio y las tendencias mundiales. El problema es que el conocimiento del cliente lo delegan en personas que operan el negocio, no en visionarios innovadores. Sin embargo, la estrategia no se delega. Ese distanciamiento es un lujo que pudieron darse los ejecutivos en los sesenta. Esa actitud ya murió.

Si te das cuenta, en todas las empresas a las que he hecho referencia en este libro, que son disruptoras y crecen exponencialmente, el que domina la estrategia es el director, el presidente, los fundadores, como Steve Jobs, Bill Gates, Jeff Bezos, Mark Zuckerberg, Elon Musk o Richard Branson. Esta tendencia se acentuará más con el devenir del tiempo, mientras la tecnología continúe avanzando y obligándonos a poner en el centro de la empresa al cliente y al fundador, hermanados en una relación de simbiosis.

A diario vemos que hay productos simples y cotidianos donde las empresas —incluso de no gran tamaño— tienen en el centro al cliente. Por ejemplo, ya hay empresas automotrices que te entregan un acumulador en tu casa y lo instalan en tu auto por el mismo precio, o cambian las llantas de tu auto en tu casa o en tu oficina. Hay talleres mecánicos que trabajan sólo por las noches, que comienzan con el servicio a partir de las seis de la tarde; así, al otro día temprano, el auto está listo para que el cliente se vaya a trabajar, pues lo trabajaron durante la noche. Otros, reparan tu carro en el estacionamiento de las empresas, mientras el cliente trabaja.

Una joven en Canadá creó una empresa para que viajes sin maletas. Tú les indicas qué ropa necesitas en tus vacaciones y te envían la maleta con la ropa a tu hotel, para que cuando tú llegues, ahí esté; así, cuando regresas a casa, la dejas en el hotel y ellos la recogen.

Podría continuar dando más ejemplos, como el supermercado Amazon Go, la línea aérea Virgin, Apple, Uber, Airbnb, Facebook, Zappos, etcétera, que son triunfadores y fieles representantes de una mente centrada en la simplicidad —ya sea del diseño, del proceso de compra, de entrega a domicilio sin costo— para que la vida del consumidor sea más fácil y simple.

> Simplicidad no es simplificar procesos internos, sino cambiar el diseño de tu negocio que permita que el cliente reciba lo mismo en forma distinta, a un menor precio y con mejor calidad en el servicio.

Y, como dije en capítulos anteriores, la simplicidad tiene como requisito que el diseño sea el mejor; esto no significa que un mejor diseño sea sinónimo de mayor costo. No, en absoluto. Mejor diseño es mayor atracción y ofrece más valor al producto y al cliente.

Mi alerta a todas las grandes empresas de consumo masivo es que ellos son enormes, millonarios, globalizados y progresistas porque lo único que hacen por el consumidor es ofrecerle miles de productos, pero muy pocos están enfocados en hacerle la vida fácil y simple realmente; no lo atienden directamente; no lo apapachan; no lo consienten; no están cerca de él. Sólo venden, a través de canales de distribución, como los supermercados o las misceláneas, pero este tipo de empresas algún día se van a terminar porque estamos dejando atrás la era del producto, para incursionar en la era de la simplicidad de la vida del consumidor a bajo costo.

Espero que reflexiones y comiences a pensar en forma distinta, integrando la simplicidad como la punta de lanza de tu disrupción.

EJERCICIO 6
ALGORITMO SIMPLICIDAD

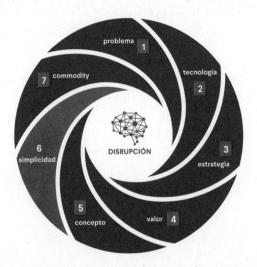

Reúne a tu equipo de trabajo y pregúntale:

- ¿Qué podemos simplificar en nuestra empresa que reduzca el costo en la manufactura, en la entrega, en la distribución en el costo de venta?
- ¿Qué podemos simplificar en nuestra empresa que agregue valor al mercado, a los consumidores o a nuestra red de distribución?
- ¿Cómo la simplicidad puede crearnos un sistema más eficiente y atractivo para el cliente?
- ¿Qué podemos simplificar en el producto, que nos permita ser más agiles, más rápidos más eficientes y resolvamos más problemas a los clientes?
- ¿Cómo podemos simplificar para ser más agiles, costar menos, reducir tamaño o tiempos de entrega, y qué productos deberíamos eliminar?
- ¿Qué deberíamos eliminar, que no agrega valor, pero siempre lo hemos hecho por inercia?
- ¿En qué otros segmentos de mercado podríamos entrar si simplificáramos nuestro servicio y redujéramos costos?

- ¿Qué deberíamos integrar para que nuestro producto o servicio se vea de calidad premium, para el segmento que quiere calidad y tiene poca sensibilidad al precio?
- ¿En qué podemos ser más rápidos, eficientes y únicos en el mercado?
- ¿Qué tecnología podría hacer nuestro producto o servicio más ágil, más económico y más rápido o automatizado?
- ¿Qué servicio valoraría más el cliente, que le simplificaría su vida y fuera económico?

▌ALGORITMO *COMMODITY*

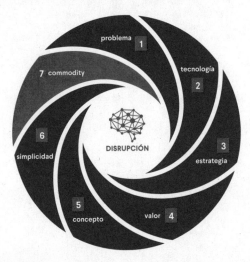

Lee el capítulo XVIII

Aprenderás a identificar si tu empresa y tus productos se han convertido en un *commodity*, pues aquellos que han caído en esta trampa, ahora sólo encuentran su valor en el precio.

Observarás que la sobresaturación de productos y servicios ha hecho que el mercado tenga ofertas similares a la tuya. Es necesario que identifiques si estás en la trampa del *commodity*, y si es así, comenzar la reinvención de tu negocio y descubrir, lo antes posible, una disrupción para que tus utilidades no continúen en caída libre.

Aprenderás cómo salir de la trampa del *commodity* para generar un valor diferenciador, y así, construir una disrupción que haga al consumidor un fanático de tus productos y servicios. Tus utilidades estarán de regreso.

También analizarás cómo puedes transformarte en un líder disruptor; es decir, cómo puedes pensar en forma distinta y modificar tu estrategia para atender a tus clientes. Esta nueva forma de pensar te hará un líder triunfador en un mercado saturado de productos que satisfacen las mismas necesidades del nuevo consumidor en la era digital.

CAPÍTULO XVIII
LA TRAMPA DEL
COMMODITY

LA FUERZA CENTRÍFUGA DEL MERCADO

En los últimos 20 años los mercados se han expandido en forma desmedida y están poniendo en jaque a las empresas tradicionales que no han podido escaparse de su fuerza centrífuga.

> Deberías preguntarte si padeces por la inercia de un mercado que te absorbe con fuerza centrífuga y que puede estar convirtiendo tu empresa en un *commodity*.

Los síntomas de este peligroso flagelo los experimentas cuando inviertes el mayor tiempo en temas de producto, precio y descuentos más que en reinventar tu negocio, crear una disrupción en el mercado y ser el líder que crea las reglas.

Las fuerzas del mercado son tan absorbentes que te desenfocan y te distraen en actividades cotidianas, en lo operativo o en cumplir con el presupuesto. Debido a ello, 70% del tiempo de un ejecutivo se concentra en controlar la operación. La enorme saturación de productos y servicios ha ido en aumento en los últimos años y te circunscribe a problemas de corto plazo.

Todas estas tendencias te hacen caer en «la trampa del *commodity*». La trampa comienza a observarse en las empresas cuando el producto o servicio se degrada en el tiempo hasta perder su diferenciador, y la comercialización se reduce a la confrontación de precio. Esto ocurre frecuentemente en productos con muchos años en el mercado porque atienden mercados cautivos maduros o porque la tecnología ha logrado masificar el producto. Hoy en día la velocidad para que un producto madure es más rápida que nunca.

La trampa del *commodity* se encuentra en muchísimos productos y aumenta cada día más con la globalización, tecnología y comercialización masiva.

> Muchos empresarios concuerdan en que han caído en la trampa del *commodity*, pero pocos hacen algo sustantivo para escapar de él. Se limitan a diseñar más productos o atienden otros mercados, como hemos visto con los ejemplos de disruptores en todo el libro.

La mayoría de los empresarios sólo hacen ajustes para mejorar o diseñan productos que frecuentemente son una extensión del anterior. Otros se centran en diseñar estrategias de precios, promociones y condiciones para compensar la falta de valor agregado de sus productos o servicios. El consumidor no ve diferencias entre un producto y otro y se preguntan: «¿por qué he de pagar más por él?».

Aquellos que han logrado escapar de la «trampa» son los que han integrado innovación profunda en sus productos y en su diseño de negocio y se transformaron en verdaderos disruptores. La mayoría de las empresas que conozco sólo hacen cambios o ajustes de corto plazo, como tácticas de marketing, promoción y diseños en el punto de venta o en la calidad, buscando ingresar a segmentos de mayor exigencia o nivel socioeconómico. Buscan desarrollar mercados de nicho con mayor margen y valor, pero muy pocos hacen cambios de largo plazo que modifiquen profundamente su portafolio de productos o su concepto de su negocio.

Una empresa cae en la trampa del *commodity* cuando queda atrapada y no tiene otro camino más que competir frontalmente por sus características comunes. Esto generalmente es ocasionado por alguna de las siguientes razones (marca cual coincide con tu realidad):

_____ 1. Por la enorme capacidad de producción que existe.

_____ 2. Por estar enfocados en mercados masivos.

_____ 3. Porque es un producto muy común, estandarizado.

_____ 4. Porque estamos muy concentrados en producir más productos con pocas diferencias.

_____ 5. Porque estamos concentrados en vender más que en hacer marketing e innovar.

_____ 6. Porque el mercado no te permite tener elasticidad en precios, para aumentarlos, y sufres también la presión en los costos.

_____ 7. Porque hay más competidores con productos similares o sustitutos.

_____ 8. Porque los clientes se han hecho sensibles al precio.

_____ 9. Porque los clientes ven que tu único diferenciador es el precio.

_____ 10. Porque tú eres tan bueno como tus competidores, o sea te ven igual.

Estos componentes podríamos sintetizarlos en tres grandes vertientes de donde se alimenta la trampa del *commodity*: clientes, tecnología y competidores. Estos están íntimamente relacionados en la gestación de la trampa y pueden iniciar su impacto por cualquiera de ellos indistintamente.

- **Clientes.** Los clientes, cuando adquieren *commodities*, rara vez diferencian un producto por sus características; para ellos, el precio continua siendo el diferenciador.
- **Tecnología.** El avance tecnológico permite la estandarización y producción en masa de productos a muy bajo costo en muchos segmentos.
- **Competidores.** Ahora nuevos competidores de todos los países del mundo compiten por el mercado y crean una sobreoferta, lo que afecta los precios.

CÓMO ESCAPAR DE LA TRAMPA DEL *COMMODITY*

Cliente:

1. Compite sólo por un segmento del *commodity,* aumentando los precios.
2. Cambia el concepto del negocio, agregando valores que el mercado pueda distinguir para que acepte un mayor precio.
3. Haz productos a la medida para segmentos específicos.
4. Fortalece la percepción de valor de tu producto por encima del mercado.
5. Mejora la calidad del producto y del servicio postventa, donde el cliente paga más.
6. Invierte en el desarrollo de nuevos productos que lleguen a nuevos clientes.

Tecnología:

1. Integra nueva tecnología para mejorar la velocidad del servicio.
2. Transfórmate en una empresa flexible para adaptarte a las demandas de distintos consumidores.
3. Integra un equipo profesional de Gestión de Relaciones con el Cliente (CRM, por sus siglas en inglés) que agregue valor a tu producto o servicio.
4. Incrementa la velocidad de respuesta a través de unidades de negocios.
5. Integra una cadena de valor desde materia prima hasta el consumidor final.
6. Sistematiza la cadena de valor hasta el consumidor para controlar costos.

Competidores:

1. Busca nuevos mercados o zonas geográficas posibles de desarrollo.
2. Crea una serie de productos sustitutos con un significativo valor.
3. Compensa tu fuerza de ventas por utilidades y porcentaje de crecimiento, no sólo por ventas.
4. Revisa tu cartera y elimina aquellos que no son rentables; reducirás participación, pero incrementarás tus utilidades.
5. Fragmenta el mercado en segmentos más productivos.
6. Busca nichos menos sensibles al precio y que valoren el servicio postventa.

Si ninguno de los puntos anteriores te funciona, abre tu billetera y sal de compras por el mundo; identifica empresas constituidas en otros países o regiones para construir una economía de escala, integrar tu cadena de valor y competir con los grandes jugadores globales.

▊ TRANSFÓRMATE EN UN LÍDER DISRUPTOR

Algunos consejos

1. Transfórmate en un fanático solucionador de problemas de tus clientes y en un experto conocedor de la tecnología digital y, más aún, de aquellas que están en desarrollo.
2. Compite por valor, sé único, distinto, toma por sorpresa al mercado, motiva al consumidor.
3. Integra pequeños grupos de trabajo en toda tu empresa, con objetivos específicos de innovación y creación disruptiva por áreas.

4. Deja de mejorar poco a poco, para transformarte en un disruptor y reinventarte; de lo contrario, la guerra del precio será una fuerza centrífuga que continuará aniquilando tus utilidades.

5. Integra la simplicidad, éste es un camino inteligente para tu reinvención. Si nada más cortas gastos al final perderás visibilidad y caerás en la trampa del *commodity*.

6. Piensa si quieres ser el que vende al menor precio o el que agregue más valor. Céntrate en el valor, integrando tecnología y podrás entregar un evidente diferenciador.

7. Piensa que tu utilidad es comparar tu costo con tu precio de venta. Pero para tu cliente la utilidad de su compra será el precio que paga comparado con el valor que recibe.

8. Aplica esta fórmula:

> VALOR+SIMPLICIDAD+DISEÑO =
> TOCAR EL CORAZÓN DEL CONSUMIDOR

9. Recuerda que el precio no es el único denominador del mercado consumidor, sino que está determinado por cuánto está dispuesto a pagar tu cliente por el valor que le proporcionas.

10. Construye una «innovación destructiva» con tu disrupción y de este modo no les será fácil a tus competidores directos imitarte rápidamente.

11. Concéntrate en las emociones del cliente: los líderes del mercado no fabrican productos, fabrican sentido para el cliente.

12. Recuerda que no hay mercados maduros, sino líderes que se hicieron maduros.

13. Crea la «casa de la innovación» donde se gestarán tus nuevas ideas todos los días del año, con un equipo concentrado únicamente en ello.

LA ERA DIGITAL Y LAS EMPRESAS DE COSTO CERO

En el estudio *2018 Global Digital*, elaborado por We Are Social y Hootsuite, se establece que somos más de 4 mil millones de personas en el mundo conectadas a internet. Esto quiere decir que, en 2018, 53% de la población mundial está en la red. En nuestro continente hay 741 millones de personas conectadas (73%). México, según datos del Inegi, tiene 70 millones de personas conectadas; esto es, 59.3% de la población. Respecto de las proyecciones, éstas pronostican que para 2020, según IBM, habrá 30 mil millones de personas conectadas a internet y en 2030, habrá 100 mil millones. Estas estadísticas nos muestran que hay una gran oportunidad en este medio.

Sin embargo, no todos estamos preparados para usar y valernos de este medio y de la tecnología digital en general, ya que está tomando por sorpresa a aquellos que tienen mente de crecimiento lineal, con evolución lenta y progresiva. Estos líderes con pensamiento lineal pelean frontalmente con herramientas de mejora de procesos, con ejecutivos y mano de obra, más que con soluciones de tecnología digital en sus productos y en los procesos de su negocio.

La tecnología ha demostrado ser el instrumento idóneo para que los empresarios salgan de los hábitos tradicionales arraigados desde la primera revolución industrial.

La tecnología nos ha permitido llegar a más mercados, más clientes y pensar globalmente para atender el consumidor del mundo, no sólo del país o región, sino de todo el mundo, como nos lo demuestran las estadísticas. Finalmente, hoy podemos pensar con mentalidad de abundancia.

Nunca se imaginó el profesor Leonard Kleinrock, de la Universidad de California, quien en 1969 envió por primera vez un mensaje a través de internet, que esa invención iba a cambiar el mundo para siempre.

En casi todos los capítulos te hice referencia a un sinnúmero de empresas que han tomado ese camino y han triunfado.

> La tecnología no sólo ha conectado al mundo, sino que ha permitido construir productos y empresas con costo cero, después de haber cubierto el costo inicial del diseño.

Te invito a que analices cómo puedes reducir tus costos significativamente integrando la tecnología digital.

Por años, el modelo económico utilizado por las empresas fue la reducción de costos a través de la producción en masa. La producción en gran escala les permitió reducir costos en materia prima y en producción de bienes y servicios. La tecnología nos ha confirmado que podemos tener un producto con costos mínimos y con capacidad de producción masiva para millones de consumidores. Las evidencias las tenemos en las películas de Netflix, los libros en línea de Amazon o las llamadas telefónicas de Skype. Esta masificación o democratización del mercado les ha permitido incrementar sustancialmente sus márgenes y, por si fuera poco, también adaptarlos a las necesidades particulares del consumidor. La producción individual para un mercado masivo nunca antes había sucedido en nuestro mundo empresarial.

Hoy, el consumidor tiene la posibilidad de que la tecnología le diseñe el producto a la medida de sus necesidades. La impresora 3D, el servicio de Airbnb, con sus viajes y hospedaje, se ajustan a las necesidades individuales.

Lo normal en los negocios era que si querías un mejor precio necesitabas comprar volumen. Pero nunca se imaginaron que surgiría una nueva tecnología digital tan poderosa que pudiera incrementar la productividad a niveles nunca vistos y reducir sus costos a cero. Por ejemplo, actualmente una foto no tiene ningún costo; su costo es cero, igual que una noticia en internet es de costo cero, comparada con la de un periódico tradicional o la televisión. Esta revolución de reducción significativa de costos, en muchos casos a cero, como ya hemos visto, no podría haber sucedido sin el internet.

Hemos visto que la revolución del costo cero ha invadido la televisión, los periódicos, las revistas y los libros. Estos negocios reaccionaron tarde al internet y, a pesar de su esfuerzo por competir en este ámbito, no pudieron regresar a sus jugosas ganancias que por años disfrutaron con el producto tangible. Hoy se envía audio, videos y textos a todos los seres humanos conectados en el mundo que, te recuerdo representan 53% de la población del planeta. Así de imponentes han sido las posibilidades de vender y esto los disruptores lo tienen muy claro, pero el empresario y el comerciante tradicional no sabe cómo integrarlo.

Teniendo el internet globalizado podremos producir lo que el consumidor quiere, de la manera que más lo necesita y resolviendo su problema específico, sin costo adicional.

> La posibilidad de poder alcanzar a millones de personas a través de internet es una oportunidad nunca antes vista en el mundo.

Así surgieron las empresas con crecimiento exponencial de las que ya te he hablado: Airbnb, Uber, Google, Facebook y muchas más. Lo peculiar es que los consumidores se recomiendan y comentan los productos o servicios, unos a otros. Esta viralización permite a estas empresas con plataformas digitales y de complejos diseños de algoritmos crecer exponencialmente. Además, el consumidor puede llegar a producir sus propios videos, su música, sus libros y compartirlos al mundo con costo cero, pasando por encima del mundo capitalista y sin tener que compartir costos con nadie.

Sin duda, el internet cambió por completo la forma de hacer dinero de los empresarios, artistas y cantantes, quienes antes medían su éxito por los millones de discos vendidos. Hoy entregan la música gratis, para promoverse, y sus ganancias provienen de

sus presentaciones, que son verdaderos espectáculos hollywoo-
denses. Es decir, el costo cero cambió radicalmente la forma de
hacer dinero. Lo mismo le va a suceder a los empresarios de todo
tipo de productos en un futuro muy próximo.

Asómate al futuro: un auto será hecho con una impresora 3D,
sin motor de gasolina, impulsado por una computadora que se
alimenta de energía eléctrica del sol. En 2030, las computadoras
serán tan inteligentes como los humanos. Pronto tendremos los
primeros vehículos autónomos para el público en general. En el
2025, llamarás por teléfono y un auto sin chofer te llevará a tu
destino; no necesitarás estacionarte. Nuestros hijos recién nacidos nunca tendrán una licencia para conducir y nunca poseerán
un coche. El servicio de mantenimiento se hará también en línea
porque un auto será una computadora con cuatro ruedas. Pasare-
mos de ingeniería mecánica a ingeniería digital en los autos. Las
empresas que producen aceite para motores tendrán que reinventarse o desaparecerán. Las compañías de seguros tendrán problemas masivos porque habrá muy pocos accidentes y el seguro
será cada día más barato. El modelo actual de seguros de automóviles desaparecerá. El cable es un producto destinado a desaparecer y nos conectaremos por wifi, como ya se hace con algunos
cargadores de celulares, y podremos cargar a larga distancia sin
costo.

Esto será una realidad muy pronto, en 2025. Este fenómeno
producido por el internet hará que muchos productos sean digitales. Estaremos entonces envueltos en el mundo donde todos
pensaremos en términos de internet, para diseñar productos o
servicios e idear cómo llegar al mercado del mundo. Ese tipo de
mente te permitirá pensar como disruptor y salir de la espiral
tradicional de la comercialización que termina llevándote a la
trampa del *commodity*. Dejaremos de ser regionalistas para
pensar siempre en productos y servicios para el mundo conec-
tado. Desarrollaremos una mentalidad de abundancia de oportunidades como nunca habíamos tenido. Ya no necesitarás ser

una empresa de dos generaciones, con más de 50 años, para ser el líder del mercado.

Así ocurrió con el genio emprendedor de Jack Ma, fundador de Alibaba, quien inició en 1999 su negocio en una pequeña oficina con dos escritorios. Hoy es la empresa de venta en línea, más grande del mundo, con una ganancia anual de 9 mil 700 millones de dólares, por encima de eBay y Walmart.

El impacto del internet en las compras en línea no se ha hecho esperar; ya ha comenzado a tener un efecto en las tiendas departamentales y centros comerciales en Estados Unidos. No sería de extrañarse que pronto tuviéramos cierres de tiendas por la disminución de ventas departamentales. Ya lo veo venir, porque no es casualidad que el genio de las finanzas en Estados Unidos, Warren Buffett haya vendido sus acciones de Walmart por 900 millones de dólares.

Las ventas minoristas en tienda disminuyen cada día por el impacto de las compras en internet. En México aún no se ha sentido esta tendencia; por el contrario, continúan abriéndose más centros comerciales. Pero es cuestión de tiempo para que esta tendencia se deje sentir en nuestro país. La tecnología será, sin lugar a dudas, el vehículo natural para adquirir productos y servicios. Los centros comerciales se transformarán en centros de esparcimiento, con algunas tiendas y restaurantes.

Ante este panorama, te invito a que pienses cómo puedes salir de la espiral absorbente del modelo tradicional de producir, vender distribuir y cobrar, en un mundo que está siendo dominado por internet. Como ya viste, competir precio contra precio y producto contra producto no te da posibilidad alguna de ser el líder del mercado; por el contrario, te precipitará hacia la trampa del *commodity*.

Incorpora en todas las áreas de tu empresa la cultura del costo cero para que descubran cómo eliminar los costos, integrando alguna tecnología en tus procesos, comenzando con los más simples primero. El propósito es que fomentes la cultura.

Necesitarás pensar como los jóvenes con mente digital, para conectar tus ideas con el mundo y hacerlo viral, porque en los próximos 10 años el software y la inteligencia artificial destruirán aquellas industrias que no se anticipen y lleguen primero a dominar la tendencia del nuevo consumidor.

EJERCICIO 7
ALGORITMO LA TRAMPA
DEL *COMMODITY*

Reúne a tu equipo de trabajo y pregúntale:

- ¿Nuestro mercado se ha saturado y nuestros precios se han congelado, pero los costos han ido en aumento?
- ¿Los clientes consideran que nuestro valor es el precio, el descuento o las condiciones comerciales y el servicio?
- ¿Los clientes están dispuestos a pagar más por nuestros productos tal cual los vendemos hoy?
- De continuar como estamos hoy, ¿qué podría suceder con nuestras ventas y utilidades?
- ¿Aumentaron los competidores en el mercado? ¿Qué efecto ha tenido ello en la venta de nuestros productos?
- ¿Hay nuevas formas de vender nuestro tipo de productos en el que no estemos involucrados y deberíamos estarlo?
- ¿Han surgido en los últimos años nuevos productos similares a los nuevos que compiten por precio?
- De continuar como estamos en el mercado, ¿qué sucederá con nuestra participación en el mercado?
- ¿Qué haremos para salir de la trampa del *commodity*?

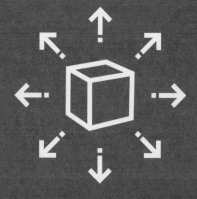

∎ CONCLUSIONES

Nuestro mundo, tal como lo conocíamos, ha cambiado de manera vertiginosa en las últimas décadas. Se ha globalizado y han aparecido nuevas tecnologías digitales. Por eso es necesario darnos cuenta de que las empresas y la manera de hacer negocios también están cambiando rápidamente, por lo que si tú, como empresario, no te sumerges en ese cambio, pronto podrías ser historia. En un mercado globalizado las empresas ya no compiten por los años que tienen, sino por sus novedades.

Así que para lograr esto debes desarrollar una mente disruptora, con la que podrás hacer predecible lo impredecible y tomar por sorpresa al mercado para crecer exponencialmente. La disrupción no surgirá en tu empresa sólo porque lo determines, ya que lograrla es un proceso evolutivo, perseverante, de aproximación sucesiva y de dominio de las nuevas motivaciones del consumidor digital. He visto cientos de empresarios que en su intento por lograrlo han pasado por el dolor de múltiples fracasos, antes de descubrir la veta de la disrupción. Como decía Sir Winston Churchill: «El éxito es ir de fracaso en fracaso sin desesperarse».

Las probabilidades de fracaso en un disruptor se elevan porque tienes la opción de construir tu crecimiento sobre lo conocido o sobre lo desconocido, pero es a través de esto último donde encontrarás tu progreso. Caminarás por terrenos que aún no dominas, lo que te exigirá tener una forma de pensar que sólo se aprende del fracaso, cultivando una mente de enorme curiosidad e inconformidad.

Como disruptor, tendrás que aprender del poder de tus errores y construir una mente tenaz para cambiar el mercado total. Recuerda que en la mente de un disruptor no hay culpabilidad por los fracasos, sino aprendizajes para continuar avanzando obstinadamente. Sólo el pensamiento perseverante e independiente te hará pensar en forma distinta del resto y posicionarte como el líder del mercado, para salir con un diseño revolucionario.

Recuerda que el disruptor aprende a tomar decisiones, pero lo más importante: aprende a asumir el riesgo de las decisiones, ya que no tiene un referente histórico en el mercado que lo pueda guiar, sino que transita por caminos desconocidos. Por ello, deberás hacerte cientos de preguntas y no abandonar el proyecto que iniciaste hasta conseguir anticiparte al futuro y tomar el mercado por sorpresa. Steve Jobs solía decir: «Está en nuestra naturaleza misma, en cómo anticiparnos al futuro y eso es lo que hay que dominar».

Tendrás que ser humilde con otras ideas si quieres anticiparte, ya que si hoy te preocupa algo de tu empresa, es porque necesitas ideas distintas. Aprende que el gran maestro de tu mente como emprendedor o líder de tu negocio será siempre el fracaso; así, podrás escalar y revolucionar tu mercado hasta tener la disrupción en tus manos.

Para ser disruptor deberás enfocarte en el descubrimiento de un nuevo mundo, que aún la mayoría no vislumbra o no quiere asumir. Es tu responsabilidad develar ese mercado escondido detrás de la tradición, que por años creó hábitos en el consumidor, y que lo condicionó a costumbres que tú necesitas reinventar. Tu propósito como líder es crear una mejor vida para tus clientes y cambiar las reglas del juego.

La disrupción nació para revolucionar el mundo en esta sociedad de la cuarta revolución industrial, centrada en la tecnología que muchos empresarios no llegan a asimilar. Te aconsejo que te anticipes. El empresario que no reaccione a tiempo perderá las oportunidades emanadas de una idea disruptora que altera las condiciones del mercado y la cadena de valor de sus competidores. Con ello evitarás ser un *commodity*, compitiendo producto contra producto y alcanzarás las oportunidades de crecimiento que sólo esta época de oro de la tecnología digital nos ofrece.

Además, deberás construir una cultura cooperativa en tu empresa para escuchar nuevos *inputs* dentro y fuera de tu organización. Tienes que ser un incansable observador y construir tus algoritmos para que aflore la idea disruptora.

En este libro te entregué siete insumos muy importantes para formar tu algoritmo. Espero que los puedas combinar y de ahí emane finalmente tu disrupción. Así crecerás exponencialmente.

Disrupción
Aplicaciones letales

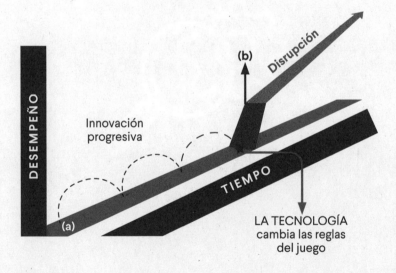

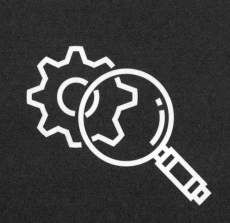

ANÁLISIS FINAL CON TU GRUPO

PROYECTO DE DISRUPCIÓN: «TU CAMINO HACIA EL ÉXITO»

1. **Resume** las ideas que surgieron de los siete insumos que has analizado con tu grupo.
2. Estructura **proyectos** y planes de acción de las ideas disruptoras.
3. Identifica qué **problemas** resolverá la disrupción a tus clientes y qué valor agrega al mercado.
4. Qué nuevas **tecnologías** incorporarás en tus productos, estructura comercial y en tus procesos.
5. Qué **valor** recibirán tus clientes, que antes no tenían y cuál será su motivación de compra.
6. Cuál será tu nuevo **concepto de negocio** con el que revolucionarás tu mercado.
7. Qué **simplificarás** en tus productos, servicios y procesos.
8. Qué **nuevos productos** o **servicios** lanzarás al mercado.
9. **Define tu disrupción y su impacto en el mercado:**

_____

_____

_____

_____

_____

_____

_____

_____

_____

_____

_____

_____

INFORMACIÓN DEL AUTOR

Si deseas mayor información
sobre innovación disruptiva puedes comunicarte a
BORGHINO CONSULTORES, S.A.
conferencias@borghino.com.mx

Conferencias públicas mensuales

Si deseas participar en las conferencias que imparte el autor
sobre éste y otros temas para emprendedores, comerciantes,
empresarios y grandes empresas puedes comunicarte a
mario@borghino.com.mx o al teléfono: (01 55) 55 34 19 25

Diagnóstico y test personal gratis

Si deseas recibir «totalmente gratis» un diagnóstico
para evaluar el nivel de innovación de tu empresa
o tu perfil disruptor como líder, comunícate a
disrupcion@borghino.com.mx

Conferencias para tu empresa o consultoría

Si deseas la conferencia o consultoría para tu equipo de trabajo
titulada «Disruptor» también podemos ayudarte.

Mario Borghino es consultor especialista en rescatar y redefinir
el rumbo de las empresas con problema o dificultad para crecer.

BORGHINO CONSULTORES, S.A.

José Ma. Rico, núm. 121-402
Colonia Del Valle, Ciudad de México, C.P. 03100
Facebook: @borghinomario
Twitter: @borghinomario
Instagram: Mario-Borghino
www.borghino.mx
conferencias@borghino.com.mx
Teléfono: (01 55) 55 34 19 25

Descubra todos los títulos de **Mario Borghino** en
www.megustaleer.mx

EL ARTE DE HACER PREGUNTAS
El método socrático
para triunfar en la vida
y en los negocios

EL GRAN SALTO DE SU VIDA
Preguntas y respuestas
para liberarse de las limitaciones
y descubrir su enorme potencial

EL ARTE DE DIRIGIR
Construya el liderazgo
en su interior

EL ARTE DE HACER DE TU HIJO UN LÍDER
Un modelo para desarrollar
tu liderazgo personal
entrenando a tus hijos

EL ARTE DE HACER DINERO
Una nueva perspectiva para desarrollar
su inteligencia financiera

**EL ARTE DE INNOVAR
PARA NO MORIR**
Cómo sobrevivir
en mercados saturados

Disrupción de Mario Borghino
se terminó de imprimir en noviembre de 2018
en los talleres de
Litográfica Ingramex, S.A. de C.V.
Centeno 162-1, Col. Granjas Esmeralda, C.P. 09810,
Ciudad de México.